精神医疗 的 法律问题研究

陈绍辉 著

清华大学出版社
北京

内 容 简 介

本书围绕精神医疗实践中的法律问题展开研究，包括精神医疗机构违反安全保障义务的法律责任及其认定，非自愿住院的诉讼类型、合法性认定及其证明标准，非自愿住院的程序构造及其完善，精神科治疗的法律规制，住院患者的权利保护。本书充分运用《精神卫生法》实施以来的司法裁判案例以及相关国家和地区的立法、案例和文献资料，运用实证分析和比较研究方法，对精神医疗领域的热点问题展开深入研究。作为研究精神医疗法律问题的专题性著作，本书既可为立法机关、精神卫生机构、社会公益组织提供理论参考，也可作为精神卫生从业人员以及法学、精神医学、社会工作等专业本科生、研究生的参考用书。

图书在版编目（CIP）数据

精神医疗的法律问题研究 / 陈绍辉著. — 北京：清华大学出版社，2022.6
ISBN 978-7-302-59122-1

Ⅰ.①精…　Ⅱ.①陈…　Ⅲ.①精神卫生—法律—研究—中国　Ⅳ.①D922.165

中国版本图书馆CIP数据核字（2021）第182169号

责任编辑：罗　健
封面设计：常雪影
责任校对：李建庄
责任印制：宋　林

出版发行：清华大学出版社
　　　　网　　　址：http://www.tup.com.cn, http://www.wqbook.com
　　　　地　　　址：北京清华大学学研大厦A座　　邮　　编：100084
　　　　社 总 机：010-83470000　　　　邮　　购：010-62786544
　　　　投稿与读者服务：010-62776969, c-service@tup.tsinghua.edu.cn
　　　　质量反馈：010-62772015, zhiliang@tup.tsinghua.edu.cn
印 装 者：三河市铭诚印务有限公司
经　　销：全国新华书店
开　　本：185mm×260mm　　印　　张：12　　字　　数：270千字
版　　次：2022年6月第1版　　　　　　印　　次：2022年6月第1次印刷
定　　价：98.00元

产品编号：089263-01

前　言

2012年10月，《中华人民共和国精神卫生法》（以下简称《精神卫生法》）颁布。此后，法学理论界和实务界对精神卫生法律问题的关注逐渐趋于平淡，但这并不意味着立法过程中存在的争议问题已不复存在，更不表明现行规定是完美的解决方案。尽管《精神卫生法》从起草到最后通过历经27年，堪称制定过程最为坎坷曲折的法律，但法学界对该领域的法律问题研究甚少，相关理论储备一直较为薄弱。即便是法学界和公众最为关注的非自愿医疗问题，从最基本的概念、性质、类型到实体要件、程序，我们都缺乏深入的研究，甚至在概念表述方面都未完全达成一致。就此而言，精神卫生法的研究依然任重道远。

精神障碍预防、诊断、治疗、康复的全过程涉及诸多法律问题，但目前学界研究还主要集中在诊断、治疗环节，且主要限于非自愿医疗问题的研究，对精神障碍预防、康复、健康促进等方面的法律问题研究仍然十分薄弱。即便是诊断、治疗中的法律问题，如治疗行为的法律规制、住院精神障碍患者权利保护、诊疗过失认定、安全保障义务等问题仍然鲜有学者关注。另外，《精神卫生法》实施迄今已逾8年，法律实施的效果如何？实施过程中存在哪些问题？现行法律哪些方面亟待进一步修改完善？这些问题无疑值得我们深入思考。由此可见，精神卫生法的研究领域和空间依然十分广阔。

自2012年以来，笔者开始专注于精神卫生法研究，最初主要聚焦于非自愿医疗问题研究。随着研究的深入，逐渐扩展到精神卫生领域的其他法律问题，包括精神卫生机构的安全保障义务及其认定、精神科治疗的法律规制、精神障碍患者权利保护、精神卫生法庭等，本书正是上述研究成果的总结。

本书是研究精神医疗法律问题的专题性著作。全书共分五章，涉及四方面的内容：

一是精神卫生机构的安全保障义务。本部分在厘清安全保障义务的类型及其内容的基础上，结合司法判例明晰精神卫生机构安全保障义务的认定，包括认定安全保障义务的考量因素、违反安全保障义务的责任认定等。

二是非自愿住院的法律问题。本部分包含两章内容，分别探讨非自愿住院诉讼的司法认定和非自愿住院的程序构造及其完善。前者在分析非自愿住院诉讼的类型、合法性认定、证明标准等问题的基础上，对我国非自愿住院诉讼存在的问题与困境，提出相应的解决思路和对策；后者在分析我国非自愿住院的程序构造的基础上，针对当前非自愿住院程序存在的突出问题，提出相应的改进思路与解决路径。

三是精神科治疗的法律规制。本部分聚焦于精神科治疗行为的法律规制，包括药物治疗、精神科特殊治疗和约束、隔离措施等，试图将精神科治疗行为纳入法律规制的范围。

四是住院患者的权利保护问题。本部分运用有关宪法学基本权利的一般理论探讨住院患者的权利保护问题,包括人格尊严、自主权、知情同意权、治疗权、拒绝治疗权、劳动权、通信自由等基本权利。

总体而言,本书并未囿于抽象理论研究,而是聚焦精神医疗实践中的热点、难点问题,以问题为导向,充分运用案例和裁判文书,揭示法律在精神医疗领域的适用,以及精神医疗法律制度的实际运作状况。同时,本书试图打破法学学科壁垒,从多学科视角对精神医疗法律问题展开研究。如住院患者权利保护问题,主要是从宪法学视角运用基本权利理论展开分析;对精神医疗机构安全保障及其认定问题,则在侵权责任法的理论框架内展开探讨;有关非自愿住院诉讼问题,则运用诉讼法的一般理论进行研究。

应该说,本书依然是截取精神医疗领域的若干法律问题开展的专题式探讨,并非针对精神卫生法问题的体系性研究。就此而言,本书在体系性和全面性方面不能不说存在缺憾。同时,由于本人学术水平有限,相关学术观点难免存在不成熟甚至是谬误之处,敬请广大专家、学者批评指正,以共同推动精神卫生法的研究和发展。

陈绍辉

2022 年 1 月

目　录

导　　论

一、研究背景

当前，精神障碍已成为社会关注的公共卫生和健康问题。据估计，我国有严重精神障碍患者约1600万人，抑郁症患者3000万；[1]调查显示，在我国17岁以下的3.4亿儿童和青少年中，约3000万人受到情绪障碍和心理行为问题困扰；老年期精神障碍、酒精与麻醉药品滥用等问题也明显增多。[2]随着社会竞争、工作和生活压力的加剧，精神障碍的患病率将进一步提高。如何通过立法进一步推进精神卫生事业发展，规范精神卫生服务，促进和保障精神障碍患者的合法权益，是政府和立法机关一直重视的问题。然而，我国精神卫生立法可谓一波三折，过程无比坎坷，从1985年开始立法的起草工作，到2012年10月《精神卫生法》审议通过，历时达27年之久。[3]《精神卫生法》对精神障碍的预防、诊断、治疗、康复、患者权利保护等做出了规定，它对于推动我国精神卫生事业的健康发展，保障精神障碍患者的合法权益，无疑具有非常重要的意义，[4]但上述不少规定仍过于原则、概括，在具体落实上缺乏可操作性。[5]

同时，我国《精神卫生法》在实施过程中也暴露出一些新的问题。例如，《精神卫生法》曾被寄希望于消除"被精神病"问题，但法律赋予监护人同意精神障碍患者非自愿住院的规定，导致实践中部分监护人滥用同意权，从而导致"被精神病"的发生。尽管我国《精神卫生法》明确规定精神障碍患者的住院实行自愿原则，但实践中非自愿住院的比例依然居高不下，且家属替代精神障碍患者决定住院的现象普遍存在，精神障碍患者的自主权和知情同意权并没有得到充分尊重和保障。此外，住院精神障碍患者仍存在出院难、强制治疗措施解除难等突出问题，《精神卫生法》有关精神障碍患者出院应取得其近亲属同意的规定，事实上加剧了这一问题，从而导致精神障碍患者住院的长期化。对于精神障碍患者的治疗，我国《精神卫生法》规范甚少，或者说过于原则，特别

［1］郝伟. 精神病学［M］. 6版. 北京：人民卫生出版社，2008：1-2. 殷大奎. 齐心协力，脚踏实地，全面推进新世纪精神卫生工作——全国第三次精神卫生工作会议报告［J］. 中国心理卫生杂志，2002（1）：4.

［2］殷大奎. 齐心协力，脚踏实地，全面推进新世纪精神卫生工作——全国第三次精神卫生工作会议报告［J］. 中国心理卫生杂志，2002（1）：4.

［3］有关《精神卫生法》的立法历程，参见：谢斌. 中国精神卫生立法进程回顾［J］. 中国心理卫生杂志，2013（3）：248. 张世诚，张涛. 精神卫生法的立法过程和主要内容［J］. 中国卫生法制，2013（1）：4-6.

［4］刘鑫. 精神卫生法的理想与现实［J］. 中国卫生法制，2013（5）：23.

［5］熊伟. 加大《精神卫生法》落实力度［J］. 中国农村卫生，2013（11）：13-14.

是对电抽搐等精神科特殊治疗以及约束、隔离等措施，缺乏针对性和可操作性强的规定，仍有较大的完善空间和必要性。

二、研究现状

（一）国内研究现状

在法学研究中，精神卫生法的研究无疑处于边缘地位，相对于民法学、刑法学等"显学"，尤显寂寥。目前，以精神卫生法为研究主题的著作尚不多见，代表性著作为李霞教授所著《精神卫生法律制度研究》，该书主要从民法学视角对精神卫生法律制度的基本理论、权利保障、强制医疗和精神障碍鉴定等问题展开系统研究。[1]此外，实务界所编写的有关《精神卫生法》的解读性著作也具有较高的学术参考价值。如由精神病学、临床心理学专家编写的《中华人民共和国精神卫生法医务人员培训教材》就《精神卫生法》的相关条款的理解和适用做出了具有针对性的阐述，对临床实践有较高的指导作用。[2]原全国人民代表大会常务委员会法制工作委员会副主任信春鹰主编的《中华人民共和国精神卫生法解读》对《精神卫生法》的理解和适用有很高的参考价值。[3]

有关精神卫生法专题问题的研究则更为丰富，其研究主题主要包括以下方面：

（1）非自愿医疗制度研究。非自愿医疗是精神卫生法研究的热点，相关研究主题涉及非自愿医疗的基本理论、实体条件和程序等，研究成果较为丰硕，且多数研究成果均聚焦于我国非自愿医疗制度的评析与完善。[4]

（2）精神障碍患者治疗的法律问题研究。精神障碍患者的治疗常被视为医学问题，学界对其中的法律问题关注甚少，目前相关研究主要涉及约束、隔离和精神科特殊治疗的法律规制。例如，对约束、隔离问题，学者主要是从医学和护理角度探讨如何规范保护性约束措施和隔离的实施，以防止损害发生，也有学者从法律视角探讨了约束、隔离的实体和程序规制问题，并结合我国立法提出相应的完善建议。[5]对精神科特殊治疗（如重大外科治疗、电抽搐治疗）和临床试验等，也有学者结合联合国《保护精神病患者和改善精神保健的原则》和国内外立法情况进行相应探讨。[6]

---

[1] 李霞. 精神卫生法律制度研究 [M]. 上海：上海三联书店，2016.

[2] 本书编写组. 中华人民共和国精神卫生法医务人员培训教材 [M]. 北京：中国法制出版社，2013.

[3] 信春鹰. 中华人民共和国精神卫生法解读 [M]. 北京：法律出版社，2012.

[4] 代表性成果为：刘白驹. 非自愿住院的规制：精神卫生法与刑法 [M]. 北京：社会科学文献出版社，2015.

陈绍辉. 精神障碍患者人身自由权的限制——以强制医疗为视角 [M]. 北京：中国政法大学出版社，2016.

王岳. 疯癫与法律 [M]. 北京：法律出版社，2014.

戴庆康，葛菊莲，袁帅，等. 人权视野下的中国精神卫生立法问题研究 [M]. 南京：东南大学出版社，2016.

雷娟. 强制医疗法律关系研究 [D]. 苏州：苏州大学法学院，2015.

董丽君. 我国精神病人行政强制治疗法律制度研究 [D]. 湘潭：湘潭大学法学院，2014.

姚丽霞. 以法律层面的立法完善精神病人强制治疗程序 [J]. 法学评论. 2012（2）：127-135.

郝振江. 论精神障碍患者强制住院的民事司法程序 [J]. 中外法学，2015（5）：1291-1305.

[5] 陈绍辉. 精神障碍患者约束和隔离措施的法律规制 [J]. 证据科学，2016（3）：319-333.

[6] 王岳. 疯癫与法律 [M]. 北京：法律出版社，2014.

（3）精神障碍患者的权利保护研究。对患者权利的研究主要采取两种路径：一是对精神障碍患者的权利进行列举式研究，对其主要权利逐一进行列举或构建患者的权利保护体系；[1]二是对精神障碍患者的具体权利展开专题式研究，包括预先指示权[2]、自主用药权[3]、拒绝治疗权[4]、医疗自主权[5]、知情同意权[6]等。

总体而言，学界对精神卫生法领域的主要问题均有所涉猎，尤其以非自愿医疗问题的研究最为深入、全面。然而，现有研究仍偏向于采取逻辑推理和论证的研究方法，实证研究等研究方法运用不够，因而难以揭示《精神卫生法》的实施现状及其问题。例如，非自愿住院的实体条件是学界十分关注的问题，相关研究成果众多，但多数研究仍局限于抽象的理论研究，对精神医疗和司法实践中精神科医生和法官如何对非自愿住院做出认定，却几乎无人关注，因而不足以揭示非自愿住院制度运行的实际情况。

（二）国外研究现状

英美法系国家有关精神卫生法的研究资料十分丰富，大致包括以下内容：

（1）专著。有关精神卫生法最为全面、权威的研究是美国麦克尔·伯林（Michael Perlin）教授所著的《精神卫生法：民事和刑事》（共计5卷），其研究内容涵盖民事拘禁、住院患者的权利保护和精神卫生领域的宪法、民法和刑法等问题，资料翔实，内容全面。[7]劳伦斯·戈斯汀（Lawrence Gostin）所著的《精神卫生法的原则和政策》对英国精神卫生法的历史变迁、入院治疗、社区治疗命令、出院、裁判所救济程序等进行了全面的阐述。[8]

（2）教材、案例汇编及评述。在英国，相关教材的内容和体系普遍与英国《精神卫生法》的规定一致，内容多是结合法律规定、判例对精神卫生制度的阐释和介绍。[9]在美国，相关教材主要以案例、文献资料的汇编为形式，代表性著作为克里斯托弗·斯洛博金（Christopher Slobogin）等编著的《法和精神卫生：民事和刑事》和乔治·亚历山大（George Alexander）等编写的《法和精神障碍》。[10]

[1] 王岳. 精神障碍者强制医疗与权利保护研究[D]. 武汉：武汉大学法学院，2014：79-111.
令狐情. 精神障碍患者权利的法治保障研究[D]. 北京：中共中央党校，2018.
[2] 赵西巨，韩新民. 论精神疾病患者的"预先指示权"[J]. 南京医科大学学报（社会科学版），2004（1）：19-23.
孙也龙. 精神障碍患者的预先指示权与自愿治疗[J]. 中国心理卫生杂志，2013（4）：249-251.
[3] 李霞，张博. 论精神病患者的自主用药权[J]. 政法学刊，2010（6）：66-70.
[4] 孙海涛，邢凤飞. 论对精神障碍者拒绝治疗权的理解与立法应对[J]. 河海大学学报（哲学社会科学版），2014（3）：84-90.
[5] 李霞. 精神卫生法律制度研究[M]. 上海：上海三联书店，2016.
[6] 张静. 从《精神卫生法》看精神障碍患者的知情同意权[J]. 中国卫生法制，2013（5）：35-39.
[7] MICHAEL L PERLIN. Mental disability law: civil and criminal (volume 1-5)[M]. Virginia: Lexis Law Publishing, 1998.
[8] LAWRENCE GOSTIN. Principles of mental health law and policy[M]. Oxford: Oxford University Press, 2010.
[9] 代表性著作为：PETER BARTLETT, RALPH SANDLAND. Mental health law: policy and practice[M]. 4th ed. Oxford: Oxford University Press, 2014. BRENDA HALE. Mental health law[M]. London: Sweet & Maxwell, 2010. BRENDA M HOGGETT. Mental health law[M]. 2nd ed. London: Sweet & Maxwell, 1984.
[10] CHRISTOPHER SLOBOGIN, ARTI RAI, RALPH REISNER. Law and the mental health: civil and criminal aspects[M]. St. Paul: Thomson/West, 2009. GEORGE J ALEXANDER, ELIZABETH H, JOHN A SUTRO, et al. Law and mental disorder[M]. Durham: Carolina Academic Press, 1998.

（3）论文。有关精神卫生法的论文十分丰富，可谓汗牛充栋，其中多数论文聚焦于非自愿住院，主要是从正当程序视角探讨非自愿住院的实体条件、程序和法律救济等。同时，也有大量的论文探讨精神障碍患者权利保护问题，包括从国际人权法和《残疾人权利公约》等视角研究精神障碍患者的人权保障，[1] 对治疗权、拒绝治疗权、预先指示权、通信自由等具体权利开展专题研究。

总体而言，国外有关精神卫生法的研究成果十分丰富，尽管域外法律制度未必适合我国，但相关经验、具体做法和研究成果仍具有参考价值。

三、研究内容

本书共分为五章：

第一章从侵权责任法视角分析精神医疗机构违反安全保障义务的法律责任及其认定，聚焦于住院精神障碍患者在医院内自杀、伤人、擅自离开医院后死亡等常见争议问题，通过典型案例揭示司法裁判的基本思路。

第二章围绕非自愿住院中的法律争议及其诉讼，探讨非自愿住院的诉讼类型、合法性认定、证明标准等问题，在分析我国非自愿住院诉讼存在的问题与困境的基础上，提出相应的解决思路和对策。

第三章在分析我国非自愿住院的程序构造的基础上，提出我国非自愿住院程序的完善思路与路径。

第四章聚焦于精神卫生立法中备受忽视的治疗问题，包括药物治疗、精神科特殊治疗和保护性约束等，试图从理论上构建精神科治疗的法律规制体系。

第五章专门探讨住院患者的权利保护问题，包括人格尊严、自主权、知情同意权、治疗权、拒绝治疗权、通信自由等基本权利，主要从宪法基本权利的视角探讨这一问题。

总体而言，本书没有对精神卫生法展开系统、全面的研究，而是针对精神医疗领域值得关注的法律问题展开专题式探讨，所运用的研究方法主要是实证分析和比较研究。为此，本书通过"中国裁判文书网"检索和收集了《精神卫生法》实施后的相关裁判文书（2013年5月—2020年3月），这些案例构成本书第一章和第二章的主要素材和论证依据，本书的第四章和第五章也运用了这些案例。本书的第三、四、五章则广泛借鉴了英美法系国家的立法和文献资料，对非自愿住院的证明标准、精神卫生法庭、住院患者的权利保护等问题的探讨主要运用了比较研究方法。

---

[1] 代表性论文: LAWRENCE O GOSTIN, LANCE GABLE. The human rights of persons with mental disabilities: a global perspective on the application of human rights principles to mental health [J]. Md L Rev, 2004, 63: 20. MICHAEL L PERLIN."Chimes of freedom": international human rights and institutional mental disability law [J]. N Y L Sch J Int'l & Comp L, 2002, 21: 423. PHIL FENNELL.Human rights, bioethics, and mental disorder [J]. Med & L, 2008, 27: 96. MICHAEL L PERLIN. International human rights law and comparative mental disability law: the universal factors [J]. Syracuse J Int'l L & Com, 2007, 34: 333.

四、概念说明

对于违背精神障碍患者意愿的治疗，我国《刑事诉讼法》将其规定为"强制医疗"，《精神卫生法》没有明确的概念表述，《精神卫生法》草案曾经将其规定为"非自愿住院医疗"，但最终通过的《精神卫生法》删除了这一表述，仅有实施住院治疗的表述。[1]理论和实务界倾向于使用"非自愿医疗"这一概念，以区别于《刑事诉讼法》规范的强制医疗。强制医疗是针对实施暴力犯罪行为且具有再犯危险性的无刑事责任能力的精神病人，其决定由法院适用刑事特别程序做出；相反，《精神卫生法》规范的非自愿医疗是针对具有伤害自身危险或危害他人危险的严重精神障碍患者，其住院治疗由医疗机构经诊断评估后决定（对具有伤害自身危险的患者，还需取得患者监护人的同意）。因此，强制医疗和非自愿医疗在决定主体、适用对象、决定程序和法律依据等方面均存在重大差别。

从域外经验看，非自愿医疗包括住院、社区治疗等多种形态，但我国《精神卫生法》仅规定住院这一形态。就此而言，我国《精神卫生法》规范的非自愿医疗实际仅指非自愿住院，即将不愿接受治疗且具有危险性的严重精神障碍患者送往医疗机构治疗，且以全日住院方式治疗。为此，本书对我国《精神卫生法》所规范的违背精神障碍患者意愿的治疗，一律使用"非自愿住院"这一概念。

---

[1]《精神卫生法》第30条第2款规定："诊断结论、病情评估表明，就诊者为严重精神障碍患者并有下列情形之一的，应当对其实施住院治疗：（一）已经发生伤害自身的行为，或者有伤害自身的危险的；（二）已经发生危害他人安全的行为，或者有危害他人安全的危险的。"该法条仅规定"实施住院治疗"，并无"强制""非自愿"等表述。

第一章
精神卫生机构的安全保障义务

第一节 医疗机构安全保障义务概述

一、安全保障义务的界定

（一）安全保障义务概述

安全保障义务是指民事主体依照法律规定或者合同约定，对他人的人身、财产安全所承担的保障义务。民事主体如果违反安全保障义务，直接或间接地造成他人人身或财产权益损害的，应当承担损害赔偿责任。[1]在我国，经营者的安全保障义务最早由司法判例所确立，在"李萍、龚念诉五月花公司人身伤害赔偿纠纷案"等案件中，确立了餐饮企业、商业银行等经营者对进入其场所的消费者及其他人员的安全保障义务。从学理上讲，安全保障义务被认为是借鉴了德国法中的交往安全义务理论，并最终为最高人民法院的司法解释——《关于审理人身损害赔偿案件适用法律若干问题的解释》（以下简称《人身损害赔偿解释》）所吸收，[2]《中华人民共和国侵权责任法》（以下简称《侵权责任法》）在上述司法解释的基础上，就违反安全保障义务的侵权责任做了规定，[3]《中华人民共和国民法典》（以下简称《民法典》）第1198条沿袭了这一规定，并对《侵权责任法》的规定做了微调。[4]

从上述立法的发展变迁看，安全保障义务的规则有以下变化：

---

[1]　杨立新. 中国侵权责任法研究［M］. 北京：中国人民大学出版社，2018：313.

[2]　《人身损害赔偿解释》第6条规定："从事住宿、餐饮、娱乐等经营活动或者其他社会活动的自然人、法人、其他组织，未尽合理限度范围内的安全保障义务致使他人遭受人身损害，赔偿权利人请求其承担相应赔偿责任的，人民法院应予支持。因第三人侵权导致损害结果发生的，由实施侵权行为的第三人承担赔偿责任。安全保障义务人有过错的，应当在其能够防止或者制止损害的范围内承担相应的补充赔偿责任。安全保障义务人承担责任后，可以向第三人追偿。赔偿权利人起诉安全保障义务人的，应当将第三人作为共同被告，但第三人不能确定的除外。"

[3]　《侵权责任法》第37条规定："宾馆、商场、银行、车站、娱乐场所等公共场所的管理人或者群众性活动的组织者，未尽到安全保障义务，造成他人损害的，应当承担侵权责任。因第三人的行为造成他人损害的，由第三人承担侵权责任；管理人或者组织者未尽到安全保障义务的，承担相应的补充责任。"

[4]　《民法典》第1198条：宾馆、商场、银行、车站、机场、体育场馆、娱乐场所等经营场所、公共场所的经营者、管理者或者群众性活动的组织者，未尽到安全保障义务，造成他人损害的，应当承担侵权责任。因第三人的行为造成他人损害的，由第三人承担侵权责任；经营者、管理者或者组织者未尽到安全保障义务的，承担相应的补充责任。经营者、管理者或者组织者承担补充责任后，可以向第三人追偿。

（1）安全保障义务的主体更加明确。在《人身损害赔偿解释》中，有关安全保障义务的主体较为宽泛，包括所有"从事住宿、餐饮、娱乐等经营活动或者其他社会活动的自然人、法人、其他组织"。《侵权责任法》将此限定为"宾馆、商场、银行、车站、娱乐场所等公共场所的管理人或者群众性活动的组织者"，尤其是将"其他社会活动"限定为"群众性活动"。《民法典》在《侵权责任法》的基础上，一方面扩大了公共场所的列举范围，增加了"机场、体育场馆"；另一方面将安全保障义务的主体界定为"经营场所、公共场所的经营者、管理者"，相比于《侵权责任法》有关"公共场所的管理人"的表述，则更为精确和周延。

（2）保护权益范围从人身权益扩大到财产权益。受制于司法解释的对象和范围，《人身损害赔偿解释》将安全保护义务的权益保护范围限定为人身权益，《侵权责任法》和《民法典》则扩大了财产权益，具体表现为使用了"造成他人损害"的表述。

（3）关于安全保障义务人向第三人的追偿权。对于因第三人侵权所致的安全保障义务人的侵权责任，从司法解释到立法都将其规定为补充责任，但是对于安全保障义务人，在承担补充责任后是否享有对第三人的追偿权，《人身损害赔偿解释》明确予以认可，但《侵权责任法》却没有规定，这导致理论界和实务界存在较大的争议，《民法典》最终明确规定"可以向第三人追偿"（表1-1）。

表1-1　法律和司法解释中有关安全保障义务的规定

法律和司法解释 名称	义务主体	义务范围	保护权益	追偿权
《人身损害赔偿解释》	从事住宿、餐饮、娱乐等经营活动或者其他社会活动的自然人、法人、其他组织	合理限度范围内的安全保障义务	人身权益	安全保障义务人可向第三人追偿
《侵权责任法》	宾馆、商场、银行、车站、娱乐场所等公共场所的管理人或者群众性活动的组织者	未规定	人身、财产权益	未规定
《民法典》	经营场所、公共场所的经营者、管理者或者群众性活动的组织者	未规定	人身、财产权益	安全保障义务人可向第三人追偿

（二）安全保障义务的类型

安全保障义务包括防止他人遭受义务人侵害和防止他人遭受第三人侵害两种类型，这两种类型的安全保障义务存在以下差别：

（1）直接加害人不同。前者的直接加害人是安全保障义务人；后者的直接加害人是第三人，安全保障义务人并不是直接加害人。

（2）义务内容和要求不同。前者要求义务人遵守法律和约定，尽到谨慎注意的义务，确保不因自己的行为或管理、控制下的物件及人员给他人造成损害；后者要求义务人尽到一定的注意义务，以降低第三人对他人实施侵权行为的风险或降低损害的程度。[1] 就义务要求而言，前者是只要安全保障义务人谨慎控制自身的行为，一般即可防

---

[1]　程啸. 侵权责任法教程［M］. 2版. 北京：中国人民大学出版社，2014：188.

止损害的发生；在后者情形下，损害是由第三人的违法行为所致，安全保障义务人即便尽到谨慎的注意义务，也未必能够完全避免损害的发生，毕竟安全保障义务人并不能直接预见和控制他人的行为，安全保障义务人只能通过自身的合理行为降低损害发生的概率或损害的程度。

（3）责任性质不同。在前者情形下，安全保障义务人是对自己的侵权行为承担责任，属于自己的责任；而在后者情形下，第一责任人是直接侵权人，安全保障义务人只承担补充责任。

二、医疗机构的安全保障义务及其范围

（一）医疗机构作为安全保障义务的主体

纵观立法和司法实践，安全保障义务的主体大致包括三类：经营场所的经营者、公共场所的管理者和群众性活动的组织者。《侵权责任法》和《民法典》对经营场所和公共场所做了列举，但医疗机构是否属于上述法律所指的经营场所或公共场所，则不甚明确。在我国，公立医疗机构被认为是具有公益性质的事业单位，不以营利为目的，其性质并不同于以营利为目的的经营者。就此而言，似乎并不能将医疗机构（尤其是公立医疗机构）视为经营者，其诊疗场所是否属于《民法典》所指的"经营场所"，对此不无疑问。那么，医疗机构是否为公共场所呢？《公共场所卫生管理条例》第2条仅将"候诊室"明确列举为公共场所，但对于医疗机构除候诊室以外的其他场所是否为公共场所，则没有明确规定。在理论和实践中，对医疗机构是否为公共场所存在较大的争议，在打击和处置"医闹"等扰乱医疗秩序的违法行为时，医疗界和司法机关对此持肯定态度。2013年《最高人民法院、最高人民检察院关于办理寻衅滋事刑事案件适用法律若干问题的解释》第5条将医院列举为"公共场所"，2019年12月通过的《中华人民共和国基本医疗卫生与健康促进法》第46条明确规定："医疗卫生机构执业场所是提供医疗卫生服务的公共场所"。医疗机构作为公共场所为立法所肯定，其作为安全保障义务的主体应无疑义。同时，即便是法律未将医疗机构明确规定为公共场所，其作为安全保障义务的主体也完全能够成立。在司法实践中，公共场所和经营场所被认为是供不特定人出行、通行、活动的场所。因此，具有类似功能的场所都可以被视为公共场所。因而学界普遍认为，医院等企事业单位及政府机关的营业场所和其他向公众开放的场所都属于公共场所。[1]

然而，也有法院认为医疗机构并非公共场所，相关案件仍以医疗损害责任纠纷进行处理。例如，在李某影等诉佛山市南海区中医院医疗损害纠纷案中，患者罗某2016年9月20日因割伤左腕被送往被告医院住院治疗，手术后由被告安排罗某入住外科大楼12楼的病房，第二天晚上7点，罗某爬到外科大楼12楼窗台外跳楼身亡。原告认为，南海区中医院的窗户距离地面1.5米，但并没有防护网保护，存在安全隐患问题，遂向法院

---

[1]　程啸. 侵权责任法教程［M］. 2版. 北京：中国人民大学出版社，2014：189.

提起诉讼。法院认为，《侵权责任法》第37条规定的安全保障义务，是指特定情况下公共场所管理人或者群众性活动的组织者所负有的以积极行为方式尽力保障具有一定关系的当事人的人身和财产安全的义务。本案是患者在南海区中医院治疗时，医疗机构未尽注意义务所导致的损害，应属于医疗损害责任纠纷的范畴，并非属于上述法律所规定的违反安全保障义务责任纠纷。因而本案的关键是依据《侵权责任法》第54条，认定被告在为罗某诊治过程中是否存在过错。[1]在本案中，法院似乎倾向于认为医疗机构防范患者自杀等方面的注意义务仍属于诊疗义务的范畴，或者属于医疗服务的组成部分，因而违反该注意义务应视为医疗过失，所应承担的法律责任仍为医疗损害责任，而非违反安全保障义务的侵权责任。但这一观点明显混淆了安全保障义务和诊疗义务的区别，从而可能导致法律适用的错误。

（二）医疗机构安全保障义务的来源

关于安全保障义务的性质及依据，学界分歧较大，大致包括以下学说：

（1）合同义务说。该学说认为安全保障义务是基于信赖关系而产生的合同义务，[2]具体为合同上的附随义务。

（2）法定义务说。该学说认为安全保障义务源自法律、法规的规定，属于法定义务范畴。

（3）注意义务说。持该学说者认为，安全保障义务在性质上与英美法系的注意义务相同，它既不同于合同义务亦不同于法定义务。[3]

（4）综合说。该学说认为安全保障义务既是法定义务又是合同义务。安全保障义务既可以来自合同约定，也可来自法律规定，采取综合说将有利于充分保障受害人的救济权利，特别是在责任竞合的情况下，受害人可基于最大利益原则，选择最益于自己的诉讼方案。[4]相反，单一采取某一学说不足以充分保障受害人的合法权益，例如，采取合同义务说将导致公共场所的经营者或群众性活动的组织者以不存在合同关系为由拒不承担安全保障义务；在缺乏法律、法规明确规定的情况下，法定义务说将使经营者或群众性活动的组织者的安全保障义务于法无据。

医疗机构作为安全保障义务的主体，其义务来源宜采取综合说。从实践看，医疗机构的安全保障义务既来自合同约定，也来自法律规定。一方面，患者到医疗机构就诊，即与医疗机构形成合同关系，医疗机构除应履行诊疗义务外，还应对患者承担保密、说明、保护等附随义务，[5]其中，保护义务即表现为医疗机构基于患者的信赖和期待，应

［1］　广东省佛山市中级人民法院判决书，（2017）粤06民终5911号。

［2］　刘言浩. 宾馆对住客的保护义务———王利毅、张丽霞诉上海银河宾馆损害赔偿上诉案评析［J］. 法学研究，2001（3）：146.

［3］　杨立新. 侵权法论［M］. 4版. 北京：人民法院出版社，2011：434.

［4］　侯国跃，刘玖林. 安全保障义务：属性识别与责任分配———兼评《民法典侵权责任编（草案第三次审议稿）》第973条［J］. 北方法学，2020（1）：67.

［5］　陈绍辉. 医疗损害的法律问题研究［M］. 北京：中国政法大学出版社，2019：108.

采取适当措施保障患者人身、财产安全，避免患者的权益受到医疗机构及第三人的侵害；另一方面，法律、法规亦明确规定了医疗机构的安全保障义务。例如，《精神卫生法》第38条规定："医疗机构应当配备适宜的设施、设备，保护就诊和住院治疗的精神障碍患者的人身安全，防止其受到伤害，并为住院患者创造尽可能接近正常生活的环境和条件。"同时，采取综合说更有利于充分保障患者及其他进入医疗机构内人员的合法权益，尤其是对患者以外的人员，如陪护人员、探视人员、准备就诊的人员等，他们并没有与医疗机构形成合同关系，在这种情形下，不妨碍当事人依照法律规定要求医疗机构履行安全保障义务。

（三）医疗机构安全保障义务的范围

违反安全保障义务的行为是义务人怠于履行作为义务而导致的不作为侵权行为，因而有别于行为人违反注意义务的积极作为的侵权行为。因此，我国法律上的安全保障义务不同于普通法中的"注意义务"（duty of care）。在普通法中，注意义务是用来判断过失侵权行为中行为人有无过失的标准，可适用于任何民事主体。[1] 具体到医疗领域，医疗机构违反安全保障义务，表现为怠于履行积极的管理义务和风险防范义务，从而导致患者遭受来自医疗机构或第三人的侵害。该损害并非直接由诊疗行为造成，而是医疗机构管理下的物件或第三人的行为所致。相反，在诊疗过程中，因医疗机构违反诊疗义务导致患者损害的，无论是作为还是不作为行为（如拒绝诊疗、未履行风险规避义务的治疗），都属于医疗过失，应依据《民法典》第七编侵权责任第六章"医疗损害责任"的相关规定，承担医疗损害责任。有学者认为，医疗活动中的安全保障义务主要包括诊断安全保障义务、治疗安全保障义务和组织安全保障义务。[2] 这一观点明显扩大了安全保障义务的范围，将安全保障义务的侵权行为与违反诊疗义务的医疗侵权相混淆。司法实践中也确实有不少法院将医疗机构违反安全保障义务的行为视为违反诊疗注意义务，这类案件似乎倾向于将医疗机构对其物件的管理义务视为诊疗义务的组成部分，从而将医疗机构违反安全保障义务的过错等同于医疗过错，进而认定医疗机构应承担医疗损害责任而非违反安全保障义务的侵权责任。

同时，安全保障义务的对象是指进入经营场所、公共场所和活动场所的人员，包括顾客、消费者、活动参与者等，也应包括进入上述场所的其他人。具体到医疗领域，安全保障义务的保护对象主要是患者，当然也包括进入诊疗场所的其他人员，如陪护人员、探视人员等。就此而言，医疗机构的安全保障义务，包括对患者的安全保障义务和对公众的安全保障义务，考虑到医患之间的医疗服务合同关系，以及患者的健康状况和对医疗服务的合理期待，医疗机构对患者应承担更高的安全保障义务；相反，对进入医疗场所的其他人员，鉴于双方并无合同关系，医疗机构从中并无受益，其安全保障义务不应高于营利性经营者。考虑到医疗机构对患者以外人员的安全保障义务并无特殊之

[1] 程啸. 侵权责任法教程 [M]. 2版. 北京：中国人民大学出版社，2014：186.
[2] 刘召成. 安全保障义务的扩展适用与违法性判断标准的发展 [J]. 法学，2014（5）：76.

处，本文主要探讨医疗机构对患者的安全保障义务。

三、医疗机构安全保障义务的内容

医疗机构的安全保障义务包括两类：一是防止患者遭受医疗机构侵害的安全保障义务；二是防止患者遭受第三人侵害的安全保障义务。以下分别对这两类安全保障义务的具体内容进行简要分析。

（一）防止患者遭受医疗机构侵害的安全保障义务

1. 设施、设备的安全保障义务

医疗机构应保障其场所内的建筑、设备、设施符合安全标准，不存在安全隐患，从而避免患者或其他人员在医疗场所内受到人身伤害。首先，医疗机构的建筑、设备、设施必须符合国家的强制性标准，没有国家强制性标准的，应当符合行业标准或者达到进行此类活动所需要达到的安全标准。例如，医院建筑除了应符合国家的工程质量管理标准、综合医院建设标准外，还应符合综合医院建筑设计规范。后者对医院的建筑物出入口、电梯、楼梯、厕所以及室内装修与防护等都有详尽的规定。[1]医疗机构的建筑应符合上述规范要求，并经主管部门验收合格，方可使用；否则不得投入使用。其次，对于相关设备、设施，医疗机构应派人定期巡查、维护和修缮，消除安全隐患和危险因素，确保设备、设施处于合乎使用条件的良好状态。例如，患者王某到某医院就诊，候诊时椅子突然向后仰翻，患者仰面摔倒，致头部缝合5针。经事后查证，因起固定作用的螺丝松动，造成椅子仰翻摔伤者，从而引发纠纷。在本案中，医院没有及时发现候诊座椅存在的安全隐患，并采取加固螺丝、修理等措施，明显违反了安全保障义务的规定。

2. 风险警示与预防义务

对医疗场所可能存在的风险，医疗机构应采取适当的警示、告知、指示等措施，通过影响受害人的行为来防止危险的发生。

（1）警示义务。例如，地面湿滑或不平整，应设置警示标志，提醒患者注意；住院病房，出入院相关人员往来频繁，应提醒患者妥善保管财物；医院公共饮水设备旁应有提醒患者避免烫伤的标识；有放射等危险因素的场所，应设置醒目标识提醒患者等。

（2）禁止义务。该义务要求义务人采取合理措施禁止、防范他人进入具有危险性的场所。[2]例如，对医院内建筑施工场所应予以封闭，防止患者进入。

（3）指示义务。对具有潜在危险的设备、设施的使用进行指示、说明，防止使用不当导致危险的发生。

3. 服务管理的安全保障义务

这一义务要求医疗机构在管理过程中尽到组织、监督、控制和管理义务，从而防止

---

[1]　王阳，李欣慧. 关于医疗机构安全保障义务的几点思考［J］. 中国医院，2016，5：50.

[2]　王利明，周友军，高圣平. 侵权责任法疑难问题研究［J］. 北京：中国法制出版社，2012：341.

损害的发生。

（1）组织义务。即医疗机构应建立完善的组织管理机构，配备安全保障人员，如保安、门卫和医护人员等，并保障相关人员的配备能满足管理和服务的需要。例如，在程某诉重庆市璧山区丁家医院医疗损害责任纠纷案中，程某是精神分裂症和阿尔茨海默病（又称老年性痴呆）患者，在被告医院住院期间，因食用肥皂而中毒身亡。法院认为，被告医院应当制定完善的病人管理、值班巡查、风险防范及应急处置等相关制度并严格执行，切实保障患者的生命、财产安全。但被告医院的管理未达到上述要求，尤其是夜班值班制度存在漏洞，"精神科病区共4层楼，每层楼有约50名住院患者，每层楼配有一名值班护士，而两名值班医生需对包括程某在内的约200名住院患者进行管理，值班医护人员力量配备明显薄弱"。[1] 在本案中，被告医院每层楼只配备一名值班护士，整个4层楼的精神科病区只配备2名值班医生，却需要管理约200名病人，人员配备严重不足，难以实现对患者的密切监控，以及及时有效地对其危险行为进行处置。

（2）调查义务。调查义务是指安全保障义务人有调查自身存在的危险源的义务。安全保障义务人应对自己控制的场所或物件等尽到合理的调查义务，检查可能存在的危险源，避免因危险源导致他人人身或财产的损害。

（3）监督、控制义务。医疗机构应根据患者的精神症状、精神障碍类型、严重程度、护理级别、危险程度等采取相应的监控措施。尤其是对具有自杀、自残、暴力危险的患者应密切监控，对患者实施的危险行为予以及时制止和处置，以防止损害的发生或扩大。

（二）防止患者遭受第三人侵害的安全保障义务

1. 预防义务

预防义务是指医疗机构应采取适当的预防措施，防止患者遭受来自他人的侵害。例如，医疗机构应完善安全保障制度，安排保安定时巡逻和门卫值班，对医院内可疑人员进行盘问；产科、新生儿科应加强出入管理，防止新生儿丢失；精神科应加强对具有暴力风险的精神障碍患者的管理和监控，防止其实施伤害他人的行为。

2. 报告义务

报告义务是指当义务人知道或者应当知道可能发生危险时，若通过自己的行为无法避免该损害发生时，应当向有关部门报告，请求其采取相应措施，以避免危险的发生。具体而言，当医疗机构发现患者遭受来自他人的人身、财产损害时，如婴儿丢失、钱财被盗、人身伤害等，应及时通知患者家属和报警。

3. 救助义务

救助义务是指义务人对正在或者已经发生的损害应及时采取积极的措施以避免或减轻损害的发生。具体而言，对医疗场所内将要发生或正在发生的侵权行为，医疗机构应及时采取救援、制止、保护等措施，防止患者遭受损害或避免损害的扩大。例如，医院

---

[1]　重庆市璧山区人民法院判决书，（2015）璧法民初字第04439号。

保安发现盗窃时，应及时予以制止，并采取适当的控制措施；患者在病区内发生激烈争吵或打架时，医护人员应及时予以劝导和制止；在患者遭受他人的伤害时，医护人员和保安应采取必要的制止、援救措施。

第二节　精神卫生机构违反安全保障义务的认定

一、精神卫生机构安全保障义务认定的考量因素

（一）认定安全保障义务的考量因素

安全保障义务的内容具有抽象性，必须根据个案来做出认定。关于认定过程中所应考量的因素，学界存在不同观点。杨立新教授认为，应从安全保障义务的性质、侵权行为的性质和力度、安全保障义务人的保安能力以及发生侵权行为前后所采取的防范措施、制止侵权行为的措施等方面，予以综合判断。[1] 谢鸿飞教授认为，除法律明确规定（如《娱乐场所管理条例》）外，必须在个案中依据损害的可预见性和回避的可能性、损害的类型和程度、社会期待安全的可能性、经营成本与收益等因素做出认定。[2] 周友军教授认为，个案中认定安全保障义务应考虑以下因素：行为的危险性、潜在的加害人降低危险的可能性（包括需要的费用）、潜在的受害人的保护需要、受害人自我保护的可能性、受害人自我保护的费用高低、可能造成损害的行为的社会价值以及保险等。[3]

综合上述学术观点，认定安全保障义务的考量因素包括：

（1）损害或危险发生的可能性及其严重程度。一般而言，损害或危险发生的概率越高，所造成的损害越严重，义务人的安全保障义务越高。

（2）安全保障义务人的安全保障能力。安全保障义务的认定应考虑风险的可预见性和可控性，以及义务人的安全保障能力，不应为义务人设定超出其预见和防范能力的安全保障义务。这就要考虑义务人的资质、所处行业、从事活动的专业性及其要求等，就此而言，专业人员和机构应承担更高的安全保障义务。

（3）受害人的合理期待及其自我保护能力。例如，饭店经营者应当考虑到，饮酒后的顾客会有不理智或不够注意的行为，经营者应采取强度更大的安全措施，防止顾客在饭店内或停车场发生事故。[4] 精神障碍患者因精神症状而缺乏自我保护能力和风险防范能力，更容易遭受来自医疗场所和其他患者的人身伤害。未成年人风险识别能力和控制能力更低，从保障未成年人的合法权益出发，安全保障义务人应承担更高的注意义务。例如，在英美法中，土地利益占有者对儿童负有最高的安全保障义务，只要土地中存在

[1]　杨立新. 侵权法论［M］. 5版. 北京：人民法院出版社，2013：560.
[2]　谢鸿飞. 违反安保义务侵权补充责任的理论冲突与立法选择［J］. 法学，2019（2）：49.
[3]　王利明，周友军，高圣平. 侵权责任法疑难问题研究［M］. 北京：中国法制出版社，2012：344.
[4]　王利明，周友军，高圣平. 侵权责任法疑难问题研究［M］. 北京：中国法制出版社，2012：348.

对儿童具有诱惑力的危险，土地利益占有者就必须确保儿童不受该危险的损害。[1]

（4）风险防范的成本和效益。确立安全保障义务应当考虑"国民经济上的妥当性"，即不能因为该义务的设定遏制法律允许的活动，[2]或者过度增加义务人的成本和负担。

（二）认定精神卫生机构安全保障义务的特殊考量

从司法实践看，认定精神卫生机构的安全保障义务普遍会考虑以下因素。

1. 精神卫生机构作为专科医疗机构的属性

精神卫生机构作为从事精神障碍诊断、治疗的专科医疗机构，相对于其他医疗机构，其具备从事精神障碍诊断、治疗的专业人员、设备和设施，具有更高的诊断和治疗能力，因而应承担更高的注意义务，精神障碍患者对其治疗、安全保障等方面抱有更高的期待和信赖。因此，在司法实践中，精神卫生机构的专业性往往是法院认定被告注意义务的重要考量因素。例如，在郝某诉吉林省舒兰市精神病医院医疗损害责任纠纷案中，杨某因患精神分裂症入住被告精神病医院，住院期间，患者在医院将床单撕成布条，悬挂在窗外护栏上自缢死亡。对于被告的过错，法院认为，被告医院作为专门的精神病医院，其从事的医疗活动具有较高的专业性和技术性，理应对患者负有特殊的注意义务和专门的护理义务。自杀是精神病患者症状表现之一，尤其是杨某在自杀前因与家人争吵情绪不稳定，被告精神病医院应当预见或者能够预见损害结果的发生，应对病人加强看管和保护，提高护理级别，但被告并没有采取相应的措施，未对精神病人保持高度的注意义务，并正确、完全地履行其相应的专门职责，造成杨某死亡的损害事实，应承担相应的过失侵权责任。[3]在本案中，被告作为精神医疗专业机构的属性是法院认定其承担注意义务的重要因素。

在李某影等诉佛山市南海区中医院医疗损害责任纠纷案中，患者在被告南海区中医院住院治疗期间跳楼自杀。对于被告过错的认定，法院认为："南海区中医院虽对罗某因精神障碍可能自杀的情况有所预见，但其并非精神疾病专业治疗机构，不可能做出准确无误的诊断或预判，从而采取严格措施。因此，要求作为普通医院的南海区中医院按照精神障碍专业治疗机构的标准来履行相关的注意义务，无疑是过于苛刻，并不符合过错责任原则的认定标准。"[4]在本案中，法院考虑到被告医院是普通医院而非精神病专科医院，其注意义务应低于专业的精神卫生机构，且患者的自杀具有突发性，在患者家属和医护人员在场的情况下，尚无法阻止罗某的跳楼，要求被告医院阻止该损害后果的发生，已超出其注意义务的限度。

2. 保障对象的特殊性

精神卫生机构安全保障义务是针对精神障碍患者这一特殊群体，由于缺乏正常人的认知和控制能力，精神障碍患者容易遭受伤害或实施侵害行为，精神卫生机构作为专业

[1]　杨立新. 侵权法论［M］. 5版. 北京：人民法院出版社，2013：557.

[2]　王利明，周友军，高圣平. 侵权责任法疑难问题研究［M］. 北京：中国法制出版社，2012：345.

[3]　吉林省舒兰市人民法院判决书，（2016）吉0283民初1987号。

[4]　广东省佛山市中级人民法院判决书，（2017）粤06民终5911号。

机构需要承担更高的安全保障义务。

首先，精神障碍患者缺乏自知力，缺乏正常人的认知、判断能力和风险防范能力，容易实施危险行为，从而遭受人身伤害。为保障患者的人身安全，精神卫生机构应对其设备、设施承担更高的安全保障义务。例如，医疗机构的窗户应有安全设施，以防止患者越窗跳楼发生意外；暖气片等设施的尖锐处应设有保护罩，以防撞伤；电线应使用暗线，电闸、电灯的总开关不能设在病房，防止患者触电，等等。[1] 这一理念在不少判决中得到充分体现。例如，在王某诉哈尔滨市第一专科医院案中，患者在哈尔滨市第一专科医院病房外9楼处置室窗户处坠楼身亡，事发时处置室内无医护人员。法院认为，哈尔滨市第一专科医院是治疗精神疾病的医院，鉴于精神病患者普遍缺乏正常辨别和认知能力的特殊性，其医疗场所和设施应不同于普通医院，应具有更高的安全防护标准。鉴于患者是精神病人，不具有完全民事行为能力，且有自杀或自残的风险。被告医院除为其提供治疗服务外，该医院的医疗场所和设施亦应当提供防止患者自杀或自残的安全保障。在本案中，诊疗室未进行安全封闭，对精神病患者而言，该场所即为安全隐患，且医护人员离开该诊室未锁门，因而被告对本案事故的发生有过错。法院进一步认为："作为专门治疗特殊疾病的医院，其过错程度相较于不具有自控行为能力的患者责任更为重大"，从而认定被告医院承担70%的责任。

其次，精神障碍患者可能因幻觉、妄想、易激怒、兴奋或抑郁等症状而导致行为紊乱，不仅在入院前存在危害他人安全的行为，或者有危害他人安全的危险，且在入院后仍然存在，不可能立即消除，[2] 因此，精神障碍患者在诊疗过程中容易实施暴力行为，从而造成他人人身健康损害。精神卫生机构应对具有暴力危险性的住院患者严加注意，防止其实施伤害他人的人身财产安全的行为。

最后，受精神症状、药物副作用等因素的影响，精神障碍患者往往具有更高的自杀、自残风险。研究表明，精神障碍是导致成人自杀的重要因素，90%以上的自杀身亡者在生前患有精神疾病，[3] 且主要与抑郁性精神障碍、物质滥用和精神分裂症有关，其中50%以上的自杀死亡者为抑郁症患者。[4] 精神障碍患者的自杀风险高出一般人群10倍以上，[5] 且自杀具有冲动性、突发性、隐蔽性等特点，难以预测和防范，这对精神卫生机构的医疗安全管理提出了更高的要求。研究表明，约有5%的自杀发生在精神病医院，国内个案研究也表明，住院精神病患者的自杀发生率为133.1/10万，从住院到出现致命性的自杀行为最短1天，最长456天，中位数为67天。[6] 可见，自杀可能发生在患

[1] 徐江. 精神卫生医疗机构对患者人身安全的保障义务 [J]. 中国卫生人才，2013（5）：46.

[2] 徐江. 精神卫生医疗机构对患者人身安全的保障义务 [J]. 中国卫生人才，2013（5）：47.

[3] 尽管90%的自杀者有精神障碍，但精神障碍患者中自杀的比率仅有5%，大部分精神障碍患者并不会自杀，甚至没有自杀企图。可见，导致自杀的因素十分复杂，精神障碍只是其中的因素之一，还包括复杂的心理、社会等因素。
参见：杜睿，江光荣. 自杀行为：影响因素、理论模型及研究展望 [J]. 心理科学进展，2015（8）：1439.
王立伟. 精神疾病患者的自杀问题 [J]. 上海精神医学，2002（4）：246.

[4] 杜睿，江光荣. 自杀行为：影响因素、理论模型及研究展望 [J]. 心理科学进展，2015（8）：1438.

[5] 纪橡梓，王伟梁，宇虹，等. 精神疾病自杀病人认知损害特点及认知治疗干预现状 [J]. 护理研究，2019，33（10）：1707.

[6] 李洁，苏敬华，郭扬波，等. 广州市精神病医院50年住院病人自杀危险因素的病例对照研究 [J]. 中国心理卫生杂志，2008（1）：8-13.

者入院后的任何时间内，这就要求医疗机构采取适当的措施，密切监控，消除医院内可能存在的为患者自杀提供条件的危险因素。

综上所述，精神卫生机构对患者的安全保障义务包括以下两类：

（1）防止患者在医院内遭受人身伤害，包括防止患者遭受来自医疗机构管理、控制下的设备、设施的伤害和防止患者遭受来自第三人（主要是其他患者）的人身伤害；

（2）防止患者实施自杀和自伤行为。

二、患者在医疗机构内遭受人身伤害的责任认定

患者在医疗场所内遭受人身伤害主要包括两种情形：一是因医疗场所内的设施、设备所造成的人身伤害；二是遭受来自其他患者的人身伤害。前者属于违反防止患者遭受医疗机构侵害的安全保障义务，系直接侵权；后者属于违反防止患者遭受第三人侵害的安全保障义务，系间接侵权。

（一）设备、设施安全隐患造成的损害责任

医疗机构应对其管理、控制下的场所和物件尽到高度注意义务，避免对患者的人身或财产安全造成损害。这就要求医疗机构应当保证其建筑物、设备、设施等符合国家、行业质量及安全标准。严格执行巡查、检修制度，及时消除隐患，确保设施、设备的安全运行。尤其是精神卫生领域，患者因精神障碍而缺乏风险识别和防范能力，更容易遭受外界危险因素的侵害，医疗机构应对精神障碍患者承担更高的注意义务。例如，高某疑似患有精神疾病，入住某医院接受治疗，期间高某从所在病房内的厕所窗口坠楼身亡。当时现场无任何目击证人，无法证明病人究竟是意外坠楼还是跳楼自杀。患者家属起诉医院，要求其承担责任。法院审理后认为，双方提供的证据均不能充分证明死因，但该医院病房厕所窗台离地面的高度低于《住宅设计规范》规定的90厘米，加之该医院尚不能证明其已采取相应的防护措施，故认定该医院在为高某提供医疗服务时，未尽合理限度内的安全保障义务，应承担50%的责任。[1]在本案中，尽管无法查清患者是自杀还是意外坠亡，但是病房厕所窗台离地面高度不符合相关建筑设计标准，且被告医院未采取相应的防护措施，如安装防护网或限位装置等，相关设施明显存在安全隐患，因而可以认定其违反了安全保障义务。

在医疗机构的封闭环境下，由于缺乏外部证据，患者在医疗场所内受到的人身伤害往往缺乏相关证据证明致伤原因和医疗机构的过错。因此，此类案件中有关医疗机构是否违反安全保障义务的举证责任分配最为关键。根据《民法典》第1198条的规定，违反安全保障义务责任应适用过错责任原则，但是对于过错的认定，学界存在较大的分歧。杨立新教授认为违反安全保障义务侵权责任的过错认定，应当采用过错推定原则，侵权人应就其未违反安全保障义务、主观上无过错承担举证责任，否则推定存在过

———————
[1]　于海旭.论医疗机构的安全保障义务[J].北京化工大学学报（社会科学版），2013（4）：28.

错。[1] 王利明教授则认为应以安全保障义务的违反来认定过错，其举证责任应由原告承担。[2] 在理论和实务界中，多数意见认为，违反安全保障义务的侵权责任应由受害者承担安全保障义务人具有过错的举证责任，除非法律、法规有明确规定，否则不能适用过错推定的严格责任。[3] 然而，在司法实践中，这一多数意见并没有完全得以体现，如在不少案件中，法院对于医疗机构是否履行安全保障义务仍然采取举证责任倒置，即由医疗机构承担举证责任，如果医疗机构不能提供证据证明其已经履行安全保障义务的，则推定医疗机构具有过错。例如，在吴某诉泗洪县脑科医院医疗损害责任纠纷案中，原告吴某在被告脑科医院进行全托封闭型治疗时摔伤，左股骨颈粉碎性骨折。法院认为，精神障碍患者对外界的认知能力以及对事物的判断能力低于普通人，因此，医疗机构应当配备适宜的设施、设备，保护就诊和住院治疗患者的人身安全，防止其受到伤害。被告医院作为专业医疗机构，应为原告提供安全保障设施，确保治疗期间精神障碍患者的人身安全。在本案中，被告医院未能提供证据证明其已经履行安全保障义务，从而应承担相应法律责任。[4] 很明显，对于本案被告是否履行安全保障义务，法院认为应由被告承担举证责任，即对过错的认定实际上采取的是举证责任倒置。采取过错推定和举证责任倒置固然有利于保护处于弱势地位的精神障碍患者的合法权益，亦符合医患双方举证能力失衡的客观事实，但也可能导致医疗机构安全保障义务的过度扩张，致使医疗机构承担过重的注意义务。

（二）第三人侵权所致的损害责任

1. 防止第三人侵害安全保障义务的内容

部分精神障碍患者具有一定的人身危险性，可能对其他患者实施暴力行为，从而造成人身伤害的发生。在这种情形下，医疗机构的安全保障义务体现在两方面：一是对具有暴力倾向的精神障碍患者密切监控，并采取必要的控制措施，防止其实施暴力伤害行为；二是在发生或可能发生暴力行为时，医疗机构有制止暴力行为、援助受害者、防止损害扩大的义务。例如，在林某等诉阳江市公共卫生医院医疗服务合同纠纷案中，患者傅某因精神分裂症至被告处治疗，住院期间被同病房的患者王某殴打致死。法院认为，被告医院作为专科医院，除应对患者进行常规治疗外，还应充分考虑精神分裂症的病理特征，在精神障碍患者接受治疗的过程中，对控制能力降低的精神病人尽到特殊的安全保障义务。在封闭式管理期间，直接侵权人王某的法定监护人，实际上无法履行相应的监护职责。在此期间，被告应对精神障碍患者履行充分谨慎的注意义务，随时随地留意她们的行为，保证患者的安全。受害人傅某在住院治疗期间被他人殴打致死，被告未尽相应的安全保护义务，应承担违约责任。[5] 在本案中，尽管在殴打行为发生时，被告医

[1] 杨立新. 侵权法论 [M]. 5版. 北京：人民法院出版社，2013：559.
[2] 王利明. 侵权责任法研究 [M]. 北京：中国人民大学出版社，2011：158.
[3] 最高人民法院民事审判第一庭. 人身损害赔偿司法解释的理解与适用 [M]. 北京：人民法院出版社，2004：105.
[4] 江苏省宿迁市中级人民法院判决书，（2016）苏13民终245号.
[5] 广东省阳江市中级人民法院判决书，（2016）粤17民终295号.

院的值班护士和医生马上赶到病房将王某控制并现场对傅某进行抢救，但法院认为被告未能密切留意患者的行为，从而认定其违反安全保障义务。

2. 违反"防止患者遭受第三人侵害"的安全保障义务的法律责任

根据《民法典》第1198条第2款的规定，因第三人的行为造成他人损害的，由第三人承担侵权责任；经营者、管理者或者组织者未尽到安全保障义务的，承担相应的补充责任。因此，在第三人侵权的场合下，医疗机构所要承担的赔偿责任是补充责任，不是与直接侵权人承担连带责任或按份责任。

具体而言，在直接责任和补充责任竞合时，受害人应先向直接责任人请求赔偿。只有在直接责任人不能赔偿、赔偿不足或下落不明无法行使第一顺序的赔偿请求权时，才可以向补充责任人请求赔偿。那么，补充责任人是否享有先诉抗辩权？即赔偿权利人必须先起诉第三人且在经强制执行程序无法受偿后才能起诉安全保障义务人。补充责任不仅无法减少诉累，还剥夺了受害人选择被告起诉的权利，从而对受害人的赔偿权利保护不周。[1]针对这一不足，可行的办法是允许受害人同时起诉第三人和补充责任人，在明确各自责任的基础上，裁判文书写明首先执行第三人，在第三人的财产不足以全部清偿时补充责任人所应承担的责任大小。

对于补充责任人的赔偿范围，学界认为，它并不是直接侵权人不能赔偿的部分，而是"相应"的部分。"相应"的部分的赔偿责任应当与违反安全保障义务人的过错程度和行为的原因力"相应"。[2]即根据安全保障义务人未尽到的安全保障义务的程度来确定其应当承担的侵权责任份额。[3]只有在直接责任人的赔偿能力不足时，安全保障义务人才在补充责任范围内承担赔偿责任。如果直接侵权人有能力承担全部赔偿责任，安全保障义务人的补充责任也就没有存在的必要。由于安全保障义务人承担的是过错责任，其责任大小取决于安全保障义务人的过错程度，因而安全保障义务人的赔偿责任并不必然小于直接侵权人。如果安全保障义务人具有重大过错，如其履行作为义务，即可防止损害发生，由其承担主要责任未尝不可。无论安全保障义务人承担多大的责任，在其承担补充责任后，有权向第三人追偿。

具体到精神医疗场合，在第三人侵权致患者损害的情形下，应由实施侵权行为的第三人承担直接责任，医疗机构只有在第三人不能赔偿、赔偿不足等情形下方承担补充责任。根据《民法典》第1188条的规定，无民事行为能力人、限制民事行为能力人造成他人损害的，由监护人承担侵权责任。因而，当实施侵权行为的精神障碍患者为无民事行为能力人、限制民事行为能力人时，只有在患者没有监护人或监护人没有能力承担全部赔偿责任时，才由医疗机构承担侵权责任。然而，在司法实践中，有关医疗机构的侵权责任并没有完全按照上述规则予以认定，法院似乎更倾向认为，医疗机构违反安全保障义务的行为是直接侵权，按全责任而非补充责任承担。例如，在刘某诉某精神病医院案中，刘某因与同病房患者发生争执而被该患者打伤。法院认为，被告精神病医院对原

[1]　谢鸿飞. 违反安保义务侵权补充责任的理论冲突与立法选择 [J]. 法学，2019（2）：52.
[2]　杨立新. 侵权法论 [M]. 5版. 北京：人民法院出版社，2013：569.
[3]　王胜明. 中华人民共和国侵权责任法解读 [M]. 北京：中国法制出版社，2010：194.

告未完全尽到监管责任，致使原告受伤，被告精神病医院亦有过错，应对刘某的损害承担20%的赔偿责任。[1]又如，在上述林某等诉阳江市公共卫生医院医疗服务合同纠纷案中，法院根据被告医院未尽相关安全保障义务的过错程度，酌情确定其承担70%的赔偿责任。上述判决均没有明确医疗机构所承担的赔偿责任是补充责任，也没有认定直接侵权人的赔偿责任。

三、住院患者自杀的责任认定

如前所述，精神障碍患者具有更高的自杀风险，当患者在住院期间自杀身亡时，如何认定医疗机构履行安全保障义务及其责任，是司法实践中经常面临的问题。患者住院期间实施的自杀行为大致包括两种情形：一是在医疗机构场所内实施自杀；二是患者擅自离院后自杀或意外身亡。在这两种情形下，认定医疗机构是否履行安全保障义务，法院一般考虑以下因素。

（一）是否履行风险告知义务

对具有自杀风险的精神障碍患者，医疗机构应对患者近亲属、监护人充分履行告知义务，告知患者具有自杀、自残和伤害他人的风险，以及家属和陪护人员应注意的事项。对开放病房的住院患者，医疗机构应告知患者家属必须安排陪护人员，要求家属严防患者实施自杀、自残行为，并提醒相关注意事项。例如，在柯某等诉茅箭医院医疗损害责任纠纷案中，患者王某经被告医院诊断为"心境障碍（抑郁发作）"而被收治入院，后王某在卫生间将电视闭路线拴在挂钩上自缢身亡。法院认为，王某是抑郁症患者，为自杀高危人群，且长期有自杀想法并有自杀意愿表露，有较大的自杀可能性，应严密监护。但患者入住开放病房后，相关医师仅仅向患者本人履行告知一次，并未向家属告知其有较大的自杀可能性，从而引起家属足够的注意，相关医师履行告知义务不具体、详细、全面、充分。[2]因此，被告医院的过错体现在两方面：一是未尽风险告知义务，提醒家属加强对患者的看护和管理；二是未消除其病房内能够实施自杀行为的安全隐患，未尽到谨慎注意义务。在另一起案件中，患者因重度抑郁症发作入住被告临床心理科治疗，自杀、自伤风险评估为中等风险，住院期间，患者在被告地下车库自己的车上自缢身亡。法院认为，被告医院在多次发现患者没有家属陪护的情况，未通知患者家属应24小时对患者进行陪护，从而认定被告存在过错。[3]

（二）是否履行密切监控义务

对于住院患者，医疗机构应根据护理级别、患者的精神症状、风险程度等采取相应

---

[1]　重庆市铜梁区人民法院判决书，（2017）渝0151民初4367号。
[2]　湖北省十堰市中级人民法院民事判决书，（2018）鄂03民终1118号。
[3]　广东省深圳市罗湖区人民法院民事判决书，（2018）粤0303民初9456号。

的监控措施，以及时发现、制止患者实施自杀、伤害他人等危险行为。例如，在于某海等诉漯河市中心医院医疗服务合同纠纷案中，患者赵某武因精神障碍于2016年11月8日至被告医院精神科住院治疗，护理级别为一级护理。当天下午，赵某武将病房右侧窗户的护栏破坏，从右侧窗户断裂的护栏处钻出后坠楼。法院认为，赵某武的护理级别为一级，根据《综合医院分级护理指导原则（试行）》第14条规定，对一级护理患者，应每小时巡视患者，观察患者病情变化。事故当天15点，护士巡视观察病房一次，16点54分，一名护士又进入病房，间隔近两个小时，在此期间，赵某武有多次损坏窗户试图钻出的行为，但被告疏于监管，因此法院认定被告具有过错。[1] 在本案中，被告医院没有按照一级护理要求每小时巡视患者，在间隔近两小时的期间内未能发现患者实施的自杀准备行为并及时予以制止，其行为明显存在过错。在另一起案件中，患者利用布带在病房内的隔离门上自缢身亡。法院认为，被告医院"巡视中没有及时发现贾某凤准备用于自杀的布带，病房内的隔离门易于悬挂物品也给贾某凤自缢提供了便利条件"。同时，患者自缢持续20多分钟，先后尝试3次才自缢身亡，被告医院却没有及时发现，从而丧失制止和抢救的时机。[2]

在李某等诉潜江市精神病医院医疗损害责任纠纷案中，刘某因患抑郁症到被告潜江市精神病医院住院治疗。住院期间，刘某用被套上的六根布带在病房卫生间窗户的防护网上打结自缢，后经抢救无效死亡。被告医院明知刘某住院时即出现了明显的精神异常，可能产生危害自身或他人安全的行为，且明知其曾有抑郁症病史，在确诊其患有精神分裂症后，既未从家属陪护方面采取相应安全保障措施，又未从医疗护理方面提高注意义务，违反了患者的活动不脱离视线的要求。在本案中，鉴定意见认为："医方监护记录表明，医方间隔15分钟巡视一次病人活动、病情，说明医方不存在违反护理规范的行为。""但是，患者，特别是明确诊断为抑郁发作者，考虑其自杀的可能性大，应做到患者的活动不脱离医务人员的视线。此行为可视为医方行为的过失，因此医方应为患者的自杀后果承担一定的责任（参与度应为15%～20%）。"[3] 在本案中，尽管法院和鉴定意见认可被告每隔15分钟巡视病人符合护理规范，但要求被告应"做到患者的活动不脱离视线"，这无疑是非常高的注意义务。

（三）是否采取安全防范措施以消除安全隐患

鉴于患者的自杀风险，医疗机构应尽到安全巡视、检查义务，排查医疗场所可能存在的危险因素，并采取适当措施消除潜在危险，包括对具有危险性的患者采取约束、隔离等保护性医疗措施。例如，在上述李某等诉潜江市精神病医院医疗损害责任纠纷案中，患者将被套上的六根布带拆下，乘人不备在病房卫生间窗户的防护网上打结自缢。鉴定意见认为："被套系带是用以固定被套内棉絮的。无明文规定病房内使用的被套不能用系带，使用了即是存在的不安全因素。"在本案中，被套系带确实存在安全隐患，

[1] 河南省漯河市召陵区人民法院判决书，（2017）豫1104民初3357号。
[2] 吉林省吉林市昌邑区人民法院判决书，（2016）吉0202民初2937号。
[3] 湖北省潜江市人民法院判决书，（2014）鄂潜江民初字第00042号。

从而为患者的自杀提供了条件，被告医院疏于注意，没有去掉被套上的系带，因而存在一定的过错。同样，在类似案件中，患者在病房卫生间内用医院的束缚绳上吊自杀，法院以被告医院"未对危险物品进行有效管理"为由，认定被告存在过错，判决其承担45%的责任。[1]

在彭某等诉娄底市中心医院医疗服务合同纠纷案中，邹某因患有精神疾病割腕自杀未果，于2014年12月19日被送至被告娄底市中心医院骨科病房住院治疗。住院期间，被告方为邹某安排了单间病房，房间内窗户亦设置了卡子，以防邹某有轻生行为。12月21日早上，邹某趁陪护人员进入卫生间洗漱倒水之际，走出房间进入隔壁病房开窗跳楼自杀身亡。被告医疗机构多次以书面或口头方式告知患者家属应加强看护，并在邹某病房的窗户上加固了安全防护装置，但邹某趁陪护人员疏忽，进入隔壁病房开窗跳楼，法院认为被告已采取了合理的安全防范措施。[2]在本案中，法院认定被告医院已履行安全保障义务，主要基于以下几方面的考虑：首先，患者是因割腕自杀受伤而至被告处治疗，并收治于骨科，其目的是进行骨科手术，而非治疗患者的精神疾病。换言之，本案被告并不承担作为精神卫生机构所应承担的注意义务。其次，患者所在的病房楼层，是被告根据本单位病室的安排设置确定的，如果要求被告因收治邹某而临时改变其病室布局，显然超出了合理的范围，故被告对患者邹某的病房安排并无不当。法院考虑了成本效益问题，如果要求被告医院针对患者的情况而改变其病室布局，对所有设施进行改进以达到精神卫生机构的安全保障程度，无疑不具有可行性，且过度增加被告的成本。最后，被告在邹某所在病房的窗户上加固了安全防护装置，已采取合理的安全保障措施，对于邹某趁陪护人员疏忽，进入隔壁病房开窗跳楼，已超出被告的预见和防范能力。

（四）是否采取适当措施防止患者擅自离院

在实践中，一些住院精神障碍患者擅自离院外出后，或意外身亡，或下落不明，或自杀身亡，从而引发相关纠纷。在这些案件中，法院认定医疗机构是否违反安全保障义务，主要考虑以下因素：①医疗机构是否采取适当的看护措施以防止精神障碍患者离院或出走，是否对精神障碍患者近亲属或陪护人员履行警示告知义务；②对于具有出走风险的精神障碍患者，医疗机构是否将精神障碍患者转入封闭区住院，或采取其他适当的防范措施。例如，在叶某等诉湖州市第三人民医院医疗服务合同纠纷案中，患者蒋某因精神障碍于2008年2月入住被告医院开放病房。患者入院后，原告叶某作为陪护人经常外出，未能履行陪护责任，被告医院多次告知家属需时刻陪同，加强看护，否则需转封闭病房治疗。同年3月4日上午，患者蒋某自湖州市第三人民医院出走后未归，经查找下落不明，后被法院宣告死亡。法院认为，湖州市第三人民医院作为专业治疗精神疾病的医疗机构，虽已多次告知家属需时刻陪同，加强看护，但未采取必要的防范措施，对

[1]　浙江省湖州市吴兴区人民法院民事判决书，（2017）浙0502民初7790号。
[2]　湖南省娄底市中级人民法院判决书，（2016）湘13民终577号。

患者离院出走失踪、被宣告死亡的严重后果的发生，也存在一定的过错，依法应承担次要责任。[1] 医疗机构应严格依据相关标准和制度收治患者，并采取相应的管理措施。具体到本案，根据患者的病情及其具有出走的高度风险，应将其收治于封闭病房，而不能仅仅是告知患者近亲属，将相关职责和防范义务全部转嫁给患者近亲属。然而，在厉某诉湖北省中医院医疗损害责任纠纷案中，患者因精神分裂症到被告处治疗并在开放病房住院，趁无人看守（家属因故离院）之机出走，后被发现溺亡。法院认为被告的出走是原告未履行监护责任所致，"在开放式病房环境下，被告在不知情的情况下，不可能特意去关注厉某刚的状况，也就无法发现其出走"，故对于患者的死亡，被告医院并无过错。[2]

同时，患者擅自离院或出走后，医疗机构应及时通知患者近亲属，并及时寻找。如果医疗机构怠于履行该义务，对患者的出走放任不管，无所作为，则可能被认定违反安全保障义务。例如，在甘某友等诉广德县人民医院、湖州市第三人民医院医疗损害责任纠纷案中，甘某和因患抑郁症入住被告湖州市第三人民医院开放病房，并于2014年8月2日下午2点左右与同室病友外出，下午4点左右，同室病友告诉湖州市第三人民医院护士甘某和外出未归。至当天晚上9点，湖州市第三人民医院电话告知原告甘某和外出未归。原告接到通知后，当即组织亲属及朋友赶赴湖州市第三人民医院，并在电话中多次催促湖州市第三人民医院相关负责人组织人员寻找，后发现甘某和溺水死亡。法院认为，湖州市第三人民医院相关人员明知患者有自杀倾向，却没有采取必要的约束、陪护等保护措施，也没有通知患者的监护人或者家属实施24小时看护，导致患者自行离开医院。湖州市第三人民医院相关人员在知道受害人离开医院后没有及时寻找，也没有及时通知监护人，最终导致受害人自杀溺水死亡。法院遂判决被告承担35%的赔偿责任。[3] 在本案中，被告医院相关人员在知道患者离院未归的情况下，没有及时组织人员寻找患者，从而错失寻找患者的机会，其不作为与患者的死亡存在法律上的因果关系。

[1]　浙江省湖州市中级人民法院判决书，（2013）浙湖民终字第509号。

[2]　湖北省武汉市洪山区人民法院判决书，（2014）鄂洪山民三初字第00503号。

[3]　安徽省广德县人民法院判决书，（2014）广民一初字第02091号。

第二章
非自愿住院诉讼的法律问题

第一节　非自愿住院诉讼的类型

一、非自愿住院的实施过程分析

在我国，非自愿住院的实施过程包括送治、诊断、入院和治疗等环节（图2-1）。同时，入院和治疗合二为一，二者融合为一个实体要件和程序，非自愿入院即意味着非自愿治疗，但二者在程序上仍然存在先后顺序，患者在非自愿入院后方可接受非自愿治疗措施。

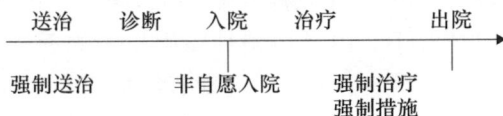

送治　　诊断　　入院　　治疗　　　　出院

强制送治　　　　非自愿入院　　强制治疗
　　　　　　　　　　　　　　　强制措施

图2-1　非自愿住院的实施过程

在非自愿住院的实施过程中，所涉及的法律问题包括：

（1）谁有权将疑似精神障碍患者送往医院接受诊断和治疗？

（2）精神障碍的诊断和非自愿入院的评估由谁做出？

（3）精神障碍患者非自愿入院的决定应由谁做出？

（4）入院后，非自愿治疗应由谁实施？

由于精神障碍的诊断和治疗主要涉及医学问题，应由具有资质的医疗机构和精神科执业医师做出，因而第2个和第4个问题应无争议。争议之处在于，送治人是谁？谁有权将疑似精神障碍患者送至医院接受非自愿治疗？其次，非自愿入院的决定权由谁行使？医疗机构抑或中立的第三方？

就制度设计而言，非自愿住院的实施涉及诸多主体和利益相关者，应合理平衡相关主体之间的权利、义务，从而形成一定的权力制约机制。例如，送治人一般无权决定精神障碍患者的非自愿入院，其作用主要是启动非自愿住院程序；医疗机构及精神科执业医师主要就医学问题做出评估和决定；而非自愿入院决定涉及精神障碍患者的人身自由、人格尊严等基本权利，对于如此重大的法律判断，应由法院或其他适格的中立机构做出决定。因此，各国非自愿住院制度的一个重要理念是，实现诊断、评估与入院决定的分离。医疗机构负责疑似精神障碍患者的诊断、评估，并提出入院治疗的医学建议，但是非自愿入院的决定应由法院或其他中立机构做出。具体而言，则是通过独立的权威机构如复核机关、专门法庭或法院等，对基于医学专业人员（特别是精神科医生）意见的非自愿入院进行确认，[1]医学专业人员做出的有关非自愿住院的医学意见，只有获得审查机构的确认或批准后，医学专业人员方可对患者采取非自愿治疗。

然而，受制于传统、文化、观念和医疗资源等因素，我国的非自愿住院程序在制度设计上并未体现上述考量，相反赋予监护人、医疗机构等相关主体过于集中的权力，从而形成迥异于其他国家的非自愿住院法律制度。一方面，患者的近亲属和公安机关等公权力机关，都有权将疑似精神障碍患者送往医疗机构进行精神障碍诊断；另一方面，精神障碍的诊断、评估与非自愿入院决定，均由医疗机构决定，无须法院或其他中立机构审查决定。因此，实践中有关非自愿住院的诉讼主要发生在送治和入院两个环节。前者是指针对近亲属、公权力机关等送治主体提起的强制送治案件，后者是指针对医疗机构的入院决定不服提起的非自愿入院案件。

二、送治主体、强制送治与诉讼类型

将疑似精神障碍患者送往医疗机构进行诊断、评估，涉及非自愿住院程序的启动。根据《精神卫生法》第28条规定，疑似精神障碍患者的送治主体按一般情形和紧急情形划分，前者是在非紧急情况下，由疑似精神障碍患者的近亲属将其送往医疗机构进行诊断、评估；[2]后者则是在紧急情况下，当疑似精神障碍患者有伤害自身、危害他人安全的危险时，由近亲属、患者所在单位和公安机关将其送往医疗机构进行精神障碍诊断。在后者情形下，如果患者拒绝就诊，则明显属于违背患者本人意愿强制送诊，且在送诊过程中也可能会对患者采取一定的管束措施，从而在一定程度上限制其人身自由。

（一）非紧急情况的送治

非紧急情况下的送治行为一般不会引起争议，但也有少数案件涉及患者对公安或民政机关的送治行为提起行政诉讼。在此类诉讼中，法院一般认定公安机关或民政机关的送治行为是履行职责的救助行为，并不构成行政违法。例如，在李某军诉嘉禾县公安局行政强制案中，李某军因拦截一辆幼儿园校车与校车司机发生纠纷，被告民警到场后将李某军带回派出所询问，因李某军沉默不语，行为怪异，民警初步判定李某军属于疑似精神病患者，遂将情况通报给了嘉禾县救助管理站，并协助救助管理站将李某军送至当地医院进行精神障碍诊断。随后，李某军被诊断为精神分裂症患者，并被非自愿住院62天。法院认为，被告帮助嘉禾县救助管理站将李某军送往医院进行精神障碍诊断的行为，符合《精神卫生法》的相关规定，遂驳回其诉讼请求。[3]在本案中，被告

---

[1] WHO. WHO resource book on mental health, human rights and legislation [M]. Geneva: WHO Press, 2005: 51.

[2] 《精神卫生法》第28条第1款规定，对查找不到近亲属的流浪乞讨疑似精神障碍患者，由当地民政、公安等有关部门按照职责分工，帮助将其送往医疗机构进行精神障碍诊断。

[3] 湖南省郴州市中级人民法院判决书，（2016）湘10行终92号。

公安机关对李某军的送治行为实际上是救助行为，不属于强制行为，并没有侵害其合法权益。

（二）紧急情况下的强制送治

在实践中，送治环节所引发的诉讼多数都集中在紧急情况下的强制送治行为。针对送治主体的不同，其诉讼类型也有所差异。针对患者近亲属、所在单位的强制送治行为，鉴于近亲属和所在单位并非公权力主体，其送治行为应视为民事行为。患者如认为该行为侵害其合法权利，只能以民事侵权为由向法院提起民事诉讼。如果送治主体是公安机关等公权力机关，且送治过程中往往采取一定的强制手段，该行为无疑属于行政行为，患者只能向法院提起行政诉讼。这种依据送治主体的身份界定送治行为的性质，进而确定诉讼类型的做法，获得司法实践的普遍认可，几乎所有案件均遵循这一"二分法"。

1. 非公权力机关的强制送治

在实践中，精神障碍患者的非自愿住院送治人主要是近亲属，无论是基于血缘亲情，还是法律所规定的照护义务，近亲属在精神障碍患者的非自愿入院中发挥着不可替代的重要作用。相反，患者所在单位（如工作单位、学校等）对送诊却持十分谨慎的态度，似乎很少有单位行使这一权力，笔者也未收集到相关的案例。但是近亲属将疑似精神障碍患者强制送往医疗机构进行诊断与治疗，无论是出于善意目的，还是草率甚至滥用这一权利，却可能引发相关的争议。被强制送治的患者，事后有可能将实施送治行为的近亲属作为被告，向法院提起诉讼。将近亲属作为强制送治主体，固然符合我国家庭本位的文化传统，也便于患者的就诊和监管，但也可能导致患者与其家庭成员之间的矛盾和对立。

实践中，患者将近亲属作为被告或共同被告提起诉讼较为常见，但很少有案件认定近亲属的送治行为是违法行为。一则不少案件中原告确实有精神障碍，符合强制送治和非自愿住院的法定条件，自然不存在违法的情形；二则法院必须考虑家庭和谐、近亲属的善意目的等因素，不会轻易认定近亲属的送治是违法行为，如此将造成原告与其近亲属之间的反目，与《精神卫生法》的立法目的相悖。例如，在杜某水诉济南中医精神专科医院等人身自由权纠纷案中，原告杜某水在其儿女的安排下办理非自愿住院手续，在被告医院住院治疗10天。原告以其子女和被告医院违法实施强制治疗造成其严重损害为由向法院提起诉讼。法院结合本案病历资料，认为原告并不符合非自愿住院的法定条件，且被告医院也未提交证据证明原告杜某水实施了危害自身、他人安全的行为，或有实施上述行为的危险，从而认定被告的强制治疗行为构成侵权。然而，对于其子女是否构成违法送治，法院认为，根据《精神卫生法》第21条规定："家庭成员之间应当相互关爱，创造良好、和睦的家庭环境，提高精神障碍预防意识；发现家庭成员可能患有精神障碍的，应当帮助其及时就诊，照顾其生活，做好看护管理。"原告杜某水有精神病史，其子女缺少精神病学方面的医学知识，在发现原告有精神异常的表现后，积极联系被告济南中医精神专科医院，将原告送至该院进行治疗，并未侵犯其人身自由。[1] 在本

---

[1]　山东省济南市历下区人民法院判决书，（2015）历民初字第1219号。

案中，尽管法院认定被告医院对原告的非自愿治疗违反法律规定，且原告在起诉中指控被告（其子女）抢夺其财产，[1]但仍然认定其子女对其送治和办理住院手续，是《精神卫生法》第21条所提出的帮助、照顾行为。

2. 公权力机关的强制送治

在紧急情况下，公安机关对有危险性的疑似精神障碍患者的强制送治，是《精神卫生法》和《中华人民共和国人民警察法》（以下简称《警察法》）等法律赋予公安机关的法定职权，实践中因当事人质疑强制送治行为合法性而引发的行政诉讼较为常见。如杨某诉中山市公安局古镇分局案，2013年4月19日，杨某擅自进入他人房屋，被警察带到派出所询问，但杨某自言自语，答非所问，言行举止异于常人，警察遂怀疑杨某精神异常，将其送至医院进行身体及精神检查，后被诊断为特重型颅脑外伤。术后杨某病情没有好转，出院后被家属带回家中照顾，后因病去世。杨某近亲属认为杨某的受伤及死亡是因中山市公安局古镇分局违法送治行为所致，遂提起行政诉讼。法院认为，根据《精神卫生法》第28条第2款"疑似精神障碍患者发生伤害自身、危害他人安全的行为，或者有伤害自身、危害他人安全的危险的，其近亲属、所在单位、当地公安机关应当立即采取措施予以制止，并将其送往医疗机构进行精神障碍诊断"的规定，杨某因涉嫌入室盗窃被带回被告派出所调查，在调查过程中表现出言行举止不正常的情况，民警邀请海洲医院医生进行初步诊断和治疗，在杨某疑似精神病的情况下，将杨某送往中山市第三人民医院诊断，属于行政救助行为，该行为是为保障杨某自身及他人的安全，并未损害其合法权益，遂判决驳回原告诉讼请求。[2]在类似案件中，只要公安机关有初步证据证明当事人疑似患有精神障碍，从而将该疑似患者送往医院非自愿住院的，法院一般依据《精神卫生法》第28条和《警察法》第14条的规定，[3]认定公安机关的送治行为是履行法定职责的合法行为。

与上述情形相反，也有当事人以公安机关怠于履行职责，未对疑似精神障碍患者采取有效的控制措施，从而导致危害行为发生为由，向法院提起行政诉讼。如潘某勇等诉重庆市永川区公安局行政赔偿案，2013年1月24日晚上，潘某琴在其侄子潘某江家中吃饭时，其子潘某兵叫其回家。因潘某琴未理睬，潘某兵即对潘某江及其家人进行谩骂，并用石块砸潘某江家瓦房顶，双方发生纠纷，潘某江遂电话报警。民警到达现场时，潘某兵正与潘某江等人互相辱骂，双方未发生抓扯、打架等严重行为，遂进行劝解，以平息事态。在得知潘某兵有精神病病史后，民警劝说潘某江一家不要刺激潘某兵，要求其父潘某琴严加监管，并告知他民警次日会同村干部进一步处理此事。第二天下午5点多，潘某兵从菜地摘菜回家途中看见潘某江、陈某贵在堰塘梯坎处洗东西，突然产生杀

---

[1] 原告在起诉书中声称，在其被被告医院的工作人员强行带去住院后的次日，其子女"将原告杜某水的房屋钥匙抢走，同时将东舍坊东居5号楼1单元202室的回迁协议抢走"，但法院以缺乏证据为由未予以认定。参见：山东省济南市历下区人民法院判决书，（2015）历民初字第1219号。

[2] 广东省中山市中级人民法院判决书，（2015）中中法行终字第86号。

[3] 《警察法》第14条规定："公安机关的人民警察对严重危害公共安全或者他人人身安全的精神病人，可以采取保护性约束措施。需要送往指定的单位、场所加以监护的，应当报请县级以上人民政府公安机关批准，并及时通知其监护人。"

死潘某江的念头，用随身携带的锄头将潘某江打伤，将陈某贵打死。事后，受害人近亲属以公安机关未对潘某兵采取保护性约束措施为由向法院提起行政诉讼。法院经审理认为，民警了解到潘某兵之前无暴力行为，发生纠纷时仅仅是吵闹、砸房子，无具体危及他人人身安全的行为，从而认为被告未将潘某兵送往精神病院医治，没采取约束措施，并不违反法律。[1]本案的争议焦点是潘某兵在警察处置时是否实施了危害他人安全的行为或具有危害他人的危险，公安机关应依据《精神卫生法》第28条规定对其"立即采取措施予以制止，并将其送往医疗机构进行精神障碍诊断"。但问题的关键是《精神卫生法》第28条规定的"危害他人安全"是否仅限于人身安全，而不包括危害财产安全的情形。很明显，法院对财产安全持否定态度，认为"发生纠纷时仅仅是吵闹、砸房子，无具体危及他人人身安全的行为"，遂认为潘某兵当时的状态并不符合强制送治和采取约束措施的条件。

根据《精神卫生法》第28条规定，紧急情况下强制送治的公权力机关仅限于公安机关，但这一限制性规定在实践中并未完全得到严格遵守。在实践中，民政部门、乡镇人民政府、街道办事处等行政机关都可能实施强制送治行为，但司法实践中几乎没有案件直接认定上述行政机关的送治行为是越权行为，从而构成行政违法。在这类案件中，一般都是当事人因越级上访或多次上访，乡镇人民政府以其患有精神疾病为由强制送往医疗机构进行治疗。例如，在周某诉嵊州市甘霖镇人民政府行政强制案中，因为原告到北京市上访和无故闹事，被告认为其患有偏执性精神障碍，遂将其送往嵊州市第五人民医院精神科住院治疗。法院认为，原告曾多次被鉴定为偏执性精神障碍，由于原告无直系亲属，在家无人照料，被告为妥善安置原告，并帮助其及时治疗疾病，因而被告将其送往嵊州市第五人民医院住院治疗并无不当。[2]在类似案件中，法院多以乡镇人民政府的送治行为是救助行为或协助家属送诊，从而肯定其合法性，或者认为该协助行为不属于行政行为，从而排除其可诉性。例如，在赖某武诉球川镇人民政府行政强制案中，赖某武的家属于2012年10月25日向球川镇政府提出申请，要求继续将赖某武送往江山市第四专科医院治疗。同日，球川镇政府派工作人员陪同原告的父亲和姐姐，将原告送往江山市第四专科医院住院治疗，并由原告父亲作为监护人在住院治疗协约、患者授权书、知情同意书上签字。原告认为，被告和第三人共同使用非法手段，强行限制原告人身自由，侵犯了原告的人身自由权，遂向法院提起诉讼。法院认为，球川镇政府根据赖某武亲属的申请，协助将赖某武送往江山市第四专科医院，以治疗其精神疾病，该行为不属于依据乡镇人民政府的行政管理职能实施的行为，由此引发的争议不属于行政诉讼受案范围，遂驳回原告诉讼请求。[3]

然而，在涉及要求乡镇人民政府履行送治职责的行政案件中，法院往往以强制送治并非乡镇人民政府的法定职责为由驳回原告的诉讼请求。例如，在庄某屏诉梅陇镇人民政府行政不作为案中，原告庄某屏起诉梅陇镇政府，要求其履行法定职责，将无人监护

[1] 重庆市第五中级人民法院判决书，（2014）渝五中法少行赔终字第00205号。
[2] 浙江省诸暨市人民法院判决书，（2017）浙0681行初119号。
[3] 浙江省衢州市中级人民法院裁定书，（2017）浙08行终62号。

居住的 A 送往医疗机构进行精神障碍诊断与医疗。法院认为,《精神卫生法》第8条规定,县级以上地方人民政府卫生行政部门主管本行政区域的精神卫生工作。司法行政、民政、公安、教育、人力资源社会保障等部门在各自职责范围内负责有关的精神卫生工作,梅陇镇政府作为乡镇人民政府,不是上述条款规定的责任部门。《精神卫生法》第28条规定:"对查找不到近亲属的流浪乞讨疑似精神障碍患者,由当地民政等有关部门按照职责分工,帮助送往医疗机构进行精神障碍诊断。疑似精神障碍患者发生伤害自身、危害他人安全的行为,或者有伤害自身、危害他人安全的危险的,其近亲属、所在单位、当地公安机关应当立即采取措施予以制止,并将其送往医疗机构进行精神障碍诊断。"据此,梅陇镇政府不具备将符合法定条件的疑似精神障碍患者送往医疗机构进行精神障碍诊断的法定职责。因此,庄某屏要求梅陇镇政府将 A 送往医疗机构进行精神障碍诊断与治疗,没有法律依据,不予支持。[1] 在本案中,法院认为被告镇政府并不具有将辖区内疑似精神障碍患者送诊的法定职责,这一认定无疑是符合《精神卫生法》规定的。

同样,在项某仙诉光山县殷棚乡人民政府行政不作为案中,原告项某仙的丈夫于2015年4月被同村村民熊某某无缘无故用砍刀砍死,经鉴定熊某某为严重精神障碍患者,后被强制医疗。原告项某仙认为熊某某为严重精神病患者多年,若被告政府切实履行其法定职责,就不会发生本案行为人无人监管的情况,更不会导致惨案的发生,故请求法院确认被告未履行对精神障碍患者救助康复的法定职责。法院认为,被告殷棚乡政府为熊某某建立了重性精神障碍患者档案,安排乡政府工作人员对其进行管理,将相关情况及时、持续上报县级人民政府,并为熊某某办理了农村低保,履行了对重性精神障碍患者熊某某的发现、报告、管理及必要的救助职责,从而判决驳回原告诉讼请求。[2] 在本案中,原告起诉被告未履行对精神障碍患者救助康复的法定职责,根据《精神卫生法》第7条和第8条规定,精神卫生工作的主管部门是县级以上政府卫生行政部门,县级以上政府其他部门在各自职责范围内负责有关精神卫生工作,乡镇人民政府的职责是"组织开展预防精神障碍发生、促进精神障碍患者康复等工作",在本案中,被告镇政府确实也采取了一定救助措施,但对精神障碍患者的医疗救助和强制送治是卫生、民政、公安等部门的职责,它不在乡镇人民政府的职责范围内。

三、非自愿入院的决定主体与诉讼类型

(一)非自愿入院的决定主体

在非自愿住院程序中,最为核心的环节是非自愿入院的决定由谁做出?医疗机构,还是中立的第三人,如法院或其他中立机构?基于对非自愿住院性质的不同认识和非自愿住院制度的不同价值取向,各国的非自愿住院程序大致可以分为两种模式:医学模式

[1]　上海市第一中级人民法院判决书,(2014)沪一中行终字第294号。
[2]　河南省新县人民法院判决书,(2016)豫1523行初30号。

和法律模式，前者将非自愿住院的决定权赋予医疗机构及精神卫生从业人员，并建立以医学专业为主导的非自愿住院程序，我国《精神卫生法》即采取这种模式；后者将非自愿住院纳入司法程序或准司法程序，医疗机构的非自愿入院建议需经法院或中立的机构裁决或审查，患者方可被强制收治，绝大多数国家和地区均采取这种模式。[1]

非自愿住院作为严重限制人身自由的行为，是国家基于其固有权力为保护患者本人的利益和公共利益所采取的强制措施，基于该行为的公法属性及其对相对人权益的重大影响，应由公权力机关做出非自愿住院的决定。因此，世界各国和地区普遍将非自愿住院纳入司法或准司法程序，由法院或中立的审查机构行使非自愿入院的决定权或审查权。例如，以美国、德国、澳大利亚等为代表的国家采取司法审查模式，由法院行使非自愿入院的决定权；以日本、我国台湾地区为代表的国家和地区采取行政模式，由地方行政首长或专门设立的具有行政机关性质的委员会决定患者的非自愿入院；以苏格兰为代表的裁判所模式，由具有司法性质的行政裁判所行使非自愿入院的审查权。无论采取哪种具体模式，非自愿住院的最终决定权都不是医疗机构及精神科医师，而是具有司法或准司法性质的中立机构。

然而，我国《精神卫生法》所规定的非自愿住院决定主体却迥异于其他国家和地区。《精神卫生法》第30、31条针对患者不同性质的危险性，规定了不同的非自愿住院的决定模式。对本人具有危险性的患者非自愿入院应取得监护人同意，对他人具有危险性的患者的非自愿入院由医疗机构决定。无论何种情形，医疗机构应依据患者的精神健康状况和医学诊断标准做出诊断结论，经病情评估，认为患者符合《精神卫生法》第30条第2款规定的非自愿住院条件，方可违背患者本人意愿将其收治入院。换言之，非自愿入院的判断权和决定权仍是医疗机构及精神科医师，只是对本人具有危险性的精神障碍患者的非自愿入院还应取得监护人的同意。

可见，我国非自愿入院的决定程序具有以下特点：

（1）非自愿入院决定权的二元化。即根据患者的危险类型规定不同的非自愿入院决定或同意主体；

（2）监护人在精神障碍患者的入院决定中发挥重要作用，即对本人具有危险性的精神障碍患者入院应取得监护人的同意。

（3）医疗机构在非自愿入院决定中具有主导地位，即便是对本人具有危险性的精神障碍患者的非自愿入院，仍以医疗机构诊断、评估认定患者符合非自愿住院条件为前提；

（4）精神障碍患者的非自愿入院不受法院或中立机构的审查，监护人或医疗机构直接行使非自愿入院的同意权或决定权。

（二）非自愿入院的诉讼类型

对本人具有危险性的精神障碍患者的非自愿入院，应取得监护人的同意，是我国《精神卫生法》十分独特的规定，它所带来的突出问题是无法解决监护人同意权滥用问

---

[1]　唐忠民，陈绍辉. 论精神病人强制医疗程序之完善——以人身自由保障为视角［J］. 河北法学，2014（10）：22.

题。[1]实践中，不少"被精神病"事件都是因近亲属滥用强制送治权和同意治疗权所致，在这种情形下，患者一般将实施送治并同意治疗的近亲属和实施非自愿治疗的医疗机构作为共同被告，向法院提起民事诉讼。

同时，当患者被非自愿入院后，如认为医疗机构违法收治的，患者一般以医疗机构为被告向法院提起诉讼。鉴于实践中普遍将医疗机构视为民事主体，以医疗机构为被告的非自愿住院诉讼都是作为民事案件予以审理。那么，原告以何种案由提起诉讼以及法院如何确定案由，是这类案件起诉时和案件审理过程中无法回避的问题。

由于非自愿住院纠纷并非独立的民事案件案由，因非自愿住院引发的相关民事纠纷，法院一般将这类纠纷纳入人格权纠纷或侵权责任纠纷，前者的具体案由包括生命权纠纷、健康权纠纷、身体权纠纷、名誉权纠纷、人身自由权纠纷、一般人格权纠纷等，后者一般列为医疗损害责任纠纷。很明显，选择何种案由提起诉讼，原告的举证责任、法院的审理思路和重点均存在较大的差异，从而在很大程度上影响案件的审理结果。例如，如果患者以医疗机构的非自愿住院侵害其名誉权为由提起诉讼的，原告应当就被告的治疗行为违法、主观过错和名誉权受到侵害等事实承担举证责任。在诉讼过程中，患者要完成上述举证责任并非易事，笔者所收集的8起以名誉权纠纷为案由的非自愿住院案件，法院都是以原告未能就其主张的事实承担举证责任而判决其败诉，甚至在有的案件中，法院以原告未能证明其"不患有偏执型精神分裂症"而驳回其诉讼请求。[2]

在司法实践中，不少法院将非自愿住院案件的案由列为"医疗损害责任纠纷"，[3]这就造成原告得就医疗损害责任的全部构成要件承担举证责任，且法院审理的重点是医疗机构的诊疗行为是否具有过错，而不是非自愿住院决定的合法性。在举证责任的分配上，法院也倾向于将非自愿住院决定违法性的举证责任分配给原告，要求原告举证证明自己"没有精神疾病"或"没有危险性"，因而不符合法定的非自愿入院条件，或者证明被告具有医疗过错以及过错与损害后果之间存在因果关系。这就造成大量案件中患者必须证明自己"没有精神疾病"，并出现法院审原告这一不合理现象。如在李某杰案中，原告李某杰在派出所民警的协助下由其母亲送往复员退伍军人医院接受住院治疗，诉讼中针对被告的精神疾病诊断问题，法院认为该诊断是由"具有专业的诊断资质、能力"的医师做出，原告"不仅没有提供自己没有精神病的相关证据"，反而承认曾三次到其他精神科专科医院治疗的事实，从而印证了被告收治行为的合法性。[4]同样，在陈某案中，陈某被公安机关送至被告德康医院非自愿住院十余天，出院后陈某自行到两家医院检查诊断，这两家医疗机构均诊断其精神状况正常。然而，法院认为"上述证据仅能证明当时陈某的精神状态，该证据不足以证明德康医院在诊疗行为中存在过错"，从而判决原告举证

---

[1]　在实践中，监护人滥用非自愿入院的同意权主要表现为两种情形：一是对应当接受非自愿住院的患者拒绝同意，从而使患者无法接受治疗；二是对不应该非自愿入院的患者，监护人可能与医疗机构"合谋"将患者非自愿住院，毕竟将患者收治入院符合医疗机构的经济利益，且取得监护人的"授权"，患者本人无法提出异议，也无法获得救济。

[2]　浙江省绍兴市越城区人民法院民事判决书，（2013）绍越民初字第3989号。

[3]　笔者收集了这类案件共计37件，占所收集的全部非自愿入院纠纷案件的58%。

[4]　广东省韶关市中级人民法院民事判决书，（2013）韶中法民一终字第1173号。

不能而败诉。[1] 在实践中，不少法院都是以原告未能就其主张的事实承担举证责任为由，判决原告败诉。[2]

此外，以医疗损害责任纠纷为案由，往往涉及医疗过错和因果关系等专业问题的司法鉴定。然而，司法实践中普遍存在的问题是，司法鉴定机构往往对非自愿住院案件的鉴定申请拒绝受理或退回鉴定。在缺乏鉴定意见的情况下，法院一般直接认定原告未能就其诉讼请求和主张事实完成举证责任，从而判决其败诉。

四、非自愿住院患者的出院及其诉讼

根据《精神卫生法》第44条的规定，自愿住院治疗的精神障碍患者可以随时要求出院，医疗机构应当同意；对于非自愿住院治疗的精神障碍患者，如果是对本人具有伤害危险的，监护人可以随时要求患者出院；如果是对他人具有伤害危险的，则由医疗机构检查评估后决定。可见，非自愿住院患者的出院由监护人或医疗机构决定，患者本人并无决定权。由监护人决定患者出院可能存在两方面的问题：一是应当继续住院治疗的患者，监护人可能出于非医学目的的考虑，要求患者出院，从而导致治疗的中断；二是对符合出院条件的患者，监护人拒绝办理出院手续，从而使得患者无法出院，这也是导致精神障碍患者住院长期化和出院难的重要原因。例如，在被媒体称为"精神卫生法第一案"的徐某新诉上海青春精神病康复院（以下简称康复院）人身自由权纠纷案中，徐某新因患精神疾病被家人送往康复院住院治疗达10年之久，期间多次要求出院均被康复院拒绝。2013年12月，徐某新以康复院与徐某兴（徐某新的监护人）对其采取非自愿住院的行为侵犯其人身自由权为由向法院提起诉讼，请求法院判决康复院立即停止侵权。一审和二审法院均认为徐某新是非自愿住院患者，其是否出院，目前仍然需要征得其监护人同意，故康复院未经监护人徐某兴同意而拒绝徐某新提出的出院要求，并无不妥，从而驳回徐某新的诉讼请求。[3] 在本案中，由于徐某新的哥哥（监护人）不同意徐某新出院，要求其继续留院康复治疗，即使徐某新的精神分裂症已经基本缓解，完全符合出院条件，但被告医院也"不敢"在未取得监护人同意的情况下为徐某新办理出院手续。法院进而以出院需经监护人同意为由，驳回了徐某新的诉讼请求。

非自愿住院患者的出院是否必须以监护人同意并办理出院手续为条件？根据《精神卫生法》第44条和第45条规定：对有伤害自身的危险的患者，其出院需取得监护人的同意；对有危害他人安全的危险的非自愿住院患者，医疗机构经检查评估认为患者不需要继续住院治疗的，应当通知患者及其监护人办理出院手续。就理解而言，如果患者符合出院条件无须继续住院治疗的，意味着该患者具有相应的行为能力，有权自行出院并办理相关手续，医疗机构应尊重患者本人的意愿，而无须取得监护人的同意，并要求监护人办理出院手续。然而，实践中考虑到不少住院患者经治疗病情已经缓解，但仍需后

---

[1] 四川省成都市中级人民法院民事判决书，（2019）川01民终8452号。
[2] 笔者所收集的126起案件中，有97起案件是以原告未能举证而被法院判决驳回诉讼请求，所占比重高达77%。
[3] 上海市第一中级人民法院判决书，（2015）沪一中民一（民）终字第2108号。

续治疗和照护，如果没有监护人的接纳和照顾，患者在出院后将无法正常生活，甚至会流落社会，从而引发新的社会问题。因此，对医疗机构而言，监护人同意出院和办理出院手续实际上起到转移风险的作用，但对于监护人拒绝办理出院的患者，医疗机构将陷入左右为难的困境，诉讼将成为无奈的选择。例如，在辽宁省复员军人康宁医院诉王某宇医疗服务合同纠纷案中，患者王某明因精神障碍而被其姐姐于2012年12月送往原告医院住院，并办理相关住院手续，经治疗，患者达临床治愈状态，符合出院标准，患者也曾多次提出出院。原告医院多次与家属联系出院事宜，但家属拒绝接患者出院，患者遂将其儿子王某宇作为被告，起诉至法院，要求其为父亲办理出院手续。法院认为，根据《精神卫生法》第44、45条规定，"医疗机构认为患者可以出院的，应当立即告知患者及其监护人"，"精神障碍患者出院，本人没有能力办理出院手续的，监护人应当为其办理出院手续"。本案王某宇作为王某明的成年子女，在王某明父母均已去世、妻子离异的情况下，作为王某明的监护人，其应履行为其父王某明办理出院手续的监护人义务。[1]

五、小结

从非自愿住院的实施过程和实践来看，非自愿住院相关的诉讼大致包括三类：强制送治诉讼、非自愿入院诉讼和出院诉讼。根据送治主体的不同，强制送治诉讼包括以近亲属、监护人为被告所提起的民事诉讼和以公权力机关为被告的行政诉讼，后者以被告的送治行为（或怠于送治）的合法性审查为中心，法院一般从被告是否具有送治的法定职责、是否履行该职责以及患者是否符合强制送治的法定条件等方面进行判断。尽管精神障碍患者出院难是一个普遍问题，但因出院问题引发的诉讼并不多见，这类案件既有患者诉讼请求"飞越疯人院"，也有医疗机构诉讼请求监护人为患者办理出院手续，从中可窥见现有制度确实存在不合理之处。非自愿入院诉讼以实施非自愿住院的医疗机构为被告，且多以医疗损害责任纠纷为案由提起民事诉讼，法院对这类案件的审理较为混乱，具体分析详见本章第二节。

第二节　非自愿住院的合法性认定

一、研究视角与方法

2012年颁布的《精神卫生法》第3章就"精神障碍的诊断和治疗"做了规定，其中，共有7个条文涉及精神障碍患者的非自愿住院。第30条规定了以"严重精神障碍"和"危险性"为要件的非自愿住院实体标准，其中危险性包括对本人的危险和对他人的危险，前者表现为"已经发生伤害自身的行为，或者有伤害自身的危险"，后者表现为

---

[1]　辽宁省葫芦岛市中级人民法院判决书，（2014）葫民终字第01257号。

"已经发生危害他人安全的行为，或者有危害他人安全的危险"。第31条和第32～36条分别规定了对本人具有危险和对他人具有危险患者的非自愿住院程序，其中，对本人具有危险性的患者的非自愿住院应取得监护人同意，对他人具有危险性患者的非自愿住院由医疗机构决定，且法律对后者规定了相应的救济程序，即再次诊断和鉴定程序。

总体而言，我国《精神卫生法》有关非自愿住院的规定较为原则，例如，关于非自愿住院的两大要件，尽管《精神卫生法》第83条第2款对"严重精神障碍"做出定义，但落实到司法实践中，哪些种类的精神障碍以及何种严重程度的精神障碍属于非自愿住院的对象，仍是难以把握的问题。《精神卫生法》有关"危险性"要件的规定更是模糊难辨。例如，何谓"伤害自身的危险"和"伤害他人安全的危险"？其判断标准和方法是什么？在判定过程中应考虑哪些因素？同时，非自愿住院合法性的认定除了实体合法之外，还应考虑程序合法问题，而我国《精神卫生法》有关非自愿入院程序的规定十分粗略，这就给程序合法性认定带来不小的困惑，法院又该如何就这一问题展开审查呢？

在《精神卫生法》实施后，学界对非自愿住院的实体和程序问题进行了较为深入的探讨，成果颇多，但这些研究仍然停留在理论层面，对非自愿住院的实际运作和司法实践缺乏应有的关注和回应。纯粹的理论研究可能与司法实践存在巨大的鸿沟，亦很难揭示司法实践的真实图景。法律的生命在于实践，自《精神卫生法》实施以来，法院如何对非自愿住院的合法性进行认定？其审查思路和方法是什么？法院在认定过程中又存在哪些困境和问题？本书旨在从司法实践的视角揭示我国精神卫生法非自愿住院制度的实际运行状况，为我们认识非自愿住院制度的真实图景提供新的视角。

为此，笔者以中国裁判文书网公布的裁判文书为资料来源，以"精神卫生法"为检索词，检索截止日期为2020年3月2日，共检索裁判文书642份，对所收集裁判文书进行阅读、梳理和筛选，剔除与精神卫生法非自愿住院无关的案件，[1]共遴选出126件裁判文书，其中涉及非自愿入院的案件64件，涉及强制送治的案件62件。本节以126件裁判文书为分析样本，结合现有判例和理论，揭示当前司法实践中对非自愿住院合法性认定的一般思路、方法及存在的问题。

二、非自愿住院合法性审查的路径

在非自愿住院诉讼中，无论原告以何种案由向法院提起诉讼，其诉讼请求都必然涉及被告实施的非自愿住院行为是否符合《精神卫生法》的规定，并以此为基础认定被告行为的合法性，以及被告是否具有主观过错。换言之，非自愿住院的合法性是案件审理的关键和焦点。然而，在司法实践中，这一审理思路并没有完全得到体现，不少案件将审理的重点聚焦于医疗机构的诊疗行为是否具有过错，是否构成医疗侵权等方面，从而弱化或规避了非自愿住院的合法性审查。

---

[1]　剔除的裁判文书主要包括刑事强制医疗案件、医疗过失案件、人身侵权案件（主要是涉及精神障碍患者致他人人身伤害，受害人以医疗机构未尽安全保障义务为由要求医疗机构承担侵权责任的案件），以及重复上传的裁判文书。此外，同一案件的一审、二审和再审裁判文书合并为一份裁判文书，不重复计算。

当然，也有法院认识到这类案件审理的重点是非自愿住院行为的合法性，并在此基础上认定被告侵权责任是否成立。

综合现有判例，非自愿住院合法性认定呈现以下特点：

（1）重实体合法性审查，忽视程序合法性审查；

（2）在实体合法性审查方面，偏重危险性要件的认定，忽视精神障碍要件的审查，且对两大要件的认定流于形式，未形成清晰的审查思路和方法；

（3）鉴于非自愿住院的合法性审查具有较强的专业性，且涉及患者人身自由权、健康权和公共利益之间的多重利益冲突，法院在认定过程中往往过于强化公共利益的保护，从而采取一种较为宽松的、低强度的审查方式，审查标准和强度均有待强化。

总之，在非自愿住院案件中，被告侵权责任成立的关键在于其非自愿入院决定是否符合法律规定，现结合司法实践就这一问题展开分析。

三、非自愿住院的实体合法性认定

实体合法性审查主要是判断医疗机构的非自愿入院决定是否符合《精神卫生法》第30条规定的两大要件，即精神障碍要件和危险性要件。因此，审查的具体思路则是逐一论证分析被告的行为是否符合法律规定的两大要件。

1. 原告是否属于严重精神障碍患者

精神障碍的诊断主要是医学问题，但这并不表明诊断行为和诊断结果不受法院的审查。从实践看，法院对精神障碍诊断行为的审查主要从以下方面展开：

（1）诊断主体是否具有合法资质。根据《精神卫生法》第25条的规定，开展精神障碍诊断的医疗机构应具备法定的资质和条件，且精神障碍诊断必须由具有资质的精神科医师做出。

（2）诊断依据是否充分，诊断结果是否符合诊断标准。根据《精神卫生法》第27条规定："精神障碍的诊断应当以精神健康状况为依据。"这意味着精神障碍的诊断，不应以与精神健康状况无直接关系的其他任何理由为依据，包括政治、经济或社会地位，或是否属于某个文化、种族或宗教团体等。[1] 如果医师在诊断过程中，将精神健康状况以外的无关因素作为诊断依据，则应考虑诊断结果的可靠性。同时，精神障碍的诊断应依据法定的精神障碍分类、诊断标准，如《精神障碍诊疗规范（2020年版）》《中国精神障碍分类与诊断标准（第3版）》（CCMD-3，2000），国内诊断标准未规定的，应依据国际通行的诊断标准，如世界卫生组织发布的《国际疾病分类（第11版）》（ICD-11）等。如竹某军案，法院认为，被告医院认定竹某军患有严重精神障碍符合《国家基本公共卫生服务规范》（第3版）和《严重精神障碍管理治疗工作规范》（2018年版）的规定，从而认定被告做出的诊断评估是正确的。[2]

[1] 陈绍辉. 精神障碍患者人身自由权的限制——以强制医疗为视角 [M]. 北京：中国政法大学出版社，2016：192.

[2] 广东省中山市中级人民法院判决书，（2019）粤20民终3673号。

（3）诊断结果是否正确，是否存在误诊、漏诊等。诊断结果的审查应依据相关诊断标准判断医师的诊断是否正确，医师在诊断过程中是否尽到与当时医疗水平相应的诊疗义务，是否违反应尽的注意义务。如在李某霞案中，原告因故到北京上访而被镇政府送往被告医院非自愿住院治疗116天。法院认为，被告医院在诊断过程中采纳了乡干部对李某霞不准确、不可信的病史陈述，因而被告医院对李某霞的诊疗行为存在过错。[1]

（4）原告是否患有精神障碍，其精神障碍是否达到严重程度，是否属于严重精神障碍患者。法院一般根据病历资料、诊断评估资料等认定原告是否患有精神障碍，是否达到应非自愿住院的严重程度，以及被告的诊断是否正确。如在张某琼案中，张某琼与其丈夫张某安因家庭矛盾共同到荆门市口腔医院精神门诊咨询，张某安向接诊医生口述，张某琼疑心重，脾气大，家属无法管理，后张某琼被诊断为精神分裂症，并被强行入院治疗28天。法院认为，"原告即使存在心理健康上的问题，比如情绪控制力不强、与家人对话不和谐等情形，但根据病例记载其就诊时的衣着、交谈、就医前后的表现，结合被告所做辅助检查意见，无法确定被告在本案中诊疗活动的合理性"。因此，法院认为原告并不是严重精神障碍患者。[2]

患有精神障碍是非自愿住院不可或缺的前置性要件，该要件应成为法院审查的重点。然而，司法实践中存在的普遍现象是法院要么完全遵从医疗机构的判断，对诊断结论完全不做审查；要么在判决书中回避这一要件，至于原告是否患有精神障碍，是否属于严重精神障碍患者，避而不谈，或一笔带过。例如，在朱某树案中，原告朱某树因与家人发生纠纷而被其父送往被告医院住院治疗21天。法院根据被告提供的病历资料，直接认定被告"对原告采取非自愿住院措施符合法律规定"，[3]至于被告的非自愿住院为何符合法律规定，判决书没有任何论证和说理。回避或弱化精神障碍要件的审查是当前司法实践普遍存在的现象，其根源可能是法院倾向于认为精神障碍的诊断是医学问题，应尽可能遵从医疗机构的专业判断，法院不应该或没必要对这一要件进行审查。

2. 原告对本人或他人是否具有危险性

《精神卫生法》第30条第2款规定："诊断结论、病情评估表明，就诊者为严重精神障碍患者并有下列情形之一的，应当对其实施住院治疗：（一）已经发生伤害自身的行为，或者有伤害自身的危险的；（二）已经发生危害他人安全的行为，或者有危害他人安全的危险的。"

根据这一规定，我国非自愿住院制度也采取危险性标准，但是对于何谓"伤害自身"和"危害他人安全"的危险，理论和实践中莫衷一是。笔者认为，危险性表现是指患者因精神障碍在将来一定时期内实施危害行为的可能性。因此，危险性应包括危害行为和危害行为发生可能性这两个要素，前者在于明确何种性质的危害行为构成患者具有危险性的外在表征，这就需要从危害行为的客体、类型、程度等角度进行界定；后者在本质上是对危害行为发生可能性的预测，这就需要解决预测方法和标准问题。

[1]　甘肃省定西市安定区人民法院判决书，（2018）甘1102民初1687号。

[2]　湖北省荆门市东宝区人民法院民事判决书，（2016）鄂0802民初238号。

[3]　四川省成都市温江区人民法院民事判决书，（2014）温江民初字第2035号。

　　从司法实践看，法院对于危险性要件的认定缺乏清晰的认定标准和方法，多数判决书要么对这一问题避而不谈，要么一笔带过，笼统地表示患者具有"危害他人安全的危险"，或表明医疗机构的行为符合《精神卫生法》第30条第2款的规定，至于患者为何具有危险性，为什么符合法律规定，则没有进一步的说理和论证。就此而言，在多数判决书中，法院对危险性要件的表述更多是一种自说自话的标签，并未起到说理论证的作用。然而，也有少数案件直接或间接涉及对危险性的认定，以下结合学理和判例，就危险性的认定应考虑的因素进行分析。

　　（1）危险性的客体：人身危险抑或财产危险？

　　精神障碍患者的危险性一般表现为人身危险，即对本人或他人的人身权造成损害或有损害的可能。[1]就理解而言，对本人的危害（伤害）仅限于人身伤害，而不应包括财产损害，患者故意毁坏本人财产不应视为对本人具有危险性。但是对他人的危害是否包括财产损害则不无疑问，就文义解释而言，"危害他人安全"理应包括财产安全，实践中有判例持肯定观点。如在朱某明案中，原告在派出所与民警发生口角，一气之下，用脚将派出所玻璃门踹破。民警在家属无法到场的情况下，将其送往襄阳市同和医院检查，朱某明被初步诊断为情绪障碍，留院治疗12天出院。法院认为，"原告在被告派出所情绪很不稳定，并故意损坏公有财物，行为极不正常，派出所工作人员为对其负责，在联系不到家人帮助及管控情况下，依据《精神卫生法》第28条第2款的规定，将其送往医院检查，医院视情况予以治疗，是履责行为，并非侵害原告权益"。[2]在本案中，法院明显认为毁坏财产属于"危害他人安全的行为"，因而危险性包括对财产安全的危险。

　　但是，也有判例持否定态度。例如，在潘某勇案中，潘某兵与潘某江及其父母发生争吵，被告民警到达现场后进行劝解，以平息事态，在得知潘某兵有精神病史后，民警劝说潘某江一家不要刺激潘某兵，要求其父潘某琴严加监管。次日，潘某兵用锄头将潘某江打伤，将陈某贵（潘某江之母）打死。受害人家属以被告公安机关未履行法定职责采取约束措施和送治为由诉至法院。法院认为，潘某兵之前无暴力行为，发生纠纷时仅仅是吵闹、砸房子，无具体危及他人人身安全的行为，被告不予送治并不违反法律。[3]在本案中，潘某兵与他人发生争吵，并实施了毁坏他人财产的行为（砸房子），但法院并不认为该行为表明潘某兵具有危险性，很明显，法院将危险性限定为人身危险。

　　（2）危险性的类型：对本人危险或对他人的危险

　　我国《精神卫生法》将危险性进一步分为对本人的危险（伤害自身的危险）和对他人的危险（危害他人安全的危险）。一般认为，对他人的危险并不限于暴力犯罪行为，既包括危害他人人身安全行为，也包括危害他人财产安全的行为，甚至包括"危害公共安全"和"扰乱公共秩序"的一些行为。[4]

　　需要进一步探讨的则是伤害自身的危险，除了自杀或自残外，是否包括严重失

［1］陈绍辉.精神障碍患者人身自由权的限制——以强制医疗为视角［M］.北京：中国政法大学出版社，2016：200.

［2］湖北省襄阳市樊城区人民法院行政判决书，（2016）鄂0606行初65号。

［3］重庆市第五中级人民法院行政赔偿判决书，（2014）渝五中法少行赔终字第00205号。

［4］刘白驹.非自愿住院的规制：精神卫生法与刑法［M］.北京：社会科学文献出版社，2015：660.

能、[1]"不住院将导致状况恶化"或"不能满足基本需求"等情形？我国立法并未予以明确，司法实践似乎也没有形成一致的观点。在庄某屏案中，原告庄某屏起诉梅陇镇政府，要求其履行法定职责，将无人监护居住在201室的A送往医疗机构进行精神障碍诊断与治疗。在该案中，A因精神疾病而无法照顾自己，放弃全部社会福利，长期以捡拾饭店泔脚、水果摊烂水果、菜场烂叶为食，房间脏臭，并不停将垃圾捡拾回家里。但是法院认可被告的意见，认为"A尚未发生伤害自身、危害他人安全的行为，也未显示有伤害自身、危害他人安全的危险，从目前看，非自愿住院和诊断的事实也不存在"。[2]在本案中，法院和被告都不认为案外人A的状况属于伤害自身危险的情形。

（3）危险性的认定与预测

根据《精神卫生法》第30条第2款的规定，精神障碍患者的危险性表现有两种形态：一是已经发生伤害自身或危害他人安全的行为；二是有伤害自身或危害他人安全的危险。前者表明严重精神障碍患者只要实施了伤害自身或危害他人安全的行为，即可认定其具有危险性。在司法实践中，对危险性的认定一般采取这一路径，只要有证据表明患者已经或曾经实施过危害行为，即可认定其具有危险性。后者实际上是指患者将来有实施危害行为的可能性，这就需要根据患者所患精神疾病的类型、症状、严重程度、危害行为的性质及其程度以及再犯可能性等因素综合做出评判和预测。[3]危险性预测具有很强的专业性、技术性和不确定性，无论是临床医学界、司法精神医学界，还是司法界，对此都未形成成熟的经验和方法，而精神医学界预测危险性的准确性也一直饱受诟病。从当前司法实践看，笔者所收集的裁判文书均未涉及这一问题。

值得注意的是，患有严重精神障碍并不表明该患者一定具有危险性，应根据其外显行为，并综合各种因素做出危险性判断，不能仅仅以行为人是精神障碍患者就直接推定其具有危险性。这种先入为主的武断做法不仅缺乏科学依据，也违反了《精神卫生法》的规定，实际上给精神障碍患者贴上暴力、危险性的标签。然而，在司法实践中，仍有判决采取这一方式推定患者具有危险性。例如，在赖某武案中，原告因长时间滞留地铁站拒绝离去，而被公安机关送至昌平区中西医结合医院进行诊断并住院治疗。在本案中，原告滞留地铁站内并未实施任何危害他人安全的行为，也未表现出任何危害自身或他人安全的危险，并不属于《精神卫生法》第28条规定的强制送治的情形。但法院仍然认为被告的强制送治行为"未违背《精神卫生法》的规定，具有合理性"。[4]实际上，对本案被告实施强制送治的主要依据是"原告是重性精神病人"，从而主观推定其具有人身危险性，而法院对这一做法也并没有表示质疑。

---

[1]　在美国，多数州都明确规定将"严重失能"作为强制医疗的依据之一或作为"对本人危险"的表现，尽管各州对其表述有所差异，但其核心意思是指一组不同种类的风险，大致包括三种情形：一是指精神障碍患者"无能力或无法满足自身的食物、衣服、住所和医疗等需求"。二是指精神障碍患者缺乏判断能力，从而招致来自他人的严重损害危险。三是指精神障碍患者丧失处理日常事务所必需的心智能力。

　　ALEXANDER W SCHERR. Daubert and danger: the "fit" of expert predictions in civil commitments [J]. Hastings L J, 2003, 55: 1.

[2]　上海市第一中级人民法院行政判决书，（2014）沪一中行终字第294号。

[3]　陈绍辉. 论强制医疗程序中危险性要件的判定 [J]. 河北法学，2016（7）: 113.

[4]　北京市东城区人民法院行政判决书，（2015）东行初字第770号。

四、非自愿住院的程序合法性认定

在非自愿住院案件中，法院很少将程序合法性纳入司法审查的范围。究其原因，一方面，我国《精神卫生法》对非自愿住院决定的程序规定十分粗略，这就造成非自愿住院的决定和实施主要遵从医疗机构的诊疗规范、惯例，从而缺乏有效的外部程序约束；另一方面，法院似乎倾向于认为非自愿住院仍然属于医疗机构实施的医疗行为，其实施步骤和程序应充分尊重医疗机构的专业判断和裁量，只要诊断结果正确和实体合法，法院不应过多干预。

非自愿住院尽管具有医学属性，但本质上仍是严重限制人身自由的法律措施，其实施理应受到法律的严格约束。[1] 结合《精神卫生法》的相关规定，以及当前司法判决的观点，非自愿住院的程序合法性审查主要包括以下内容：

（1）非自愿住院决定的做出应建立在精神障碍诊断和病情评估的基础上，未经诊断评估而将患者强制收治入院的，不仅严重违反程序，也违反《精神卫生法》第30条规定的收治条件。如在王某喜案中，原告被家人认为有精神问题而被送至宜昌市优抚医院非自愿住院12天。法院认为，被告只是经门诊初查，在没有确诊和做出病情评估的情况下，对原告实施非自愿住院治疗违反了《精神卫生法》第30条的规定。在张某琼案中，法院认为，"被告依据原告丈夫的口述，未进行辅助检查"，其非自愿住院行为违反了法律规定，因为只有诊断结论、病情评估表明就诊者为严重精神障碍患者，才应当对其实施住院治疗。[2] 在本案中，法院认为被告医院没有进行诊断和病情评估，即认定原告患有精神分裂症，明显违反《精神卫生法》规定的诊断评估程序。

（2）对本人具有危险性的精神障碍患者的非自愿住院应取得监护人同意，未经监护人同意的非自愿住院明显违反《精神卫生法》第31条的规定。例如，在黄某平案中，原告被回龙观医院诊断为偏执性精神障碍，且经评估具有伤害自身风险。法院认为，回龙观医院经原告弟弟黄某斌同意，将其收入医院治疗，符合《精神卫生法》第30条和31条的规定。[3] 相反，在农某全案中，原告农某全是先天智力障碍者，在未经其本人及其监护人同意的情况下，被大化民生宁医院精神科接去进行封闭式治疗2个月。法院认为，被告的行为没有取得本人和监护人的同意，违反了自愿住院原则和《精神卫生法》第30条的规定，侵害了原告农某全的人身权利，应当承担民事赔偿责任。[4]

（3）为提出诊断异议的患者提供进一步诊断核查或再次诊断的机会，[5] 确保诊断结论的科学准确。如在张某琼案中，法院认为，原告在多次提出自己没病的情况下，被告单位的主治医生没有做进一步的诊断和检查，且在原告入院第三日进行的辅助检查记载

［1］　陈卫东. 构建中国特色刑事特别程序［J］. 中国法学，2011，6：41.

［2］　湖北省荆门市东宝区人民法院民事判决书，（2016）鄂0802民初238号。

［3］　北京市第一中级人民法院判决书，（2019）京01民终9233号。

［4］　广西壮族自治区大化瑶族自治县人民法院判决书，（2018）桂1229民初1113号。

［5］　参见《精神卫生法》第32条规定。

"结果轻度异常，患者无相关临床体征，暂观察，择日复查"，后未及时进一步诊断和联系家属或者听取患者意见，并给出合理意见，因此，被告的诊疗过程存在不符合法律规定的情形。[1]又如，在竹某军诉中山市第三人民医院生命健康权纠纷中，竹某军于2017年11月被派出所民警及社区工作人员送入中山市第三人民医院住院治疗，被诊断为妄想性障碍，但家属以其无精神问题为由，不同意住院，患者本人亦拒绝接受治疗。医院多次组织会诊，但患者及其家属对会诊结论均不接受，患者在被非自愿住院118天后出院。出院后，竹某军以中山市第三人民医院侵害其合法权益为由向法院提起诉讼，并认为被告医院在原告对诊断结论有异议且无法启动司法鉴定程序的情况下，继续将其留院治疗，构成侵权。对此，法院认为："中山市第三人民医院先后对竹某军进行了初诊、组织院内专家会诊以及邀请院外专家会诊，竹某军及其家属对诊断结果均有异议。中山市第三人民医院已告知竹某军及其家属可自主委托具有执业资质的第三方鉴定机构进行鉴定，但竹某军及其家属并未启动医学鉴定程序，在此情况下，中山市第三人民医院继续按照诊疗规范的要求对竹某军实施住院治疗符合上述法律规定。"[2]

在本案中，尽管原告及其家属对诊断结论持有异议，但并没有委托第三方鉴定机构申请精神障碍司法鉴定，医院依据诊断结论和诊疗规范对患者进行治疗并不违反法律，其治疗符合法律规定的程序。

第三节　非自愿住院诉讼的证明标准

如上节所述，在非自愿住院诉讼中，法院审理的焦点是医疗机构的非自愿住院决定的合法性，即患者是否符合法律规定的非自愿住院条件。在诉讼中，需要进一步明晰的问题是，这一事实的证明责任由谁承担？医疗机构，还是作为原告的精神障碍患者？承担举证责任的当事人以何种证明程度方可完成举证责任？换言之，应采取何种证明标准以判断特定人符合非自愿住院条件呢？这无疑是非自愿住院诉讼中无法回避的问题之一。同样，2018年修正的《刑事诉讼法》专章规定了"依法不负刑事责任的精神病人的强制医疗程序"，法院在强制医疗诉讼中应采取何种证明标准，亦是理论和实务界关注的问题。在我国《精神卫生法》和《刑事诉讼法》对非自愿住院和强制医疗的证明标准未做出直接规定的情况下，有必要专门探讨这一问题，从而为司法实践提供可供参考的依据。

一、非自愿住院的实体要件及其证明

非自愿住院的实体要件直接决定了非自愿住院的对象和适用范围，也实际决定了政府以非自愿住院方式干预人身自由的限度。从历史发展过程来看，非自愿住院的要件经

[1]　湖北省荆门市东宝区人民法院民事判决书，（2016）鄂0802民初238号。

[2]　广东省中山市中级人民法院民事判决书，（2019）粤20民终3673号。

历从宽泛到严格、从社会本位到权利本位的发展过程，其集中体现便是非自愿住院的标准从早期的"医学标准"向"危险性标准"变迁。医学标准以患有精神疾病并需要治疗作为非自愿住院的条件，医生根据其医学诊断即可将患者强制收治，其依据是医疗上的父权主义。但随着自主权、人身自由权等人权观念的勃兴，父权主义拘禁的正当性基础及其适用范围逐渐受到限制，需要治疗标准不再成为非自愿住院的实体要件，[1] 危险性标准逐渐取得支配地位。根据该标准，非自愿住院仅限于对本人或他人具有危险性的精神障碍患者。换言之，"仅仅认定其患有精神疾病并不能正当地违背其意愿将一个人拘禁，不能无限期地监护性拘禁……州不能合宪地拘禁一个没有危险性且能够依靠本人或在亲友的帮助下自由生活的人"。[2] 因此，对没有危险性的精神障碍患者予以非自愿住院违反宪法对人身自由的保护。尽管各国非自愿住院的标准存在一定的差异，但普遍以个人患有精神疾病且具有人身危险性为要件。

（一）患有精神疾病或精神障碍

患有"精神疾病"是非自愿住院的前提条件，如果某个人没有患有精神疾病或所患精神疾病已经治愈或康复，就不应该采取非自愿住院措施，但"精神疾病"本身属于不确定的概念，很难对其做出精确的界定，以致有学者指出精神疾病的概念"如此模糊以致于是一个无从讨论的问题"。[3] 确实，精神疾病不仅是医学问题，还涉及文化、观念、传统、宗教、政治等因素，其模糊性和不确定性使我们很难对其概念、范围、类型及其判定标准等做出一致的界定，而对于哪些类型的精神疾病可纳入非自愿住院的范围更是众说纷纭，各国立法存在巨大的分歧。有的国家和地区采用"严重精神疾病"的标准，如挪威、美国、我国台湾地区等，从而将轻微、非严重的精神障碍患者排除在强制治疗之外，我国《精神卫生法》亦采取该标准，将非自愿治疗的对象限于"严重精神障碍患者"，并对严重精神障碍的概念做出了定义；相反，有的国家则采取更为宽泛的定义，如英国、日本等，从而授予医生十分宽泛的裁量空间以确定何种情形符合其范围。[4] 各国立法的一个关键性问题是明确哪些特定的情形应纳入或排除出非自愿住院。[5] 实践中争议较大的问题是精神发育迟滞、人格障碍和物质依赖等精神障碍可否纳入非自愿住院的范围。精神发育迟滞、人格障碍等精神障碍由于缺乏有效的治疗方法，将这些患者非自愿收治于精神卫生机构将面临正当性质疑。因此，有的国家和地区明确将这类精神障碍排除出非自愿住院的范围。例如，新西兰《精神卫生法》规定，不能仅仅以物质滥用、智力障碍、性取向等作为强制评估和治疗的依据；我国台湾地区所谓的"精神卫生法"亦规定精神疾病不包括反社会人格违常者。同时，对酒精、药物等物质依赖者采取强制治疗则可能面临更大的争议，有的国家明确将其排除出精神障碍的范围。例如，英

[1] STUART A ANFANG, PAUL S APPELBAUM. Civil commitment—the American experience [J]. Isr J Psychiatry Relat Sci, 2006, 3: 211.
[2] O'Connor v. Donaldson, 422 U. S. 563 (1975).
[3] MICHAEL L PERLIN. Mental disability law: civil and criminal (volume 1) [M]. Virginia: Lexis Law Publishing, 1998: 62.
[4] RICHARD M, JONES M A. Mental health act manual [M]. London: Sweet & Maxwell, 2012: 20.
[5] 世界卫生组织. 精神卫生、人权与立法资源手册 [R]：日内瓦：世界卫生组织，2006：68.

国《精神卫生法》明确规定酒精和药物依赖不属于精神障碍。

尽管对精神疾病的内涵和外延的看法均存在一定的不确定性，但判定特定人是否患有精神疾病离不开专业人员。因此，世界各国法律都将精神科医生的诊断作为非自愿住院决定的重要依据，从而使专家在非自愿住院的启动程序中扮演关键角色。[1]精神疾病的诊断和认定具有很强的专业性和技术性，因而有必要对诊断人员的资质和技能水平做出规定。在一些国家，尤其是发达国家，只有精神科医生才有资格承担诊断工作，而在其他国家，普通医生也被认为有诊断资格。[2]欧洲人权委员会也认可精神障碍的医学证据可以来自普通医生，而非只能来自精神科医师。[3]同时，精神疾病的诊断离不开诊断依据和标准。对此，我国《精神卫生法》第27条规定："精神障碍的诊断应当以精神健康状况为依据。"这意味着精神障碍的诊断不应以与精神健康状况无直接关系的其他任何理由为依据，包括政治、经济或社会地位，或是否属于某个文化、种族或宗教团体等。此外，精神疾病的诊断应采取法定的诊断标准，在没有法定诊断标准的情况下，应以国际上普遍采用的医疗标准为依据。

（二）危险性

人身危险性是非自愿住院的正当性基础，政府或精神卫生机构无权对没有危险性的精神障碍患者采取非自愿住院。但作为高度抽象的概念，"危险性"也是一个令人困惑的概念，需要谨慎厘定其内涵与外延。

1. 危险性的概念

危险性是一个不确定性概念，作为非自愿住院的标准，其适用取决于法律的解释。[4]在各国法律中，危险性概念并没有获得一致的界定。有的国家压根就没有对危险性做出任何界定，从而宽泛地授权相关人员拘禁那些符合法定条件的精神障碍患者，如英国《精神卫生法》。有的国家只规定对本人或他人的危险，而没有进一步界定什么是危险性，如我国《精神卫生法》。有的国家的法律试图进一步界定危险性的类型、表现形式等，如美国一些州的法律和判例要求危险性达到即刻危险的程度，[5]或将危险性界定为"造成本人或他人严重损害的可能性"。[6]但对危险性概念的抽象定义似乎也很难具有操作性，有学者试图从更为全面的视角检视这一概念。例如，布鲁克斯（Brooks）教授将危险性概念拆分为四个构成要素：损害程度；损害发生的可能性；损害发生的频率；损害的紧迫性。[7]海戴（Hiday）教授将危险性分为5个行为指标：

［1］ DAVID T SIMPSON. Involuntary civil commitment: the dangerousness standard and its problems [M]. North Carolina L Rev, 1984, 63: 246.

［2］ 世界卫生组织. 精神卫生、人权与立法资源手册［R］. 日内瓦：世界卫生组织，2006: 83.

［3］ Schuurs v. the Netherlands, 1985, 10518/83.

［4］ DAVID T SIMPSON. Involuntary civil commitment: the dangerousness standard and its problems. [J]. North Carolina L Rev, 1984, 63: 246.

［5］ Lessard v. Schmidt, 349 F. Supp. 1078 (E. D. Wis. 1972).

［6］ 马萨诸塞州民事拘禁法第1条. G. L. c. 123第1条。

［7］ MICHAEL L PERLIN. Mental disability law : civil and criminal (volume 1) [M]. Virginia: Lexis Law Publishing, 1998: 99.

行为类型；行为的频率；最近的行为；行为的严重性；行为的对象。[1]这为我们理解危险性概念提供了新的视角，或许比抽象定义更为可行。

2. 危险性的界定

针对危险性标准的模糊性，有必要在立法和司法实践中对该标准做出更为精确和更具可操作性的界定。

（1）危险性的程度。危险性一般表现为对本人或他人的损害风险，这种损害应达到一定的严重程度。因此，有的国家要求损害必须是"严重的"，美国少数州甚至规定损害危险必须是"即刻的"（imminent danger），但美国多数州摒弃了这一过于严格的限定，规定只要精神障碍患者存在对本人或他人产生损害的合理可能性，即可违背其意愿予以拘禁。[2]堪萨斯州的民事拘禁法代表这一模式：如果精神障碍患者在"合理可预见的将来"，可能伤害自身或他人，或造成"严重"财产损害，可予以拘禁。同样，亚利桑那州将"危险性"界定为，"根据理由充分的医学观点，可以合理地预见精神障碍患者的行为将会导致严重的人身伤害"。然而，这一模式面临不精确的批评，但这种不精确却与其最大的优点——灵活性相联系。同时，对"危险性"概念采取更为灵活的界定，能使那些需要治疗的精神障碍患者获得适当的治疗，从而"凸显患者的医疗需求而不是武断地、弄巧成拙地强调'权利'"。[3]

（2）危险性的时间维度。特定患者的危险性，只能依据其现有的精神健康状况和以往的行为判定，这就意味着危险性的认定是以现有和既往的行为预测其将来的危险可能性，这给危险性的认定带来很大的不确定性和难度。那么，特定患者距离现在多久的行为，可作为其具有实际或潜在危险性的"证据"呢？很明显，因果链条不应延伸过长，否则将导致危险性的过度预测而使患者被不当拘禁。因此，美国很多州都以被告"最近的行为"（recent act）或"公开行为"（"overt act"）作为危险性认定的前提条件。例如，宾夕法尼亚州规定，对他人的危险限于有清晰和令人信服的证据证明精神障碍患者，"在过去的30天对他人造成或试图造成严重身体伤害，且有发生类似行为的合理的可能性"。在莱萨德诉施密特（Lessard v. Schmidt）案中，联邦地区法院亦持相同观点，认为危险性的认定以"最近的试图或威胁实施严重损害本人或他人的明显行为"为条件。[4]

（3）危险性的类型。根据危险行为针对的对象划分，一般将危险性分为对他人的危险性和对本人的危险性。基于对公共利益的保护，所有国家都允许拘禁对他人具有危险性的精神障碍患者，但对他人的危险性是否仅限于暴力行为或犯罪行为，学界存在不同观点。而基于对精神障碍患者本人利益的保护，各国一般都允许拘禁对本人具有危险性的精神障碍患者，如实施或企图实施自杀或自残的患者。除了人身伤害之外，是否其

---

［1］ HIDAY. Court discretion: application of the dangerousness standard in civil commitment [J]. L & Hum Behav, 1981, 5: 275-276 .

［2］ COLLIN MICKLE. Safety or freedom: permissiveness vs. paternalism in involuntary commitment law [J]. Law & Psychol Rev, 2012, 36: 303.

［3］ COLLIN MICKLE. Safety or freedom: permissiveness vs. paternalism in involuntary commitment law [J]. Law & Psychol Rev, 2012, 36: 305.

［4］ Lessard v. Schmidt, 349 F. Supp. 1078 (E. D. Wis. 1972).

他形式的损害（或危险）也可以作为危险性的形态？如在美国，少数州规定精神障碍患者造成他人精神损害或财产损害，可认定其具有危险性，并予以非自愿住院，也有不少州将"严重残疾""需要治疗""不住院将导致状况恶化""不能满足基本需求"等作为对本人具有危险性的表现形式。

我国《精神卫生法》对精神障碍患者的非自愿住院采取单一的危险性标准，但对"伤害自身的危险"和"危害他人安全的危险"的界定却是模糊不清的。例如"伤害自身"除了自杀或自伤（自残）之外，是否包括不予住院将导致健康状况严重恶化、严重失能导致生活不能自理和满足基本需求等情形？如果对"伤害自身"做狭隘的理解，是否会导致急需治疗的精神障碍患者因不符合非自愿治疗的条件而被排除在强制治疗之外呢？同时，"危害他人安全"是否仅限于对他人的人身危险？是否包括非人身的危险，如财产损害危险？这里所说"他人"是指特定的人，还是包括不特定的人，如公众？是否包括危害公共安全、公共秩序的危险行为？这都有待于在实践中予以澄清。

（三）非自愿住院的证明

非自愿住院程序中无法回避的一个问题是：由谁证明特定人是否符合非自愿住院的要件？应根据何种标准判定特定人已符合非自愿住院的要件且应接受强制治疗？这就涉及精神障碍患者非自愿住院的证明责任和证明标准问题。

在美国，将精神障碍患者的非自愿医疗称为民事拘禁（civil commitment）或非自愿拘禁（involuntarily commitment），民事拘禁是指在犯罪矫正机构之外对精神障碍患者的非自愿治疗或照护。[1]任何民事拘禁均构成对人身的限制与个人自由的剥夺，应受宪法和正当程序的严格约束。[2]因此，多数州规定，非紧急情况下的对精神障碍患者的民事拘禁必须取得法院的听证许可。如果精神卫生机构认为特定的精神障碍患者应接受非自愿住院治疗，应向法院提出拘禁申请。在听证中，精神卫生机构应承担举证责任，证明被申请人符合民事拘禁的条件。同时，法院在听证程序中应根据相关证明标准判定被申请人是否符合民事拘禁的条件，从而决定被申请人是否应接受非自愿住院。对此，多数州的民事拘禁法都规定了民事拘禁的证明标准，从而为法院做出民事拘禁裁决提供标准，也为精神卫生机构提出民事拘禁听证的举证提供指引。

我国《精神卫生法》并未规定类似的司法审查机制，而是由精神卫生机构行使非自愿住院的决定权。《精神卫生法》第29、31条针对不同的危险性类型，规定了不同的非自愿治疗的决定模式。对本人具有危险性精神障碍患者的非自愿住院由监护人决定，而医疗机构可根据其诊断和评估对符合条件的对他人具有危险性的精神障碍患者采取非自愿住院治疗措施。同时，《精神卫生法》第32条进一步规定，精神障碍患者或者其监护人对非自愿住院诊断结论有异议，可以要求再次诊断和鉴定。对再次诊断结论有异议的，可以自主委托依法取得资质的鉴定机构进行精神障碍医学鉴定。可见，我国《精神

［1］　CHRISTOPHER SLOBOGIN, ARTI RAI, RALPH REISNER. Law and the mental health: civil and criminal aspects [M]. St. Paul: Thomson/West, 2009: 701.

［2］　GRANT H MORRIS. Defining dangerousness: risking a dangerous definition. [J]. Contemporary Legal Issues, 1999, 10: 64.

卫生法》将精神障碍患者的非自愿住院的决定权授予医疗机构及精神科执业医师，并建立了以医学专业为主导的非自愿住院程序。相对于多数国家所采取的由法院或中立机构依据司法程序或准司法程序决定精神障碍患者非自愿住院的模式，我国《精神卫生法》所确立的非自愿住院程序可称之为"医学模式"。

就理解而言，既然由医疗机构行使非自愿住院决定权，医疗机构就应向患者本人及其近亲属证明患者符合非自愿住院的条件。《精神卫生法》第30条第2款规定："诊断结论、病情评估表明，就诊者为严重精神障碍患者并有下列情形之一的，应当对其实施住院治疗……"本条包含两层意思：一是规定了精神障碍患者非自愿住院的条件；二是规定了做出非自愿住院决定的基本程序，即经"精神障碍诊断和病情评估"，认定就诊者符合非自愿住院条件，"应当对其实施住院治疗"。"精神障碍诊断"的目的是证明患者患有"严重精神障碍"，是严重精神障碍患者；"病情评估"实际为危险性评估与预测，即证明严重精神障碍患者对本人或他人实施了伤害行为或有伤害危险，其中还隐含因果关系的证明，即证明患者对本人或他人的危险是由精神障碍所致。由此可见，就诊者是否符合非自愿住院的条件，应由精神卫生机构承担证明责任，但应以何种标准判定精神卫生机构已充分证明就诊者符合非自愿治疗的条件呢？这就涉及非自愿住院的证明标准问题。

同时，我国《刑事诉讼法》专章规定了"依法不负刑事责任的精神病人的强制医疗程序"，从而将不负刑事责任的精神病人的强制医疗纳入刑事诉讼程序，并规定由人民检察院向法院提出强制医疗申请。在强制医疗诉讼中，检察机关应承担举证责任，证明被申请人或被告人符合强制医疗的条件。除非检察机关能够证明被告人符合强制医疗的要件，否则其申请将可能被法院驳回。这一理解符合证据法的基本原理："作为一项限制人身自由的强制手段，强制治疗是国家加诸于被告人的法律负担。若使其具有合法性，检察机关就必须代表国家以充分的证据证明这一措施的正当性。"[1] 因此，法院在审理强制医疗案件过程中，应依据一定的证明标准认定被申请人或者被告人是否符合法定的强制医疗条件，并做出最终裁决。那么，在刑事强制医疗诉讼中应采取何种证明标准呢？

以下在对美国法有关非自愿住院证明标准的比较分析基础上，就我国非自愿住院和刑事强制医疗诉讼中的证明标准展开论证。

二、美国立法和判例中的非自愿住院证明标准

（一）美国法中的证明标准及其类型

证明标准（standard of proof）是指在诉讼过程中，证明的主体对案件事实及其他待证事实的证明所应达到的程度，即当案件经过庭审举证、质证、认证后，法官按照什么样的标准形成对案件待证事实的确信。[2] 在诉讼中，证明标准不仅是程序问题，而且直

---

[1]　纵博，陈盛. 强制医疗程序中的若干证据法问题解析 [J]. 中国刑事法杂志，2013（7）：90.
[2]　高秦伟. 论行政诉讼的证明标准 [J]. 证据科学，2008（4）：394

接涉及诉讼当事人的实体权利——在涉及个人权利的案件中，"证明标准至少反映了社会对个人自由的重视程度"。[1] 在美国，各类诉讼中的证明标准主要有三个：优势证据标准（preponderance standard）、排除合理怀疑标准（beyond reasonable doubt standard）和中间标准（intermediate standard），即"清晰和令人信服"标准（clear and convincing standard）或"清晰、明确和令人信服"标准（clear, unequivocal and convincing standard）。

优势证据标准普遍适用于民事案件，这种证明标准"所具有的盖然性必须达到一种合理的程度，但不能像刑事案件要求得那样高。当法庭就举证这样说：'我们认为其可能性大于不可能时'，此证明负担即可卸除，但可能与不可能之间势均力敌时，证明负担则不能卸除"。[2] 因此，优势证明标准的实质是要求负有举证责任的一方当事人对其所主张的事实提出的证据的分量和证明力要比反对该事实存在的证据更具说服力。[3] 换言之，优势证据要求事实认定者认定"争议事实的存在比其不存在更有可能"，是事实认定者对"或然性优势的确信"。[4]

排除合理怀疑标准适用于刑事案件，在这些案件中，被告的利益如此重大，要求采取"尽可能排除错误判决的可能性"的证明标准予以保护。[5] 在美国，对"排除合理怀疑"是否应进行定义以及如何定义均存在激烈的争论，[6] 但这并不意味着其在实践中"缺乏可操作性"；相反"排除合理怀疑"证明标准，尽管受到种种质疑和挑战，仍然没有被其他标准所取代，并且为司法界和社会公众广泛认可，成为美国刑事诉讼和证据制度的重要内容和标志之一。[7] 对于何谓"合理怀疑"，美国判例中将其界定为，"在日常生活中足以使人在决定重要事务时产生犹豫的不确定性"，"一种有理由的怀疑，不能是一种推测或猜疑"，"一种建立在共同意识基础上的怀疑"；将"排除合理怀疑"界定为，"一种对被告人有罪的内心的坚定相信"、"一种道德上的确定性"等。[8] 但无论如何，"排除合理怀疑"作为严格的证明标准，要求追诉方对被告人指控的证据必须达到排除合理怀疑的程度。

中间标准——通常并列使用"清晰的"（clear）、"令人可信的"（cogent）、"明确的"（unequivocal）、"令人信服的"（convincing）等词语。这一标准主要适用于涉及欺诈或其他准犯罪行为的民事案件，这些案件中所涉及的利益比纯粹金钱损失案件中的利益更为重要。此外，一些司法管辖区为了减轻被告无故受到名誉损害的风险而增加了原告的举证负担，从而采取该证明标准。同样，一些法院使用了"清晰、明确和令人信

[1]　Addington v. Texas. 441 U. S. 418 (1979).
[2]　冷根源. 论英美证据法上的民事证明标准——兼论我国民事证明标准之革新 [J]. 政治与法律，2000（5）：35.
[3]　冷根源. 论英美证据法上的民事证明标准——兼论我国民事证明标准之革新 [J]. 政治与法律，2000（5）：35.
[4]　约翰·W. 斯特龙. 麦考密克论证据 [M]. 汤维建，等译，北京：中国政法大学出版社，2004：656.
[5]　Addington v. Texas. 441 U. S. 418 (1979).
[6]　陈永生. 排除合理怀疑及其在西方面临的挑战 [J]. 中国法学，2003（2）：150-160. 杨宇冠，孙军."排除合理怀疑"与我国刑事诉讼证明标准的完善 [J]. 证据科学，2011（6）：645-656. 赖早兴. 美国刑事诉讼中的"排除合理怀疑"[J]. 法律科学，2008（5）：161-167.
[7]　余剑."排除合理怀疑"证明标准在我国刑事审判中的运用——合理定位及实践意义探讨 [J]. 东方法学，2008（5）：154.
[8]　陈永生. 排除合理怀疑及其在西方面临的挑战 [J]. 中国法学，2003（2）：153-156.

服"的证明标准以保护各种民事案件中特定个人的重要利益。[1]联邦最高法院认为，在涉及个人权利剥夺但没有达到刑事控诉程度的各类案件中，如送入精神病院、监护权的终止、国籍的剥夺和驱逐出境，联邦宪法或可适用的联邦法律要求运用明确而令人信服的证明标准或其他类似证明标准。[2]

尽管三个证明标准有着各自的适用条件和范围，但三者之间的界限并不十分清晰，尤其是"清晰和令人信服"标准与"优势证据"标准和"排除合理怀疑"标准之间的区别。对此，一些学者尝试运用量化方法解读证明标准，"优势证据"标准要求待证事实的证据精确度超过50%，"清晰和令人信服"标准要求争议事实的证据精确度至少超过70%，而"排除合理怀疑"标准要求证据的精确度超过95%。[3]尽管量化方法面临较多的批评，但也为证明标准的理解提供了更为直观的视角。

（二）非自愿住院诉讼中证明标准的选择

在诉讼中，选择适当的证明标准主要考虑以下3个因素：[4]

（1）司法成本或司法效益（judicial economy）。如选择过高的证明标准是否会过度增加司法成本或降低司法的效率，这就涉及"司法效率是否比个人权利的保护更为重要"这一问题。

（2）错误信息（erroneous information）。即采取不当的证明标准将可能导致不当证据的采信，从而导致错误判决的发生，而"法律程序的功能就是要将错误判决的风险降至最低。"[5]

（3）被告权利的性质及其重要性。正当程序的一项基本原理是，权利越重要，程序保护程度和范围也随之增加。因此，当被告面临重大权利损害时，正当程序要求给予更大力度的程序保护。[6]

关于精神障碍患者民事拘禁决定程序中的证明标准问题，联邦最高法院曾在阿丁顿案中有过专门阐述，具体应考虑以下因素：

（1）个人利益的保护及其平衡。尽管国家享有保护社会和为无自我照顾能力的人提供照护的重大利益，但这一利益并不必然优先于对个人自由的保护，在民事拘禁程序中采取适当的证明标准必须合理平衡个人和州之间的利益。[7]联邦最高法院认为，"民事拘禁程序中的个人利益如此重要，正当程序要求州承担比优势证据更为严格的举证责任

---

[1] Addington v. Texas. 441 U. S. 418 (1979).

[2] 约翰·W. 斯特龙. 麦考密克论证据［M］. 汤维建，等译，北京：中国政法大学出版社，2004：658.

[3] SCOTT M BRENNAN. Due process comes due: an argument for the clear and convincing evidentiary standard in sentencing hearings [J] Iowa L Rev, 1992, 77: 1804.

[4] SCOTT M BRENNAN. Due process comes due: an argument for the clear and convincing evidentiary standard in sentencing hearings [J]. Iowa L Rev, 1992, 77: 1814-1817.

[5] Addington v. Texas. 441 U. S. 418 (1979).

[6] Speiser v. Randall. 357 U. S. 513, (1958).

[7] HENDERSON N L. "We're only trying to help": the burden and standard of proof in short-term civil cimmitment [J]. Stanford L Rev, 1979, 31: 439-442.

以证明拘禁的正当性"。而"'清晰、明确、令人信服的证据'标准能够平衡个人权利和州的合法利益"。[1]

（2）纠正错误判决的可能性。刑事案件中适用严格证明标准的目的是为了最大程度地避免错误判决的发生，"但这一理念并不适用于民事拘禁"，因为在民事拘禁中即便出现错误也能够在"第一时间予以纠正"。[2]

（3）证明的可能性及其成本。精神医学诊断的不确定性和主观性，使得很难"排除合理怀疑"地证明个人患有精神疾病和具有危险性。如果采取刑事案件的严格证明标准，无疑将增加证明的难度，实际上并不符合精神障碍患者的利益。

（三）非自愿住院证明标准的确立及其发展

根据正当程序的要求，州对人身自由的限制与剥夺，必须具有重大利益（compelling interest），才具有正当性。不管是依据国家监护权（parens patriae）还是警察权（police power），各州对精神障碍患者的民事拘禁，都必须证明其符合法定的标准，而各州对此所承担的举证责任及其程度，则取决于民事拘禁所采用的证明标准。然而，在20世纪70年代之前，法院几乎没有考虑民事拘禁所涉及的证明标准问题。第一个引起广泛关注的举证分配案件是1972年的莱萨德诉施密特案。[3] 在该案中，联邦最高法院认为，民事拘禁所导致的人身自由的剥夺比驱逐出境更为严重。[4] 因此，仅仅依靠"单纯的优势证据"做出判决将难以获得正当性，应适用"排除合理怀疑"标准，并将其作为民事拘禁的证明标准。联邦最高法院在莱萨德诉施密特案所确立的标准被其他法院所遵从，但也有法院拒绝适用这一严格的证明标准，认为"民事拘禁听证的目的不仅仅是剥夺自由"，更重要的目的是帮助个人确诊精神疾病，并对其进行治疗。[5] 从当时各州立法看，13个州和哥伦比亚特区的民事拘禁法采取"排除合理怀疑"标准，25个州只要求达到"明确和令人信服"标准。[6] 可见，在20世纪70年代，各州立法和司法部门对民事拘禁的证明标准存在较大的分歧，直到1979年的阿丁顿诉得克萨斯州案（Addington v. Texas），联邦最高法院才着手解决民事拘禁的证明标准问题。[7]

1. "清晰和令人信服"标准的确立

在阿丁顿诉得克萨斯州一案中，联邦最高法院首次明确将"清晰和令人信服"标准作为民事拘禁的证明标准。在本案中，阿丁顿（Addington）是严重精神障碍患者，并多次被拘禁于得克萨斯州的多家州立精神卫生机构。1975年12月18日，上诉人因"恐

---

[1] Addington v. Texas. 441 U. S. 418 (1979).

[2] Addington v. Texas. 441 U. S. 418 (1979).

[3] Lessard v. Schmidt. 349 F. Supp. 1078 (E. D. Wis. 1972).

[4] 美国联邦最高法院已经在一件驱逐出境案中裁定，剥夺自由应比"纯粹过失案件"适用更高的举证责任。因此，在该案中应采信"清晰、明确和令人信服"的证据标准。参见：Woodby v. Immigration & Naturalization SERV. 358 U. S. 276 (1966).

[5] French v. Blackburn. 428 F. Supp. 1351, (M. D. N. C), 443 U. S. 901 (1977).

[6] ALEXANDER TSESIS. Due process in civil commitments [J]. Washington & Lee L Rev, 2011, 68: 272.

[7] Addington v. Texas. 441 U. S. 418 (1979).

吓攻击"其母亲而被逮捕,之后其母亲根据得克萨斯州法律提出不定期拘禁上诉人的申请。在初审中,阿丁顿承认自己患有精神疾病,但认为没有实质性的证据证明他对本人或他人具有危险性。初审法院根据"清晰、明确和令人信服"的证明标准认定阿丁顿患有"精神疾病并需要住院治疗"。而得克萨斯州民事上诉法院认为民事拘禁应适用"排除合理怀疑"的证明标准,从而做出撤销了初审判决的裁决。

联邦最高法院审理本案后认为,证明标准的功能是"指导事实认定者",并服务于诉讼当事人之间错误风险之分配。在诉讼领域主要有三种证明标准,分别是优势证据标准、排除合理怀疑标准和中间标准(即"清晰和令人信服"或"清晰、明确和令人信服"标准)。三种证明标准适用范围不同,且存在一定的差异。关于民事拘禁程序应适用哪种标准,法院认为"必须评估个人不受非自愿不定期拘禁的利益与州在特定证明标准下拘禁精神障碍患者的利益",并铭记"法律程序的功能是将错误判决的风险降至最低"。法院的解释为,任何目的的民事拘禁均构成对自由的严重剥夺,应受到正当程序的保护;同时,民事拘禁将对个人产生不利的社会影响,应谨慎选择相关证明标准。

法院考虑到精神医学诊断的不确定性,如果适用过于严格的证明标准,将给州施加不合理的负担,并为需要治疗的精神障碍患者的治疗设置不合理的障碍,因而正当程序并不要求将"排除合理怀疑标准"作为民事拘禁程序的证明标准。同时,考虑到对人身自由的保护和正当程序的要求,民事拘禁的证据标准应比优势证据标准更为严格,并认为"清晰、明确和令人信服"等中间标准能够平衡个人权利和州的合法利益。值得注意的是,联邦最高法院在判决中并没有明确规定应采用何种层次的证明标准。因此,各州可以在立法和司法中自由选择"排除合理怀疑"标准和"清晰和令人信服"标准,只要采用的证明标准比优势证据标准更为严格即可。结果各州在认定个人对本人或社会是否具有危险性时所采用证明标准并不完全相同。[1]

评论者普遍赞扬阿丁顿案判决是一个具有逻辑性和平衡性的裁决,"很好地平衡了个人自由利益和州政府为患者提供治疗的利益之间的冲突"。也有人批判该案"是将正当程序引入精神疾病领域后的一次倒退",[2]认为"联邦最高法院没有提供充分的程序权利保护,从而防止一个人的宪法权利被错误剥夺"。[3]但无法否认的是,阿丁顿案对民事拘禁证明标准的解释对后续案件和各州的立法产生重大影响。为回应判决,许多州降低了证明标准,用"清晰和令人信服"标准代替"排除合理怀疑"标准。[4]目前,只有少数州采取"排除合理怀疑"标准,包括肯塔基州、加利福尼亚州、马萨诸塞州和新罕布什尔州等。也有个别州采取更为复杂的证明标准,如蒙大拿州将证明标准一分为二:医疗事实的证明采取排除合理怀疑标准,其他事项的证明采取"清晰和令人信服"标

[1]　PETER D KEANE. The use of the clear and convincing evidence standard in civil commitment proceedings pursuant to The Adam Walsh Act does not violate due process [J]. J Health & Biomedical L, 2012, 3: 673.

[2]　MICHAEL L PERLIN. Mental disability law : civil and criminal (volume 1) [M]. Virginia: Lexis Law Publishing, 1998: 62.

[3]　ALEXANDER TSESIS. Due process in civil commitments [J]. Washington & Lee L. Rev, 2011, 68: 263.

[4]　ALEXANDER TSESIS. Due process in civil commitments [J]. Washington & Lee L. Rev, 2011, 68: 272.

准。[1] 而夏威夷州则根据不同的拘禁对象和条件设置不同的证明标准，"对本人或他人具有即刻危险或严重失能或明显患病"的人的拘禁采取"排除合理怀疑"标准，而对"需要治疗而又没有更小限制替代措施"患者的拘禁则采取"清晰和令人信服"标准。[2] 可见，阿丁顿案只是确立了民事拘禁最低限度的证明标准，但并没有彻底解决民事拘禁的证明标准问题，各州仍可在"排除合理怀疑"标准和"清晰和令人信服"标准之间进行选择。

2. 非自愿住院证明标准的发展

从后续的判例看，联邦最高法院对民事拘禁的证明标准似乎并没有采取一致的观点。例如，在海勒诉多伊（Heller v. Doe）案中，[3] 肯塔基州的法律规定，对精神疾病民事拘禁的审查应采用严格标准（排除合理怀疑标准），而对精神发育迟滞的拘禁采用更宽松的标准（明确、可信服标准）。美国联邦最高法院判定这一区分具有合宪性，且不违反平等保护条款。同样，在琼斯诉美利坚合众国（Jones v. United States）案中，[4] 美国联邦最高法院认为因精神疾病而无罪释放者的民事拘禁适用优势证明标准，而没有适用阿丁顿案的证明标准，理由是在刑事诉讼程序中，被告自己提出精神疾病抗辩，且在精神疾病无罪的认定中已对精神疾病和危险性做出了认定，从而最大程度地降低了错误拘禁的风险。

2010年，美利坚合众国诉康斯托克（United States v. Comstock）案涉及对性暴力侵犯者民事拘禁的证明标准问题。[5] 该案涉及5名联邦监狱局关押的性暴力侵犯者，在5名性暴力侵犯者被民事拘禁后，他们对《亚当·沃尔什联邦儿童保护与安全法案》（Adam Walsh Child Protection and Safety Act，简称《亚当·沃尔什法案》）的合宪性提出挑战。

根据上述法案的规定，政府对性暴力侵犯者的拘禁需有清晰和令人信服的证据证明一个人符合以下要件：

（1）实施或试图实施性暴力行为或猥亵儿童；

（2）患有严重精神疾病或精神障碍；

（3）如果释放该人，他将难以抑制冲动并继续实施性暴力行为或猥亵儿童。

联邦最高法院在撤销第四巡回法院的判决后将该案发回重审。第四巡回法院重新审理后认为，《亚当·沃尔什联邦儿童保护与安全法案》所采取的证明标准符合正当程序的要求，如果采用更为严格的"排除合理怀疑"标准将造成政府在民事拘禁程序中有难以克服的障碍，从而不利于防范性暴力行为和保护未成年人人身和精神健康这一终极目标的实现。[6] 在美利坚合众国诉康斯托克案中，联邦最高法院将阿丁顿案中的证明标准

[1]　MONT. CODE ANN. § 53-21-126 (2011).

[2]　 HAW. REV. STAT. § 334-60. 2 (2), 334-60. 5 (i) (2010).

[3]　Heller v. Doe, 509 U. S. 312 (1993).

[4]　Jones v. United States, 103 S. Ct. 3043 (1983).

[5]　United States v. Comstock, 627 F. 3d 513 (4th Cir. 2010)

[6]　PETER D KEANE. The use of the clear and convincing evidence standard in civil commitment proceedings pursuant to The Adam Walsh Act does not violate due process [J]. J Health & Biomedical L, 2012, 3: 679.

引入到性暴力侵犯者的拘禁案件中，尽管还无法确定"清晰和令人信服"标准是否将成为这类案件的证明标准，但至少给采取"排除合理怀疑"标准的州发出"清晰和令人信服"标准具有合宪性的信号，并促使各州降低性暴力案的证明标准。[1]

（四）小结

根据联邦法院的判例和各州的立法，美国民事拘禁的证明标准始终游离于"清晰和令人信服"标准和"排除合理怀疑"标准之间，且以"清晰和令人信服"标准作为最低限度的证明标准，从而排除适用民事案件的"优势证据"标准。①在民事拘禁案件中，"清晰和令人信服"标准居于支配地位，它不仅获得联邦最高法院的认可，在各州立法中也占据主流，而只有少数州采取"排除合理怀疑"标准。②在精神障碍患者实施犯罪行为且提起精神疾病无罪抗辩的案件中，联邦最高法院降低了民事拘禁的证明标准，采取优势证据标准。③在性暴力侵犯者民事拘禁案件中，联邦法律和判决倾向于采取"清晰和令人信服"标准。尽管仍有不少州对此类型案件适用刑事证明标准（排除合理怀疑标准），但受美利坚合众国诉康斯托克案的影响，可以预见更多州将会采用中度证明标准。[2]

三、我国非自愿住院诉讼的证明标准

（一）精神卫生法领域非自愿住院诉讼的证明标准

如前所述，我国《精神卫生法》将非自愿住院决定权授予给了医疗机构。由于精神障碍患者的非自愿住院由医疗机构单方面决定，患者的陈述权、参与权、提交证据、质证、抗辩等程序性权利均未获得应有的重视，正当程序的缺失成为我国非自愿医疗制度的最为突出的不足。同时，由于非自愿住院欠缺司法机构或其他中立机构的审查或决定，非自愿住院的司法审查程序也就无从构建，而非自愿住院程序中所涉及的证明问题，如举证责任、证明内容与证明标准等均被淡化，甚至无从谈起。在医学模式下，医疗机构既是非自愿住院关系的当事人，又是非自愿住院的决定者；既由其负责认定就诊者是否符合非自愿住院条件，又由其单方面行使非自愿住院的决定权。然而，医疗机构的举证责任并不受任何程序的制约，在做出非自愿住院决定时，其所应达到的证明标准亦无从确定。毕竟证明标准作为诉讼程序中的证据法问题，在非诉讼程序中是否具有适用的余地和意义则不无疑义。当然，从我国非自愿医疗程序的未来发展趋势看，有必要建立非自愿住院审查机制，由法院而非医疗机构行使非自愿住院决定权，因而在非自愿住院的司法审查程序中，应采取何种证明标准无疑是值得探讨的重要问题。

---

[1] ALEXANDER TSESIS. Due process in civil commitments [J]. Washington & Lee L Rev, 2011, 68: 279-282.

[2] PETER D KEANE. The use of the clear and convincing evidence standard in civil commitment proceedings pursuant to The Adam Walsh Act does not violate due process [J]. J Health & Biomedical L, 2012, 3: 679.

　　另一方面，实践中不少当事人在被非自愿住院后认为医疗机构侵害其合法权益，遂向法院提起诉讼，要求医疗机构承担民事责任，从而引发非自愿住院诉讼。在这些案件的审理过程中，所涉及的争议和疑难问题是非自愿住院的合法性应由谁承担举证责任？应采取何种证明标准判断举证方已经完成举证责任？根据《精神卫生法》的规定，医疗机构应对疑似精神障碍患者进行诊断评估，并根据患者的精神状况、诊断评估标准等认定该疑似患者是否符合非自愿住院的条件，并以此决定是否采取非自愿住院措施。因此，在诉讼中，医疗机构应提供证据证明患者符合非自愿住院的条件，并为非自愿住院的合法性承担举证责任。但对该证明事项应采取何种证明标准，则应根据非自愿住院的性质、特点等做出考量。

　　无论是未来非自愿住院司法审查程序的构建，还是当前非自愿住院诉讼实践需要，证明标准都是亟待解决的重要问题之一。基于非自愿住院决定的特殊性，非自愿住院的审查程序不应适用普通民事诉讼程序，而应适用民事诉讼特别程序。在特别程序中，非自愿住院的证明标准适用普通诉讼的证明标准还是特别证明标准，则值得特别探讨。我们认为证明标准的选择应考虑以下因素：

　　（1）非自愿住院的目的是治疗而非惩罚，本质上应符合患者本人的根本利益。因此，不应适用过于严格的证明标准，避免将应该接受治疗的患者排除在非自愿治疗之外。

　　（2）非自愿住院毕竟直接限制和剥夺了精神障碍患者的人身自由，而人身自由作为公民最重要的一项权利，是公民享有和行使其他权利和自由的前提，[1] 对人身自由的限制理应受到更为严格的程序制约，包括较高的证明标准。因此，为避免强制医疗的滥用和错误强制医疗的发生，非自愿住院的证明标准不应采取较低的证明标准，如类似美国的优势证据标准。

　　（3）非自愿住院可否适用普通民事诉讼的证明标准，则需考虑现行民事诉讼证明标准的性质。

　　根据《最高人民法院关于适用〈中华人民共和国民事诉讼法〉的解释》第108条规定，民事诉讼一般采取高度盖然性证明标准，即对当事人提供的证据，人民法院经审查并结合相关事实，确信待证事实的存在具有高度可能性的，应当认定该事实存在。根据《最高人民法院关于民事诉讼证据的若干规定》第86条规定，对欺诈、胁迫、恶意串通事实的证明，以及对口头遗嘱或者赠与事实的证明，采取排除合理怀疑证明标准；对诉讼保全、回避等程序性事实的证明，采取优势证据标准。可见，根据不同类型的证明事项，我国《民事诉讼法》和相关司法解释已建立多元化的证明标准，其中，以高度盖然性标准作为民事诉讼证据认定的一般标准。而我国民事诉讼所采取的高度盖然性的证明标准是否等同于大陆法系国家的"高度盖然性"的证明标准则不无争议。[2] 但是，由于我国的"高度盖然性"标准是指"一方提供证据的证明力"需"明显大于另一方提供证

---

［1］　周伟. 保护人身自由条款比较研究［J］. 法学评论，2004（4）：18.

［2］　有学者对我国民事诉讼法采取大陆法系的"高度盖然性"标准观点提出质疑，认为《最高人民法院关于民事诉讼证据的若干规定》所指的"高度盖然性"不同于大陆法系民事诉讼中的证明标准。

　　　　吴泽勇. 中国法上的民事诉讼证明标准［J］. 清华法学，2013（1）：76-78.

据的证明力",它与美国的"清晰和令人信服"的证明标准应相当或基本相当。就此而言,我国精神障碍患者非自愿住院特别程序中的证明标准可采取类似美国的中度证明标准,即"清晰和令人信服"的证明标准,该证明标准与我国现行民事诉讼证明标准基本相当。

同样,在非自愿诉讼程序中,尽管目前普遍适用普通诉讼程序,但考虑非自愿住院涉及人身自由的剥夺,出于对患者权利的保障,不应适用民事诉讼的一般证明标准,而应采取更高的证明标准,即同样采取中度证明标准,这无疑能更好地平衡医患双方的权益。

（二）刑事强制医疗的证明标准

我国《刑事诉讼法》(2018年10月26日修正)没有规定刑事强制医疗的证明标准,而第55条规定的"排除合理怀疑"的证明标准是否能适用于强制医疗程序则值得深入探讨。根据《刑事诉讼法》第302条的规定,依法不负刑事责任的精神病人的强制医疗包括三个条件:

（1）实施暴力犯罪行为,即实施了危害公共安全或者严重危害公民人身安全的暴力行为;

（2）患有精神疾病而无刑事责任能力,即经法定程序鉴定为依法不负刑事责任的精神病人;

（3）具有社会危险性,有继续危害社会可能。

由于上述3个要件的属性和功能不同,本书认为应区别适用不同的证明标准,前2项要件是犯罪构成要件,应适用刑事证明标准,即"排除合理怀疑"标准;而危险性要件应适用中度证明标准,即"清晰和令人信服"标准。理由如下:

首先,刑事强制医疗的适用以被告人实施犯罪行为为前提,而证实某人实施犯罪行为关系到其人格、尊严以及他人的评价,与个人的基本权利息息相关。因此,对于犯罪行为的证明,无论是在普通诉讼程序还是在特别程序中,都应实行最高的证明标准,也即排除合理怀疑的标准。[1]即便是对精神病人的犯罪行为的认定,也应与普通程序一样,达到排除合理怀疑的标准,不得因其精神状况而降低标准。

其次,刑事责任能力是刑事诉讼中定罪裁判的重要认定内容之一,其证明标准应统一适用刑事证明标准,即便是在刑事强制医疗程序中,对精神病人刑事责任能力的认定亦不例外。一是防止正常人或应负刑事责任的精神病人藉由强制医疗程序逃避刑事制裁;二是避免不应接受强制医疗的人被非自愿治疗,防止"被精神病"的发生。毕竟强制医疗作为剥夺人身自由的措施,其对人身自由的限制不受期限限制,尤其是精神疾病和强制医疗所带来的污名和不利影响,实际上可能比刑罚还要严重。因此,无论从追究犯罪、制裁违法,还是从保障人权、防止强制医疗的滥用角度来说,对精神病人刑事责任能力的证明都应采取严格证明标准。

---

[1]　纵博,陈盛.强制医疗程序中的若干证据法问题解析[J].中国刑事法杂志,2013(7):94-95.

　　最后，对精神病人危险性的认定应采取中度证明标准，而不应采取"排除合理怀疑"标准和"优势证据"标准。理由如下：第一，对犯罪行为的证明属于对已经发生的事实的证明，在证据充分的情况下可以达到排除合理怀疑的标准，而对被告人的社会危险性的证明在性质上是根据证据对将来事实的一种预测，[1]而"行为人有可能实施危险行为，永远都不可能达到'排除合理怀疑'的程度"[2]。事实上，法学界和医学界对危险性预测的准确性从来都持怀疑态度，[3]美国精神卫生协会曾告知联邦最高法院，精神医学专家做出的危险性预测三分之二都是错误的，[4]联邦最高法院亦认为"精神医学预测精神病人的未来风险行为并不准确"。[5]因此，由不具备专业知识的法官对危险性做出"排除合理怀疑"的认定几乎是不可能完成的任务，也必然增加强制医疗案件审理的成本和难度，最终可能导致应该接受强制治疗的患者被排斥于医疗机构之外，从而损害精神障碍患者的健康利益。第二，强制医疗并不具有惩罚性，而是以治疗为目的，对精神障碍患者的治疗以恢复其健康并消除其社会危险性为目的。如果设置过高的证明标准，将导致应该接受治疗的患者流落社会，不仅不利于患者本人健康，也可能增加其再犯之危险，从而严重危害公共安全。第三，由于强制医疗涉及人的自由的剥夺，其证明标准应高于一般民事案件的证明标准，如类似美国的优势证据标准。

　　从美国经验看，联邦最高法院认为因精神疾病而无罪释放者的民事拘禁也适用"优势证据"标准，而不必适用更高的证明标准。但值得注意的是，"优势证据"标准适用的前提是被申请人已被判决无刑事责任能力，且在诉讼中本人提出精神疾病无罪抗辩。因此，先前的判决中已证明被申请人患有精神疾病而无刑事责任能力，法院在预测其危险性时，错误判断的可能性降低，故适用较为宽松的证明标准。然而，我国的刑事强制医疗并不具备上述前提和条件，无论是在侦查阶段由公安机关移送检察院申请启动强制医疗，还是检察院依职权申请和法院依职权启动强制医疗审理程序，事先均未对被告人是否构成犯罪及是否具备刑事责任能力做出认定。换言之，被告人或被申请人是否实施暴力犯罪行为和是否具备刑事责任能力都属于待证事实，因此不应适用较低的证明标准。

　　综上所述，我国刑事强制医疗应针对不同的证明内容采取不同的证明标准，这符合强制医疗的基本属性和特点，并具有理论上的合理依据。"排除合理怀疑"证明标准和"清晰和令人信服"证明标准相结合，能够合理平衡被告人的人身自由、健康权利和公共利益之间的冲突，有利于实现强制医疗在维护健康、保障人权和防卫社会等方面的功能。

---

[1] 纵博、陈盛. 强制医疗程序中的若干证据法问题解析 [J]. 中国刑事法杂志，2013（7）：95.
[2] 《哈佛法律评论》编辑部. 精神病人的民事收容：理论与程序 [M]//刘仁文，王桂萍. 哈佛法律评论：刑法学精粹. 北京：法律出版社，2005：308.
[3] JOSEPH J COCOZZA, HENRY J STEADMAN. The failure of psychiatric predictions of dangerousness: clear and convincing evidence [J]. Rutgers L Rev, 1976, 29: 1085.
[4] Barefoot v. Estelle, 463 U. S. 880, (1993).
[5] Heller v. Doe, 509 U. S. 312 (1993).

第四节　非自愿住院诉讼的困境及其出路

自2013年《精神卫生法》实施至今，因非自愿住院引发的诉讼时有发生，尽管总体数量不大，却事关精神障碍患者这一弱势群体的权利保障和法律救济，其重要性不言而喻。然而，无论是患者诉讼权的行使，还是法院对案件的审理，非自愿住院诉讼均面临一定的困境和难题，如何化解诉讼中存在的困境和问题，成为司法实践中亟待解决的难题。

一、非自愿住院诉讼面临的困境

1. 胜诉难

胜诉难是精神障碍患者在非自愿住院诉讼中面临的最为突出的问题。笔者所收集126起案件中，胜诉的案件只有14起，原告的胜诉率只有11%。造成原告胜诉难的原因是多方面的：

（1）案由选择不适当。在非自愿住院案件中，法院全部以人格权纠纷和医疗损害责任纠纷为案由进行审理，其中过半数案件的案由是医疗损害责任纠纷。上述案由，尤其是医疗损害责任纠纷案由为原告胜诉设置了极高的门槛和障碍，原告在举证责任、证明事项等方面处于十分不利的地位，并直接导致法院的审理重点是被告诊疗行为的过失而不是非自愿住院决定的合法性。

（2）审理思路错位。在医疗损害责任纠纷和健康权、名誉权纠纷中，法院审理的思路是被告诊疗行为是否具有过失、是否侵害原告权利，进而确定侵权责任是否成立。这一审查思路忽视和弱化了非自愿住院决定的合法性审查，尤其是非自愿住院实体条件的审查。

（3）举证责任分配不合理。套用一般侵权责任的举证责任，完全忽视了非自愿住院诉讼的特殊性，不仅导致原本弱势的精神障碍患者在诉讼中处于更加不利的地位，也不利于查清案件事实、明确法律责任。

（4）法院对非自愿住院的合法性认定采取较为宽松的审查标准，且缺乏实质审查，这就造成违法性认定的门槛高、难度大，患者很难获得胜诉。同时，受精神状态等因素影响，精神障碍患者的诉讼能力有限，加之多数案件没有律师代理，患者在诉讼中处于绝对的劣势，很难充分维护自身合法权益。

2. 起诉难

精神障碍患者往往被贴上"无行为能力"的标签，并被推定不具有诉讼行为能力，自行提起诉讼的，法院可能以原告无诉讼能力为由裁定不予受理或驳回起诉。如，在曹某兵案中，法院认为，鉴于精神病人不具有辨认自己行为的能力，在原告未提供其具有完全诉讼能力的初步证据的情况下，自行提起诉讼，裁定驳回起诉。[1]在姚某华案中，法院以姚某华曾被卫生部门认定为精神分裂症患者，根据其身体情况，法院认为原告未按照法律规定由其法定代理人代为诉讼，属于诉讼主体不适格，从而驳回起诉。[2]笔者收集了6起类似案件，尽管所占比重不高，但考虑到部分案件在起诉时可能就被挡在法院之外，实际情况恐怕更为严重。

造成起诉难的原因是多方面的：首先，人们普遍认为精神障碍患者缺乏正常人的认识和辨认能力，不应将其视为完全行为能力人。这种陈旧的观念和偏见使得民事活动和司法实践中对精神障碍患者的行为能力和诉讼能力采取否定性的推定方式，即一旦认定行为人患有精神疾病即推定其无诉讼能力，从而否定其诉讼主体资格；其次，在司法实践中，在没有经法定程序宣告或认定原告是无行为能力人的情况下，在诉讼中直接认定原告不具有诉讼能力而驳回其起诉；最后，在欠缺诉讼能力的情况下，精神障碍患者的起诉不一定能够获得监护人的理解和支持，在部分案件中，患者的诉讼可能与监护人的利益存在冲突。在这种情形下，患者的起诉权将陷入无法行使的尴尬境地。

3. 鉴定难

鉴定难是非自愿住院诉讼中普遍存在的问题，司法鉴定机构拒绝受理或退回鉴定现象较为普遍，有的案件甚至出现先后委托8家鉴定机构都被退回的现象。[3]在实践中，司法鉴定机构退回鉴定的原因不一，如"超出鉴定机构技术条件及鉴定能力范围"，[4]鉴定资料不全，[5]等等。就深层次原因而言，鉴定难是精神障碍诊断的内在局限性所致。众所周知，精神障碍的诊断具有很强的主观性，缺乏客观、可靠的理化检验方法和结果，"在很大程度上主要借助科学的观察和临床收集病史、交谈和精神状态检查等方法来分析判断并做出诊断"，[6]而且这种诊断只是对患者当时精神状态的评价，鉴定专家很难时过境迁地对入院时医疗机构做出的诊断结论做出回溯性的评价，这就造成鉴定缺乏可行性。

4. 非自愿住院合法性认定的弱化

在实践中，非自愿住院纠纷一般被列为医疗损害责任纠纷或名誉权、人身健康权纠纷，法院的审理往往围绕被告的诊疗行为是否具有过失以及是否造成原告损害展开，至于非自愿住院决定的合法性并非审理的重点，甚至完全不曾涉及。

在部分案件中，尽管法院认识到应以非自愿住院决定的合法性审查为核心，但对于如何认定被告的非自愿住院决定是否符合法律规定仍然缺乏清晰的思路和方法，在认定过程中要么一笔带过，语焉不详，要么简单引用《精神卫生法》第30条的规定，草率得出合法与否的结论，至于合法与否的理由，往往不甚明了，缺乏说理论证过程。

---

[1] 浙江省杭州市中级人民法院民事裁定书，（2016）浙01民终1176号。

[2] 北京市第二中级人民法院民事裁定书，（2018）京02民终286号。

[3] 河南省驻马店市中级人民法院民事判决书，（2017）豫17民终179号。

[4] 河南省驻马店市中级人民法院民事判决书，（2017）豫17民终179号。

[5] 浙江省绍兴市越城区人民法院民事判决书，（2013）绍越民初字第3989号。

[6] 沈渔邨. 精神病学［M］. 5版. 北京：人民卫生出版社，2009：146.

二、完善非自愿住院案件审理的建议

1. 将非自愿住院纠纷列为独立的案由

非自愿住院决定并非纯粹的诊疗行为，它实际上包含两方面的认定：一是精神障碍的诊断；二是危险性的认定。前者无疑属于医学上的诊疗行为，该诊疗行为是否具有过失应依据《民法典》第1221条的规定做出判断。但所患精神障碍是否达到严重程度，构成"严重精神障碍"，则涉及法律判断，毕竟"严重精神障碍"不是一个专业诊断名称，而是一个法律概念；[1] 后者则涉及对精神障碍患者人身危险性的评估与认定，并非纯粹的医学判断，而属于法律判断。因此，非自愿住院决定并非纯粹的诊疗行为，其责任认定不应依据《民法典》侵权责任编有关医疗损害责任的相关规定，而应依据《精神卫生法》第30条。具体而言，只要医疗机构的非自愿住院决定不符合《精神卫生法》第30条规定的条件，即可认定医疗机构的收治行为违法，侵害患者的人身自由权。因此，就责任认定而言，非自愿住院纠纷案件的构成要件、举证责任、法律适用、审理思路等均迥异于医疗损害责任纠纷，从保护精神障碍患者的合法权益和准确认定责任出发，应将非自愿住院纠纷列为单独的民事案由。

在《民事案件案由规定》未作修改之前，宜将非自愿住院纠纷案件的案由确定为"人身自由权纠纷"，不宜列为"医疗损害责任纠纷"。理由如下：一则非自愿住院是限制人身自由的措施，违法非自愿住院直接侵害的权利是人身自由权，而非生命健康权；二则非自愿住院诉讼涉及的法律问题是非自愿住院的合法性，而非医疗过失，毕竟非自愿住院行为不是纯粹的诊疗行为，还包括危险性认定、是否属于严重精神障碍等法律判断问题；三则淡化对鉴定意见的依赖。在"人身自由权纠纷"中，法院审理的重点是医疗机构的强制收治行为是否违法并侵害原告的人身自由权，而非医疗机构的诊疗行为是否具有过失，这就规避了医疗损害责任纠纷对鉴定结论的高度依赖问题。

2. 实行诉讼能力推定

根据精神医学理论，几乎不存在完全丧失判断力的患者。精神疾病的病情轻重与民事行为能力的强弱不一定成对应关系。患者某方面民事行为能力受损并不必然代表他其他方面民事行为能力也一定不行。民事行为能力全面受损的精神病人确实有，如智力极度低下者，然而大多数精神病人都有残留能力。[2] 事实上，不同类型的精神疾病及其严重程度对患者行为能力的影响并不相同，将精神疾病与欠缺行为能力画上等号的做法并不可取，也缺乏科学依据。

根据《民法典》第24条的规定，无民事行为能力或限制行为能力人应由法院做出认定。具体而言，则是依据《民事诉讼法》第15章第4节中的特别程序的审理，而该程序的启动应由当事人的近亲属或其他利害关系人提起，法院不宜主动启动行为能力的宣

---

[1] 本书编写组. 中华人民共和国精神卫生法医务人员培训教材［M］. 北京：中国法制出版社，2013：8.

[2] 何恬. 重构司法精神医学——法律能力与精神损伤的鉴定［M］. 北京：法律出版社，2008：303.

告程序。因此，在非自愿住院诉讼中，法院在精神障碍患者未被依法宣告为无行为能力人时，不应直接认定该患者无诉讼能力而驳回其起诉。换言之，除非是经法定程序认定精神障碍患者无行为能力或诉讼能力，否则应推定其具有诉讼能力。

3. 非自愿住院的合法性应由医疗机构承担举证责任

基于非自愿住院的属性和特点，其合法性的证明应由医疗机构承担举证责任：

（1）非自愿住院的诊断评估和决定由医疗机构做出，在做出决定时，医疗机构应有充分的证据证明患者符合《精神卫生法》第30条规定的条件，否则其做出的非自愿住院决定本身就违反了法律规定。因此，《精神卫生法》第30条的立法精神在于促使医疗机构依法行使非自愿住院决定权，并要求医疗机构对其行为合法性承担"自证清白"的责任。

（2）由医疗机构就非自愿住院决定的合法性承担举证责任，有利于促使医疗机构先"取证"（严格依法做出精神障碍诊断和病情评估）后做出非自愿治疗决定，确保医疗机构依法慎重行使非自愿住院决定权，防止其滥用权力。

（3）在非自愿住院的实施过程中，医疗机构在专业知识和信息的占有方面较患者具有绝对的优势，且已经收集了患者是否符合非自愿治疗条件的相关证据，由医疗机构就非自愿住院决定的合法性承担举证责任符合其举证能力，并没有加重其举证负担。

（4）在非自愿住院中，患者的意思自治被完全排斥，对治疗决定并无选择自由，只能被动接受治疗。在这种情形下，患者不可能具有证明非自愿住院合法性的能力和条件，由患者承担举证责任无疑显失公平。

（5）如果由患者承担举证责任，将导致患者在诉讼中必须证明自己"没有精神疾病"，并可能出现法院审原告这一不合理现象。

4. 强化非自愿住院决定的合法性审查

非自愿住院案件的争议焦点是医疗机构的非自愿住院决定是否符合法律规定，并在此基础上认定医疗机构是否应承担法律责任。因此，非自愿住院决定的合法性审查应是案件审理的重点。就审查的依据而言，鉴于非自愿住院是《精神卫生法》授予医疗机构实施的强制措施，应根据《精神卫生法》第30条规定的有关非自愿住院的实体条件，以及《精神卫生法》第27条、第29条、第31~35条等条款规定的非自愿住院决定应遵循的基本程序做出合法性认定。

就审查内容而言，则包括实体合法和程序合法两个层面。其中，实体合法的判定依据是非自愿住院决定是否符合法定条件，即《精神卫生法》第30条规定的"精神障碍和危险性"要件。精神障碍要件的认定应围绕诊断主体的资质、诊断依据、诊断结果，以及原告是否有精神障碍，是否属于严重精神障碍患者等因素展开。危险性表现为严重精神障碍患者实施了危害自身或他人安全的行为，或具有危害自身或他人安全的危险。前者是以患者实施了特定的危害行为而直接推定其具有危险性，后者则涉及危险性的预测。

法院在审理过程中应重点考虑以下问题：

（1）哪些危害行为可以作为认定行为人危险性的依据。可通过危害行为的类型、客体、严重程度等因素做出判定。

（2）如何认定"伤害自身或危害他人安全的危险"？在这种情形下，要求法院根据精神障碍患者当前的精神状态及其外在行为认定其是否具有危险性。具体而言，应根据患者所患精神疾病的类型、症状、严重程度、暴力史以及再犯可能性等因素综合做出评判和预测。

程序合法主要通过非自愿住院决定的做出是否遵循法定的步骤、方式和时限来判定，如非自愿住院决定是否经过精神障碍诊断和病情评估？诊断程序是否合法？是否为提出诊断异议的患者提供进一步诊断核查或再次诊断等。

第三章
非自愿住院的程序构造及其完善

第一节　我国非自愿住院的程序构造

由于治疗对象和手段的特殊性，精神医疗向来是备受关注、争议不断的领域。为规范精神卫生服务，维护精神障碍患者的合法权益，各国普遍通过专门立法方式对精神障碍的预防、诊断、治疗和康复等做出规定，其核心是实现对精神障碍诊断、治疗行为的规制。对此，我国《精神卫生法》第3章以专章形式对精神障碍的诊断和治疗做出系统规定，在坚持自愿治疗原则的基础上，规定了精神障碍患者的送诊、诊断评估、入院、治疗和出院等。其中，《精神卫生法》第30条第1款规定了精神障碍患者住院治疗的自愿原则，第2款则进一步规定了非自愿住院的条件，并在后续相关条款就非自愿住院的程序做出了规定。总体而言，我国《精神卫生法》建立了集自愿医疗和非自愿住院于一体的规范体系，初步实现了对精神医疗的法律规制。

一、自愿医疗程序

自愿医疗是指个人在选择就诊地点和就诊方式、接受医学检查和治疗、进行康复活动的全部过程中，享有充分表达自己意愿和自主做出选择的权利。[1]自愿原则是精神医疗的基本原则之一，且为各国法律和联合国《保护精神病患者和改善精神保健的原则》所普遍认可。我国《精神卫生法》也明确规定"精神障碍的住院治疗实行自愿原则"，且这一原则贯穿精神障碍诊疗的全过程。根据自愿原则，精神障碍的治疗与其他生理疾病并无区别，应遵循知情同意原则，在取得患者同意的情况下，方可将其收治入院并采取相应诊疗措施；在治疗期间，患者有权决定是否接受任何一项诊疗措施，并可以随时要求出院，医疗机构不得阻挠。住院治疗的自愿原则也表明只有在法定的例外情形下方可实施精神障碍患者的非自愿治疗，且应符合法律规定的条件和程序。

根据《精神卫生法》的规定，自愿医疗适用于所有精神障碍患者，包括严重精神障碍患者。换言之，除非精神障碍患者符合非自愿住院条件，否则，其治疗均应遵循自愿

---

[1]　本书编写组．中华人民共和国精神卫生法医务人员培训教材［M］．北京：中国法制出版社，2013：8．

原则。相对于非自愿住院，自愿医疗应充分尊重患者本人的意愿，具体表现为：

（1）就诊。精神障碍患者的就诊应尊重本人的意愿，不得以强制方式为之。在实践中，患者可以自行到医疗机构接受诊疗，也可以在他人的协助之下就诊。在后者情形下，他人仅仅是患者就诊的陪伴者或协助者，不得以强制、胁迫或其他不正当方式迫使患者接受诊疗。根据《精神卫生法》第28条规定，协助患者就诊的人可以是患者的近亲属；对查找不到近亲属的流浪乞讨疑似精神障碍患者，民政部门、公安机关等可依照职权帮助患者就诊。

（2）诊断。精神障碍的诊断应当由精神科执业医师依据患者的精神健康状况和法定诊断标准做出。在自愿医疗的场合下，诊断评估中需要采取的医学检查应取得精神障碍患者的同意，医疗机构"不得违背本人意志进行确定其是否患有精神障碍的医学检查"。

（3）入院治疗。经诊断评估，患者需要住院治疗的，医疗机构应通知患者办理入院手续；本人没有能力办理住院手续的，由其监护人办理住院手续；患者属于查找不到监护人的流浪乞讨人员的，由送诊的有关部门办理住院手续。对于自愿住院患者，医疗机构应充分尊重其知情同意权。对此，《精神卫生法》第39条和43条分别规定，医疗机构及其医务人员应向精神障碍患者或者其监护人"告知治疗方案和治疗方法、目的以及可能产生的后果"；对于导致人体器官丧失功能的外科手术和与精神障碍治疗有关的实验性临床医疗，还"应当向患者或者其监护人告知医疗风险、替代医疗方案等情况，并取得患者的书面同意"，"无法取得患者意见的，应当取得其监护人的书面同意，并经本医疗机构伦理委员会批准"。从上述规定看，除了导致人体器官丧失功能的外科手术和实验性临床医疗需要取得患者的书面同意之外，其他治疗只要履行告知义务即可，无须取得患者的同意，它包括某些具有严重副作用的药物治疗、不会导致人体器官丧失功能的外科手术等。[1]

（4）出院。根据《精神卫生法》第44条规定，自愿住院治疗的精神障碍患者可以随时要求出院，医疗机构应当同意。医疗机构认为患者不宜出院的，应当告知不宜出院的理由；患者或者其监护人仍要求出院的，执业医师应当在病历资料中详细记录告知的过程，同时提出患者出院后的医学建议，患者或者其监护人应当签字确认。[2]

二、非自愿住院的条件

非自愿住院，是指违背精神病人意愿所采取的住院治疗措施。我国《精神卫生法》仅规定非自愿住院这一非自愿医疗类型，没有规定非自愿社区治疗（强制社区治疗）等类型，且非自愿住院采取入院和治疗合一模式，非自愿入院即意味着非自愿治疗，非自

---

[1] 值得注意的是《精神卫生法》第42条明确规定："禁止对依照本法第三十条第二款规定实施住院治疗的精神障碍患者实施以治疗精神障碍为目的的外科手术。"具体而言，对非自愿住院的患者，一律不得对其实施以治疗精神障碍为目的的外科手术。

[2] 参见《精神卫生法》第44条。

愿治疗并不受独立程序的审查评估。作为严重限制人身自由的法律措施，非自愿住院应受到法律的严格规制，其具体路径可通过实体和程序两个层面展开：前者在于明确非自愿住院的实体条件，后者则是明确非自愿住院所应遵循的基本程序。

（一）非自愿住院的条件

《精神卫生法》第30条第2款规定："诊断结论、病情评估表明，就诊者为严重精神障碍患者并有下列情形之一的，应当对其实施住院治疗：（一）已经发生伤害自身的行为，或者有伤害自身的危险的；（二）已经发生危害他人安全的行为，或者有危害他人安全的危险的。"根据这一规定，我国确立了以"精神障碍＋危险性"为实体要件的非自愿住院制度。

1. 精神障碍要件

患有精神疾病或精神障碍是非自愿住院的必备要件。由于精神障碍在概念、范围、类型及其认定方面存在一定的不确定性，为避免非自愿治疗的适用对象和范围过于宽泛，各国立法一般都对精神障碍的范围做出一定的限制，从而将非自愿住院的对象限定为患有特定精神障碍的人。具体做法如下：一是对疾病程度的限定，即要求精神障碍达到"严重"的程度，从而将非自愿住院的对象限定为"严重精神障碍患者"；二是采取排除法，将某些精神障碍排除出非自愿住院的范围。

（1）严重程度的限定

精神障碍患者的治疗以自愿为原则，如果患者具有相应的行为能力，其是否接受治疗应最大程度地尊重患者本人的意愿。轻微或非严重的精神障碍患者往往具有同意或拒绝治疗的能力，不应将其纳入非自愿住院的对象或范围。因此，在非自愿住院的实体要件中，有必要将"精神障碍"要件限定为"严重精神障碍"，即精神障碍必须达到"严重"的程度。我国《精神卫生法》明确将非自愿治疗的对象限于"严重精神障碍患者"，并对严重精神障碍的概念做出了定义，[1]但"严重精神障碍"不是一个专业诊断名称，而是一个法律概念。[2]根据2013年7月国家卫生和计划生育委员会颁布的《严重精神障碍发病报告管理办法（试行）》的规定，精神分裂症、分裂情感性障碍、持久的妄想性障碍（偏执性精神病）、双相（情感）障碍、癫痫所致精神障碍、精神发育迟滞伴发精神障碍6种重性精神疾病应当实行发病报告。因此，"严重精神障碍"大致相当于卫生部门所使用的"重性精神疾病"概念。

（2）范围之排除

不同国家和地区立法的一个关键性问题，是明确哪些特定的状况应纳入或排除出非自愿入院。[3]例如，美国不少州将部分疾病明确排除出精神障碍的范围，如佛蒙特州明确规定精神疾病不包括智力障碍（mental retardation），有的州将酒精和物质依

---

[1] 《精神卫生法》第83条第2款规定："本法所称严重精神障碍，是指疾病症状严重，导致患者社会适应等功能严重损害、对自身健康状况或者客观现实不能完整认识，或者不能处理自身事务的精神障碍。"

[2] 本书编写组. 中华人民共和国精神卫生法医务人员培训教材［M］. 北京：中国法制出版社，2013：8.

[3] WHO. WHO resource book on mental health, human rights and legislation [M]. Geneva: WHO Press, 2005: 49.

赖，或将反社会人格障碍，乃至所有人格障碍，排除出精神疾病的定义范围。也有一些州将器质性障碍（organic disorder），如谵妄（delirium）、痴呆（dementia）等排除出精神疾病。[1] 英国《精神卫生法》将酒精、药物依赖和学习障碍排除出精神障碍的范围。中国台湾地区所谓的"精神卫生法"亦明确规定，精神疾病不包括"反社会人格违常者"。

之所以将某些精神障碍排除出非自愿住院的范围，主要是基于两方面的考虑：一是某些类型的精神障碍缺乏明确的诊断标准（如人格障碍），从而可能导致非自愿住院的不当使用，甚至是滥用；二是某些精神障碍缺乏可治疗性，而将这些无治疗可能的精神障碍患者以"治疗"的名义拘禁于精神卫生机构无疑将引发强烈的正当性疑问。我国《精神卫生法》并未明确将某些精神障碍排除于非自愿住院之外，就理解而言，只要是依据法定的诊断标准诊断为医学上的精神障碍，且达到严重程度，无论它属于何种类型，只要对本人或他人具有危险性，即可以对该患者采取非自愿住院。

2. 危险性要件

与多数国家和地区一样，我国《精神卫生法》亦采取危险性标准，且危险性包括对本人的危险和对他人的危险。其中，对本人的危险表现为"已经发生伤害自身的行为，或者有伤害自身的危险"，对他人危险表现为"已经发生危害他人安全的行为，或者有危害他人安全的危险"。换言之，危险性既包括实际发生危害行为，也包括危害行为发生的可能性。前者可直接认定精神障碍患者具有危险性，而后者则应根据患者的精神状态、当前和既往行为等各种因素做出预测。[2] 然而，危险性是一个高度抽象、模糊的概念，尽管《精神卫生法》将其分为对本人的危险和对他人的危险，但何谓"伤害自身的危险"和"危害他人的危险"，以及如何对危险性做出认定，却是捉摸不透、令人困惑的问题。[3]

（1）对本人的危险

在美国，对本人的危险是所有州都规定的危险形式，包括潜在人身损害，有的州更精确地表述为自杀和自残（self-mutilation），也有的州将"精神状况的恶化"[4]"严重失能"[5]"需要治疗"[6]等作为对本人危险的表现形式。对于没有规定"严重失能"标准

［1］ GARY B MELTON. Psychological evaluations for the courts: a handbook for mental health professionals and lawyers [M]. New York: The Guiford Press, 2007: 336.

［2］ 陈绍辉. 论强制医疗程序中危险性要件的判定［J］. 河北法学，2016（7）：114-117.

［3］ 有关危险性的判定及其方法，参见：陈绍辉. 论强制医疗程序中危险性要件的判定［J］. 河北法学，2016（7）：105-119. 陈绍辉. 精神障碍患者人身自由权的限制——以强制医疗为视角［M］. 北京：中国政法大学出版社，2016：192-214.

［4］ 如北达科他州规定，"严重损害风险"包括"精神健康的实质恶化将导致对本人或他人或财产的危险"。参见：N. D. Cent. Code §25-03. 1-02. ARK. CODE ANN. § 20-47-207 (c) (2).

［5］ 如北卡罗来纳州规定，"对本人的危险"包括"在缺乏他人的照护、监督和持续帮助下，行为人不能运用其自制力和判断力处理其日常事务和社会关系，或者不能满足自身的营养、照护、住所和自身安全……"参见：N. C. GEN. STAT. § 122C-3 (11).

［6］ 如阿肯色州规定，"对本人危险"包括"为防止状况恶化，行为人需要接受持续的精神治疗……"参见：ARK. CODE ANN. § 20-47-207 (c) (1)-(3).

的州，其对"本人危险"的界定十分宽泛，包括自杀行为以外可能造成本人严重损害的情形。[1] 在这种情形下，对本人的怠慢与疏忽（neglect of oneself）可视为是对本人的危险。[2] 因此，美国各州对本人的危险界定十分宽泛，包括：①自杀；②自伤；③挑衅他人而导致伤害；④无能力满足生存需求；⑤具有生存能力，但未注意到身体和精神状况的恶化；⑥需要治疗。[3]

我国《精神卫生法》所规定的"伤害自身"应限于自杀和自伤等伤害自身生命健康的行为，但是否包括不予治疗将导致患者不能满足自身需求、无法独立生存、疾病或健康恶化等情形呢？从保障精神障碍患者的健康权和治疗权出发，这种情形下的非自愿住院符合患者本人的根本利益；而国家基于父权主义为防止不能照看自身而处于危险状态的精神障碍患者遭受伤害，也有权对这些患者采取非自愿住院。另外，根据我国《精神卫生法》的规定，对本人危险的精神障碍患者的非自愿住院由监护人行使决定权，因此，适当扩大这种情形下非自愿住院的范围，并不会造成国家对个人自由的过度干预。[4]

（2）对他人的危险

在美国，所有州都允许拘禁对他人具有危险性的精神病人，但各州对危险性的定义宽严不一。规定严格的州，如佛罗里达州，患者近期（near future）有对他人的人身实施严重伤害的实质可能性（substantial likelihood），且患者最近的行为证明其造成或试图造成或威胁造成这一损害。[5] 亚拉巴马州则相反，只要患者对本人或他人具有明确和现实（real and present）的实质损害危险，即可予以拘禁。[6] 更为宽松的表述是"可能对本人或他人造成人身损害"。[7]

对于危害他人的行为，有的州明确规定为"杀人或其他暴力行为"，以及"使他人处于对暴力行为或严重人身损害的恐惧中"的情形，如田纳西州、[8] 缅因州[9] 等；但多数州不做此限定，而是采取较为宽泛的定义，如仅规定对他人的"严重人身损害"或"实质人身或精神伤害"。[10] 同时，对他人危险主要是指对他人造成人身损害的危险，但少数州也包括财产损害的危险，如夏威夷州、明尼苏达州、新泽西州、北卡罗纳州、北

[1] GARY B MELTON. Psychological evaluations for the courts: a handbook for mental health professionals and lawyers [M]. New York: The Guiford Press, 2007: 337.

[2] ALEXANDER SCHERR. Daubert and danger: the 'fit' of expert predictions in civil commitments [J]. Hastings L J, 2003, 55: 54-55.

[3] CHRISTOPHER SLOBOGIN, ARTI RAI, RALPH REISNER. Law and the mental health: civil and criminal aspects [M]. St. Paul: Thomson/West, 2009: 777-778.

[4] 国内有关精神卫生法的医务人员培训教材也认为"伤害自身"不限于自杀，还应包括所有有意或无意可能给患者带来损害结果的行为，如木僵、兴奋躁动、拒食拒饮、长时间不睡眠等。甚至认为"只要存在可能给患者带来损害结果的行为，且拒绝治疗，同样符合'伤害自身危险'的非自愿住院治疗的标准"。参见：本书编写组. 中华人民共和国精神卫生法医务人员培训教材［M］. 北京：中国法制出版社，2013：109.

[5] FLA. STAT. § 394. 467 (1).

[6] ALA. CODE § 22-52-10. 4 (a). A.

[7] IOWA CODE § 229. 1 (20).

[8] TENN. CODE ANN. § 33-6-501.

[9] ME. REV. STAT. ANN. tit. 34B, § 3801 (4-A).

[10] HAW. REV. STAT. § 334-1.

达科他州等。

就理解而言，我国《精神卫生法》规定的对"他人安全的危害"不应仅限于人身损害，还应包括财产损失，但对财产的损害应达到严重的程度，否则不足以将之作为非自愿住院的依据。同时，《精神卫生法》没有对危险程度做出限定，精神障碍患者只要具有"伤害自身或他人安全的危险"，无论危险程度大小，均可采取非自愿住院。从保障精神障碍患者的权利角度出发，有必要对危害程度做适当限定，要求危害达到一定的严重程度。如果仅仅是造成或可能造成轻微的、非严重的损害，不应认定具有危险性。

三、非自愿住院的程序

结合我国《精神卫生法》有关精神疾病诊断和治疗的一般规定，并结合医疗机构有关非自愿住院的实践，我国非自愿住院的程序大致包括以下环节：

（一）送诊

有关送诊的法律依据是《精神卫生法》第28条，其中第1款规定了非紧急情况下的送诊，送诊主体包括疑似精神障碍患者的近亲属、民政等有关部门（针对查找不到近亲属的流浪乞讨疑似精神障碍患者）；[1]第2款规定了紧急情况下的强制送诊，送诊主体包括近亲属、患者所在单位、当地公安机关。[2]值得注意的是，无论是个人自行到医疗机构就诊，还是非紧急情况下和紧急情况下的送诊，如果经医疗机构诊断，患者符合非自愿住院标准，都应依据《精神卫生法》第30条的规定，对患者采取非自愿住院治疗。换言之，那种认为只有紧急情况下的送诊才可以启动非自愿住院的观点，并不符合立法本意。只是在紧急情况下的送诊，送诊人可以采取一定的强制措施，在这种情形下，疑似患者的人身自由不同程度地受到限制。相反，在非紧急情况下的送诊，仍应尊重疑似患者本人的意愿，不得采取强制措施。

对于紧急情况下的送诊应注意以下问题：

（1）对象仅限于具有危险性的疑似精神障碍患者。《精神卫生法》第28条第2款有关危险性的表述与第30条有关非自愿住院的表述完全相同。就理解而言，其内涵、外延和判定标准应该是一致的，但是考虑到送诊的目的在于使患者接受诊断评估，以明确其是否患有精神疾病及是否需要住院治疗，且送诊主体并不具有相关专业知识，无法做出准确的判断。因此，只要送诊主体根据疑似患者的精神症状、外部行为等，有初步证

---

[1]《精神卫生法》第28条第1款：除个人自行到医疗机构进行精神障碍诊断外，疑似精神障碍患者的近亲属可以将其送往医疗机构进行精神障碍诊断。对查找不到近亲属的流浪乞讨疑似精神障碍患者，由当地民政等有关部门按照职责分工，帮助送往医疗机构进行精神障碍诊断。

[2]《精神卫生法》第28条第2款：疑似精神障碍患者发生伤害自身、危害他人安全的行为，或者有伤害自身、危害他人安全的危险的，其近亲属、所在单位、当地公安机关应当立即采取措施予以制止，并将其送往医疗机构进行精神障碍诊断。

据证明疑似患者具有危险性的，为保障患者的健康和避免危害行为的发生，即可采取强制送诊措施。换言之，此处有关危险性的认定应采取较低的证明标准，如优势证据标准；相反，非自愿住院中有关危险性的认定则应采取更高的证明标准，如采取清晰和令人信服的证明标准。[1]

（2）强制送治的主体仅限于近亲属、所在单位和公安机关。上述三个主体分别对在家中、所在单位、公共场所的符合法定情形的疑似患者采取制止措施并送诊，这里所在单位，包括疑似精神障碍患者工作、学习的单位，如职工的用人单位、学生所在的学校。[2]因此，医疗机构工作人员不能护送疑似精神障碍患者到医院接受非自愿就诊和检查。[3]

（二）诊断、评估

从疑似患者到医疗机构就诊，再到医疗机构出具诊断结论并做出是否住院的建议，往往存在一定的期间，在此期间，患者在医院接受诊断评估和观察。这一期间可称为入院观察期。对于强制送诊的疑似精神障碍患者，这一过程可称为"非自愿入院观察"，[4]也有学者将此称为"紧急留院诊断"，[5]它实际上相当于国外普遍规定的紧急非自愿住院。对于精神障碍患者的诊断评估，需要区分自愿就诊的患者和非自愿就诊的患者，前者是指《精神卫生法》第28条第1款规定的入院诊断的患者，对患者的留院观察应取得患者的同意，且患者可以随时出院，医疗机构不可强制留观；后者是指《精神卫生法》第28条第2款规定的强制送诊的患者，根据《精神卫生法》第29条第2款的规定，医疗机构"应当将其留院"，实际上是可以强制留观的。

强制送诊的疑似精神障碍患者的诊断评估主要涉及以下问题：

（1）诊断必须由精神科医师做出，换言之，精神障碍的诊断不得由其他科别的医师做出，但是法律没有对做出诊断的精神科医师的职称、人数做出限制性规定，然而考虑到我国精神卫生资源匮乏的现状，尤其是中西部地区，这一规定又有相当的合理性。

（2）精神障碍的诊断应当依据精神健康状况和相关诊断标准做出。[6]可见，精神障碍的诊断不得受诊断标准以外因素的影响，包括道德、价值观念、政治取向、宗教信仰等。根据《保护精神病患者和改善精神保健的原则》的规定，精神障碍的诊断应以国际接受的医学标准为依据。目前我国多数基层医疗机构使用《中国精神障碍分类与诊断标准（第3版）》（CCMD-3），教学医院多使用《国际疾病分类（第10版）》（ICD-10））。[7]

---

[1]　有关强制医疗的证明标准的探讨，参见：陈绍辉. 精神疾病患者强制医疗的证明标准研究［J］. 证据科学，2014（2）：208-119.

[2]　信春鹰. 中华人民共和国精神卫生法解读［M］. 北京：法律出版社，2012：91.

[3]　本书编写组. 中华人民共和国精神卫生法医务人员培训教材［M］. 北京：中国法制出版社，2013：108.

[4]　本书编写组. 中华人民共和国精神卫生法医务人员培训教材［M］. 北京：中国法制出版社，2013：108.

[5]　刘白驹. 非自愿住院的规制：精神卫生法与刑法［M］. 北京：社会科学文献出版社，2015：663.

[6]　参见《精神卫生法》第27条.

[7]　本书编写组. 中华人民共和国精神卫生法医务人员培训教材［M］. 北京：中国法制出版社，2013：101. 现行《国际疾病分类》为第11版（ICD-11）。

（3）诊断评估的期限。我国法律未明确规定诊断期限，第29条要求医疗机构"及时出具诊断结论"。《精神卫生法》草案曾规定应在"72小时内做出书面诊断结论"，但是立法机关"考虑到精神障碍的诊断是一个科学判断问题，不同精神障碍的诊断时间不尽相同，不宜一刀切，不宜规定一个统一的时限"，[1]从而删除了这一规定。应在合理期限内做出诊断结论，按照国际通行做法，应在72小时内做出诊断结论，疑难案例可以延期留观。[2]

（三）入院决定

根据《精神卫生法》第31条规定，对本人具有危险性的精神障碍患者的非自愿住院需取得监护人的同意，对他人具有危险性的精神障碍患者的非自愿住院由医疗机构决定。医疗机构经诊断评估认为严重精神障碍患者符合第30条规定的非自愿住院条件的，应提出非自愿住院建议或决定。此时，监护人应根据第36条规定为患者办理住院手续。对于仅对本人具有危险性的精神障碍患者，如果监护人不办理住院手续的，医疗机构不得对该患者实施住院治疗；对于对他人具有危险性的精神障碍患者，如果监护人不办理住院手续的，可以由患者所在单位、村民委员会或者居民委员会办理住院手续。如果监护人阻碍实施住院治疗或患者擅自脱离住院治疗的，医疗机构可要求公安机关协助实施住院治疗。[3]

可见，在非自愿入院程序中，医疗机构享有巨大的权力，尤其是对他人具有危险性的精神障碍患者，其非自愿住院完全由医疗机构的一纸诊断决定，因而有必要对医疗机构的权力做出必要的限制。为此，《精神卫生法》第32～34条规定了诊断结论异议的救济途径，即再次诊断和鉴定程序，以"替代国外的'复核委员会'复核的方式，以维护当事人的权益，避免精神病学滥用"。[4]这一规定明显是法学界和精神医学界对强制医疗决定主体巨大分歧的一种折中，不仅最大程度地遵从了传统的医疗行业主导的非自愿医疗模式，也在一定程度上为患者提供了救济途径。

从本质上讲，我国的非自愿入院程序仍然采取典型的"医学模式"，这一模式较为充分地考虑了我国精神卫生服务的理念、传统与现状，也在一定程度上兼顾了尊重和保护患者权利的要求。这一程序模式呈现出以下特点：

（1）非自愿入院决定的二元化。即根据患者的危险类型，规定不同的非自愿入院决定主体。有伤害自身的危险的精神障碍患者的非自愿住院由其监护人行使决定权，[5]未取得监护人同意的，医疗机构不得对患者实施非自愿住院；有危害他人安全的危险的患

---

［1］　信春鹰. 中华人民共和国精神卫生法解读［M］. 北京：中国法制出版社，2012：94.

［2］　本书编写组. 中华人民共和国精神卫生法医务人员培训教材［M］. 北京：中国法制出版社，2013：101.

［3］　参见《精神卫生法》第35条第2款："监护人阻碍实施住院治疗或者患者擅自脱离住院治疗的，可以由公安机关协助医疗机构采取措施对患者实施住院治疗。"

［4］　刘协和. 中国的精神卫生法曙光初现［J］. 上海精神医学，2011（4）：242.

［5］　《精神卫生法》第31条规定："精神障碍患者有本法第三十条第二款第一项情形的，经其监护人同意，医疗机构应当对患者实施住院治疗；监护人不同意的，医疗机构不得对患者实施住院治疗。监护人应当对在家居住的患者做好看护管理。"

者的非自愿入院则由医疗机构决定。

（2）医疗机构在非自愿入院决定中居主导地位，即便是对本人具有危险性的精神障碍患者的非自愿入院，其诊断结论和入院治疗建议对患者的非自愿入院治疗仍具有重大影响。

（3）监护人在非自愿住院程序中发挥重要作用，对本人具有危险性的精神障碍患者的入院由监护人行使决定权。同时，法律赋予监护人在送诊、入院、照护、出院和监管等各个方面十分广泛的权利和职责。

（4）精神障碍患者的非自愿入院不受法院或中立机构的审查，监护人或医疗机构直接行使非自愿入院的决定权。

（四）治疗

对于非自愿入院患者，医疗机构有权对其采取非自愿治疗，但《精神卫生法》没就强制治疗问题做出规定，包括可采取的强制治疗方式、手段等，唯一的规定是禁止医疗机构对非自愿住院患者实施以治疗精神障碍为目的的外科手术。[1] 从域外经验看，定期评估和治疗期限是控制非自愿治疗行为、过程的有效手段，我国《精神卫生法》在这方面仍存在明显不足。

1. 定期评估

定期评估的目的是通过对住院患者的健康状况和治疗情况的评估，以决定是否对患者继续采取非自愿治疗。如经检查评估，认为患者不再符合非自愿住院条件的，应及时释放患者，否则可继续拘禁患者或延长其住院时间。因此，定期评估制度实际上具有监督和救济的功能：就医疗机构而言，定期评估是对治疗的一种监督机制；对住院患者而言，定期评估发挥了对继续非自愿住院的必要性和合法性的审查作用，因而具有权利救济的功能。

我国《精神卫生法》草案曾规定："医疗机构应当组织精神科执业医师定期对非自愿住院患者进行检查评估。"但"定期"一词最终被删除，改为"及时"，但何谓"及时"似乎更多取决于医疗机构的裁量，并不受严格的时间及其间隔的限制。就此而言，我国法律所规定的检查评估制度并非定期评估，而是不定期的评估制度。[2] 这种缺乏强制性的不定期的检查评估制度无疑具有其突出弊端，有必要借鉴域外经验，明确评估的时间及其间隔，如规定医疗机构应在患者入院后每隔2个月定期评估一次。

2. 治疗期限

传统的非自愿住院一般都不受期限的限制，患者能否出院取决于医疗机构根据相关医学标准做出的判断。由于精神医学治疗水平有限，不少精神疾病尤其是慢性精神疾病很难获得有效的治疗，加之精神医疗本身内含防卫社会功能，具有危险性的精神病人很

---

[1]　参见《精神卫生法》第42条："禁止对依照本法第三十条第二款规定实施住院治疗的精神障碍患者实施以治疗精神障碍为目的的外科手术。"

[2]　陈绍辉. 精神障碍患者人身自由权的限制——以强制医疗为视角 [M]. 北京：中国政法大学出版社，2016：294.

难出院，这就造成精神障碍患者住院的长期化，并形成所谓"机构化"现象。在此背景下，很多国家开始采取措施限制住院时间，其方式为通过立法直接规定非自愿住院治疗的期限。例如，加拿大各省都规定了住院期限，但期限长短不一，有的省只有2~3周，多数省为1个月，如需要延期住院则需重新评估并获得许可。在英国，入院评估的期限为28天，入院治疗的期限为6个月。在美国，各州有关民事拘禁的期限不一，一般是3个月至1年，但也有的州采取更短的期限，如得克萨斯州，初始拘禁的期限一般为45天，如果法官认为有必要延长期限，可做出不超过90天的拘禁决定。我国台湾地区非自愿住院的期限为60天。

在我国，精神障碍患者住院长期化是一个普遍的严重问题。相关个案研究表明，有的医院的住院患者的平均年龄达53岁，平均住院时间长达126.6月，即10年以上。[1]另一精神病专科医院的调查显示，该院住院患者为440例，连续住院3年以上的精神障碍患者共295例，占医院患者总数的67%。在295例长期住院患者中，有288例可以在医院外生活或康复的患者却仍然滞留在医院，占当时医院患者总数的65.5%。[2]可见，《精神卫生法》的实施并没有缩短精神障碍患者住院时间和增加其出院机会。导致住院时间的长期化及出院难的原因很多，其中，《精神卫生法》所采取的不定期住院制度恐怕难辞其咎。正是非自愿住院不受期限限制，使得医疗机构和监护人可以无限期延长精神障碍患者住院时间，且无须承担任何法律后果。因此，从促进治疗、缩短住院时间和避免"机构化"出发，我国《精神卫生法》宜规定非自愿住院的期限，首次住院的期限以6个月为宜。

（五）出院

根据危险性类型的不同，我国《精神卫生法》对不同的非自愿住院患者的出院规定了不同的程序。对于具有伤害自身危险的非自愿住院患者，监护人可以随时要求其出院，医疗机构不得阻挠。这一权利与监护人同意住院的权利是一致的，但是对于患者应当继续住院，监护人却要求出院的情形，这一制度设计明显不利于保障患者本人的健康利益；相反，当患者经治疗不再符合非自愿住院条件而应出院时，如果监护人不同意出院或拒绝办理出院手续，此时又可能出现出院难的问题。在实践中，精神病院"积压"大量的长期住院患者，与家属或监护人拒绝办理患者出院手续不无关系。[3]

对于具有危害他人危险的非自愿住院患者，其出院则需取得医疗机构的同意。根据《精神卫生法》第44条第4款的规定，医疗机构认为患者可以出院的，应当立即告知患者及其监护人，[4]由患者本人或监护人办理出院手续。

我国《精神卫生法》没有规定住院的期限，也未规定非自愿住院的定期审查制度。

---

[1]　罗丽新，廖湘交，谢志妹，等.《精神卫生法》实施后精神病人长期住院原因调查[J]. 中国健康心理学杂志，2014（12）：1771.

[2]　殷濛濛，侯国权，张宴萍，等. 精神卫生中心长期住院患者现状调查分析[J]. 上海医药，2018（12）：14-15.

[3]　杜茂林. 被积压的精神病"犯人"[N]. 南方周末，2019-4-25.

[4]　该规定也适用于对本人具有危险性的非自愿住院患者。

患者一旦被非自愿住院，事实上也就形成了不定期拘禁。《精神卫生法》第44条第5款规定了检查评估制度，要求医疗机构应根据患者的病情，及时组织精神科执业医师对非自愿住院患者进行检查评估，并根据检查评估结果，决定患者是否应继续住院。但这一规定没有明确医疗机构进行检查评估的期限及其间隔，缺乏应有的强制性，因而有进一步完善的空间和必要性。

第二节　非自愿住院程序的完善及其路径

从保护患者本人的健康权益和社会公共利益角度出发，对拒绝治疗的精神病人采取非自愿住院措施无疑具有必要性与合理性。然而，非自愿住院作为严重剥夺公民人身自由的行为，其对人身自由的限制程度及其消极影响可能并不亚于刑罚。一旦偏离人权保障的轨道，或一味出于防卫社会之目的，非自愿住院很可能沦为社会控制的手段，甚至"成为包括公权力在内的强势群体'合法、合理'地侵犯公民权利的'理想选择'"。[1]因此，非自愿住院与人身自由之间始终存在难以消解的紧张关系，如何在权利保障与公权力的干预及公共利益之间达成平衡是立法和实践中需要认真对待和考量的难题。本节通过梳理非自愿住院制度在我国的演进发展，分析以防卫社会为取向的非自愿住院模式的确立过程及其内在困境，并进一步指出《精神卫生法》所确立的非志愿住院程序存在的不足及其完善路径。

一、我国非自愿住院制度的发展变迁及其内在困境

（一）精神疾病的控制：从家庭隔离到强制医疗

精神疾病是一个古老而充满争议的话题，或许有人类以来，这种疾病就以不同形式出现，对精神病和精神病人的控制也就成为人类永恒的难题。在中国古代，"狂""癫狂""躁""谵妄"等被视为精神异常行为。《黄帝内经·灵枢》对精神疾病的症状详加描述："狂始发，少卧不饥，自高贤也，自辨智也，自尊贵也，善骂詈，日夜不休……"[2]《黄帝内经·素问》的描述则更为形象："病甚则弃衣而走，登高而歌，或至不食数日，逾垣上屋，所上之处，皆非其素所能也……其妄言骂詈、不避亲疏而歌者……"[3]值得注意的是，中医学对精神病的认识与解释与其他疾病没有任何区别，如将疯癫的病因归结为七情六淫，以及疫疬伏气对人体的侵袭，将其病理阐释为阴阳失调、脏腑失调、经络失调或气血失调等。[4]因此，对于古典中国医学来说，

[1]　姚丽霞. 以法律层面的立法完善精神病人强制治疗程序［J］. 法学评论，2012（2）：127.
[2]　《黄帝内经·灵枢·癫狂第二十二》。
[3]　《黄帝内经·素问·阳明脉解篇第三十》。
[4]　李清福，刘渡舟. 中医精神病学［M］. 天津：天津科学技术出版社，1989：4.

区别肉体与精神，把它们看成相异的东西是不可思议的，类似行为失调的癫狂症状被认为只是生理机能失调的一种表现，在中国，没有发现把疯癫原因归结为道德堕落的伦理性行为的医疗记录，这与18世纪晚期英国乃至西方国家把疯癫与道德相联系起来加以考虑的取向是迥然有别的。[1]这或许是中国古代对精神病人的处置不同于西方国家的原因之一。

在近代以前，对精神病人的处置"始终摇摆于'法律空间'和'家庭空间'之间"，并未形成类似西方中世纪以来的独立的"医疗空间"，而且"不论摇摆到哪一类空间之中，疯癫禁闭都是从社会安全与稳定的角度出发而实施的，与医学意义上的疾病治疗无关。"[2]也就是说，家庭和家族社区始终承担着禁闭和管制精神病人的功能，只有在家庭已全无能力控制疯人的情况下，才会考虑转移至法律空间中进行监督，后者则是由官府将精神病人关入监狱。或许是医学模式的不同，[3]但中国古代从未建立对精神病人集中管理和治疗的"医疗空间"，不论是医院，还是收容居无定所的流浪者的"收容院"或"救济院"。值得注意的是，中国并非没有对疾病的隔离传统，例如，对于麻风病病人的隔离，早在明朝中后期，闽粤地区就开始建立麻风病院，集中收治麻风病病人，并且限制他们的行动。[4]为何同时期以来没有形成对精神病人的隔离制度及其组织形式呢？个中原因恐怕在于相对于传染病的群发性和传播性，精神病的发病具有个体性，传统的家庭和宗族能够发挥隔离禁闭的功能，使其不至于危害社会，儒家伦理和宗族思想也难以接受将患者送至家庭之外的陌生空间接受治疗或监护的做法；同时，中医的个体执业以及尚未实现专业分化的特点，也导致近代以前中国社会没有出现医院这类组织形式，更没有出现过类似西方历史上那种对精神病人进行集中监护与隔离的组织或结构。

医院这种组织化、机构化的医疗形态是近代西方医学进入中国之后新出现的事物。中国第一家精神病院是1898年美国人约翰·克尔在广州创立的"芳村惠爱医癫院"。根据杨念群教授的研究，这家医院自正式接纳第一个病人起，基本上是为私人家庭的患者服务的，与地方和公共机构没有什么关联。但在1904年之后，这家医院开始接受官府输送的病人，由此开始了与官府长达23年的合作。芳村惠爱医癫院实际经历了一个从注重个人精神病治疗向作为国家安全控制系统的分支机构转变的过程，精神病院成为维护地方安全、监控社会秩序的一个政治性环节。[5]或许我们不应忽视这一转变，它意味着现代精神医学开始以疾病诊断与治疗的形式参与重整中国社会秩序的行动，精神病院

[1]　杨念群. 再造"病人"——中西医冲突下的空间政治（1832—1985）[M]. 北京：中国人民大学出版社，2010：76.
[2]　杨念群. 再造"病人"——中西医冲突下的空间政治（1832—1985）[M]. 北京：中国人民大学出版社，2010：76.
[3]　中国传统医生的行医方式，以走村串户（游医）、自己开诊所（及出诊）、坐堂三种形式为主，疾病的治疗一般是在患者的家庭空间并在其亲属的"注视"之下进行。即便是在诊所内看病，患者后续的康复、护理也是由家庭承担，并未出现集预防、治疗、康复与护理于一体的现代意义上的医院。
[4]　梁其姿. 面对疾病——传统中国社会的医疗观念与组织[M]. 北京：中国人民大学出版社，2012：301-307. 梁其姿. 麻风隔离与近代中国[J]. 历史研究，2003（5）：3-14.
[5]　杨念群. 再造"病人"——中西医冲突下的空间政治（1832—1985）[M]. 北京：中国人民大学出版社，2010：84-85.

也就兼备治疗与防卫社会的双重功能。如此，对精神病人的社会控制方式亦发生质的变化：由传统的家庭拘禁与隔离转变为以医学的名义进行的非自愿治疗。非自愿住院表面上是对精神病及其危险行为的控制，但实质上是通过对精神病人人身自由的剥夺，以实现对社会秩序与安全的维护。这样，精神病院不仅成为治疗疾病的场所，更发挥着社会控制的重要功能。就此而言，我们就能够更好地理解1949年之后兴起的精神卫生运动及其背后的动力机制。

（二）以防卫社会为取向的非自愿住院模式的确立及其发展

从1949年到"文化大革命"结束，国家以高度的热情"拯救"异常的个人，精神病医院迅速扩张，精神病人被大量"发现"。中华人民共和国成立初，全国5亿人口，仅有五六十个受过正规训练的精神科医生，5个精神病医院，不到1100张床位，主要分布在沿海城市；到1958年，全国已有49所精神病医疗机构，床位11159张，规模增长了9倍。[1]精神病医院模式的确立，主要基于两方面的功能需求：一是控制、管理社会上散在的精神病人，构建统一的社会秩序；二是治疗隔离出的病人，改善其社会功能，使其更快、更好地回归社会建设秩序之中。[2]为实现上述目标，就需要不断构建精神疾病的收容和控制网络，对侵犯社会秩序的精神异常者实行统一安排和管理。因此，中华人民共和国成立后逐步形成了卫生、公安、民政三个系统共同协调、分工合作的精神医疗体系，这一体系一直延续至今，并构成当前精神卫生服务体系的基本格局。其中，以卫生部门主办的精神病院为主体，承担精神疾病的治疗并兼具社会管理职能；民政部门设立的精神病院统一命名为"民康医院"，承担在服役期间患精神疾病的复员、退伍军人的救治工作，另外收治无劳动能力、无生活来源的精神病人；公安机关主办的"安康医院"以严重肇事、肇祸精神病人为收治对象，主要发挥监护职能，并辅之以治疗。三大系统的精神卫生机构分工合作、相互协作共同构筑起精神疾病的社会控制网络，通过对精神病人的强制收治、监控消除其危险性，以维护社会秩序与公共安全。另一方面，为加强精神病医院的作用范围和力度，需建立纵向的精神卫生社区防治网。在精神病医院的指导下，持续监控社区人口的精神健康状况，不断地主动发现病人，予以治疗和管理，从而维护社会秩序，并积极促进精神病人的社会功能康复。[3]

可见，我国精神病人的强制收治主要是出于社会管理与控制的目的，认为"精神病人肇事，已成为危害人民群众生命财产和国家建设的一个严重社会问题，是当前社会治安一个不可忽视的方面"，[4]这就要求"对严重危害社会治安的精神病人予以强制收治"，开展"对精神病人的管治工作"。[5]因此，对于具有社会危险性的精神病人，应通过强

---

［1］　李响. 福柯也解决不了的"思想问题"［J］. 中国新闻周刊，2009（23）：34.

［2］　贾西津. 心灵与秩序：从社会控制到个人关怀［M］. 贵阳：贵州人民出版社，2004：226.

［3］　贾西津. 心灵与秩序：从社会控制到个人关怀［M］. 贵阳：贵州人民出版社，2004：226-227.

［4］　公安部. 全国公安机关第一次精神病管治工作会议纪要（［88］公发5号），1988-01-29.

［5］　卫生部、民政部、公安部. 关于加强精神卫生工作的意见，1987-4-20.

制隔离治疗消除其人身危险性，从而达到维护社会公共秩序与安全的目的。公共安全、社会秩序成为对精神病人进行强制治疗的正当性基础，患者本人的自主权和人身自由已显得微不足道，甚至被否定和拒斥。但随着20世纪80年代以来市场经济发展所带来的社会主体的多元化和权利意识的高涨，传统的精神医疗模式面临巨大的冲击。例如，隶属于卫生部门的精神病医院获得更加独立的地位，并逐渐回归为面向医疗市场收治患者的医疗机构。在精神疾病诊断、治疗过程中，独立的医学专业权威逐渐形成，医学标准而非行政主导的标准获得主导地位。在此背景下，精神障碍患者的主体地位和基本权利逐步获得肯定，但非自愿住院与人身自由权二者之间的关系更为紧张。

（三）非自愿住院制度的内在困境

1. 非自愿住院的正当性

关于精神障碍患者的非自愿住院，由于它强烈冲击了个人自由及选择权利而成为精神卫生领域中颇具争议性的话题，并且承载着因政治、社会及其他动机而被滥用的风险。[1]不少人，包括一些国际组织，强烈反对任何情况下的非自愿治疗，认为个人自决权包括对健康的处分和治疗的自主选择权，非自愿住院是对精神病人个人自由的粗暴干预。但多数国家的立法都确认了非自愿住院的必要性，一些国际性的人权文件，如联合国《保护精神病患者和改善精神保健的原则》（1991）、《保护人权和基本自由的欧洲公约》（1950）以及《夏威夷宣言》（1977）等，都在一定条件和范围内认可了非自愿住院。尽管对精神病人采取非自愿住院措施涉及对人身自由的限制，但承认其合法性仍是必要的，其根源在于这项措施具有其内在的正当性与合理性，即保障精神病人健康权和公共利益的双重需要。

一是保障患者健康权。不少精神病人，特别是严重精神障碍患者，由于缺乏自知力，往往拒绝接受治疗，如不对其采取措施，强迫其接受治疗，将严重危及他们的生命健康。正是基于对患者健康利益的保护，才有必要对精神病人的医疗自主权进行干预和限制。但患者的健康似乎并不足以构成非自愿住院的正当性基础，很多疾病（如癌症、糖尿病、急性阑尾炎等），如果不及时治疗，都将严重危及患者的健康，但如果没有取得患者的有效同意，仍不能进行非自愿治疗。那么，对精神疾病的治疗予以干预的特殊性何在？在英国，理论上将之归结为精神障碍患者缺乏自知力（lack of insight），只有在精神障碍患者被视为缺乏相关行为能力，国家为保护患者的最大利益才可以对其治疗予以干预。[2]在美国，非自愿入院传统上因政府行使"国家监护权"而获得正当性。当个人没有决定其最大利益的行为能力时，这一权力允许政府替代患者做出决定以避免其利益遭受损害。[3]在德国，基于基本权利的客观价值秩序功能，"国家不仅应'尊重'

---

［1］　世界卫生组织. 精神卫生、人权与立法资源手册［R］: 日内瓦: 世界卫生组织，2006: 65.

［2］　KATE DIESFELD, IAN FRECKELTON. Involuntary detention and therapeutic jurisprudence [M]. Aldershot: Ashgate Publishing Limited, 2003: 58-59.

［3］　KATE DIESFELD, IAN FRECKELTON. Involuntary detention and therapeutic jurisprudence [M]. Aldershot: Ashgate Publishing Limited, 2003: 29.

人民之自由，不妄加干预，尚应采取各种不同的防范措施，以创设并确保人民行使自由之'客观条件'，达到'保护'人民权利之目的。"[1]这就要求国家不仅应尊重公民生命健康权，还对该权利承担积极的保护义务，即"在公民基本权受到第三方侵犯或威胁时，国家还负有义务为其提供保护"；[2]同时，国家还对公民的健康权承担积极的给付义务，以促进和实现公民的健康权。因此，为避免公民的健康遭受疾病的侵害，国家应履行相应的积极义务，包括建立医疗服务体系、为公民提供医疗保障和医疗救助，对拒绝治疗的精神障碍患者予以治疗，包括在必要时采取强制治疗措施。

二是维护公共利益。部分精神障碍患者有较大的人身危险性，如果不对其采取一定的措施，会对社会治安秩序和公众安全造成极大的威胁，[3]将精神病人强行收治，在治愈其疾病的同时消除其人身危险性，以维护社会公共秩序与安全。问题在于何种情况下对公共利益的保护优于对个人自主权的尊重？其正当性何在？有学者认为，只有当精神障碍患者对他人的危险是现实的、即刻的、严重的时候，公共利益的保护才能优先于个人的自主权；同时，还要求这种干预能取得良好的效果，即患者的疾病具有治疗的可能性，才能基于公共利益对精神障碍患者采取非自愿住院。[4]尽管这种观点可能存在一定的争议，但将危险性和治疗可能性作为非自愿住院的必要条件，能够避免以公共利益为名将精神病人强制入院而不予以适当治疗，从而将非自愿住院扭曲为限制精神病人人身自由的隔离措施。

就我国而言，随着生活节奏、工作压力的加大以及社会关系的复杂化，精神疾病已成为我国日益严重的社会和公共卫生问题。据统计，我国重性精神病患者的人数超过1600万，其中只有20%的患者能够得到住院治疗，另外约1300万人流散在社会中，得不到有效的治疗。[5]大量精神障碍患者因无法接受治疗而流落于社会，不仅严重危害患者本人的健康，也给社会安全和秩序带来严重隐患。调查表明，精神疾病是导致自杀的重要因素，60%的自杀死亡者和40%的自杀未遂者在自杀时患有严重的精神疾病，包括抑郁症、强迫症、焦虑症、恐怖症等。[6]同时，精神障碍患者肇事、肇祸、危害他人人身安全和社会秩序的事件时有发生，由精神障碍患者实施的凶杀占凶杀案件总数的7.8%~14%，在凶杀案的精神病司法鉴定案例中，与精神病理因素有关的占60%，暴力行为与精神疾病之间存在着特殊联系。[7]因此，从保障精神病人的人身健康权和社会公共安全与秩序出发，对精神病人采取非自愿治疗无疑具有必要性和正当性，这也是非自愿住院在实践中普遍实施的内在逻辑基础。

[1] 李建良. 宪法理论与实践（一）[M]. 台北：学林文化事业有限公司，1999：74.
[2] 赵宏. 作为客观价值的基本权利及其问题[J]. 政法论坛，2011，29（2）：64.
[3] 王伟. 精神病人强制医疗制度研究[J]. 法律与医学杂志，2003，10（3）：172.
[4] KATE DIESFELD, IAN FRECKELTON. Involuntary detention and therapeutic jurisprudence [M]. Aldershot: Ashgate Publishing Limited, 2003: 62-63.
[5] 殷大奎. 齐心协力，脚踏实地，全面推进新世纪精神卫生工作——全国第三次精神卫生工作会议报告[J]. 中国心理卫生杂志，2002（1）：4. 蔡如鹏. 一部法与13亿人的精神健康[J]. 中国新闻周刊，2007（13）：28-29.
[6] 王健.《精神卫生法》渐行渐近[J]. 法律与生活，2005（11）：14.
[7] 郭文婧. 政府不能任由精神病人散落民间[N]. 中国青年报，2010-04-14.

2. 非自愿住院的合法性困惑

就法律属性而言，非自愿住院并没有取得患者的同意，其治疗过程直接限制了公民的人身自由权，应属于限制人身自由的强制措施。[1]我国《宪法》第37条规定："中华人民共和国公民的人身自由不受侵犯。""禁止非法拘禁和以其他方法非法剥夺或者限制公民的人身自由，禁止非法搜查公民的身体。"因此，对人身自由的限制必须依法进行，这里的"法"仅指全国人民代表大会及其常务委员会制定的法律。根据我国《立法法》第8条规定，限制人身自由的强制措施和处罚只能制定法律。可见，任何对公民人身自由的限制都属于法律保留事项，如果需要对公民的人身自由施加限制，必须具有法律上的依据，并依照法定条件和程序进行。

作为限制人身自由的强制措施，非自愿住院理应受到法律的严格约束，但现实的难题是，由于立法的缺失，非自愿住院长期脱离法律的严密控制，从而面临严峻的合法性困境：

（1）送治人的泛化与无限扩大。不仅近亲属、公安机关、民政部门、法院可以将精神病人强制送至医院，精神病人所在单位、村民委员会、居民委员会、地方政府、信访部门、维稳部门等均可将精神病人强制送治，从而难以避免送治权的滥用和"被精神病"事件的发生。[2]

（2）非自愿住院的实体标准缺失，使强制收治的对象呈扩大趋势，包括轻微精神病人、疑似精神病人甚至健康的人都可以被非自愿住院，这与国际社会通行的"有伤害自己或他人的行为或危险"标准不符，违背了比例原则的基本精神。[3]

（3）由于欠缺严格的程序规范，非自愿住院的实施几乎不受法律的约束和监督，医疗机构的一纸诊断书即可将精神病人予以无限期拘禁。被收治的精神病人无权启动终止非自愿住院的程序并获得相应的法律救济。可见，由于缺乏严格的程序规制，我国非自愿住院的实施具有很大的任意性和主观性，对精神障碍患者的非自愿治疗可能因违背正当程序原则而有任意拘禁之嫌。

从保护精神病人的健康利益和公共利益出发，非自愿住院无疑具有其正当性与必要性，但从实践看，由于立法的缺失，非自愿住院却始终处于无法可依、合法性缺失的尴尬境地。同时，非自愿住院制度本应具有保障患者健康和公共利益的双重作用，二者不可偏废，不可以将"公共利益"作为非自愿住院首要的甚至是唯一的价值取向，而忽视对患者健康权及人权的保护。因此，作为一项法律措施，应将非自愿住院纳入法律规制的范围，明确非自愿住院的实体和程序规范，从而在根本上消除其内在的合法性困境。

二、非自愿住院的合法化及其局限

2012年10月26日全国人民代表大会常务委员会通过的《精神卫生法》首次对精神

---

[1] 陈绍辉. 精神病人强制医疗法律制度研究［J］. 南京中医药大学学报，2010（2）：91-95.
[2] 刘东亮. "被精神病"事件的预防程序与精神卫生立法［J］. 法商研究，2011（5）：51-56.
[3] 房国宾. 精神病强制医疗与人权保障的冲突与平衡［J］. 中国刑事法杂志，2011（7）：68.

病人强制治疗制度做出规定，并规定了精神病人强制治疗的基本程序，包括送诊、诊断（包括复诊和鉴定）、治疗和出院等，从而实现了非自愿住院措施的合法化和规范化。

（1）明确规定了非自愿住院的适用条件，即以严重精神障碍患者有伤害自身或他人安全的行为或危险为非自愿住院治疗的前提条件。

（2）明确规定精神障碍的诊断由精神科执业医师做出，并授予医疗机构对符合非自愿住院条件的患者采取非自愿住院措施。

（3）规定了精神障碍诊断的异议和救济程序。《精神卫生法》第32条规定，精神障碍患者或者其监护人对非自愿住院诊断结论有异议，可以要求再次诊断和鉴定。对再次诊断结论有异议的，可以自主委托依法取得资质的鉴定机构进行精神障碍医学鉴定。

（4）规定了非自愿住院的终止及其程序。即对于因"有危害他人安全的危险"而被收治的患者，医疗机构评估认为可以出院或"不需要继续住院治疗的"，应当立即通知患者及其监护人办理出院手续。可见，我国《精神卫生法》将精神障碍患者的非自愿住院决定权，授予给医疗机构及精神科执业医师，并建立起以医学专业为主导的非自愿住院程序。相对于多数国家所采取的由法院或中立机构依据司法程序或准司法程序决定精神病人的非自愿住院程序，我国《精神卫生法》所确立的非自愿住院程序可称之为"医学模式"，这种模式充分发挥了医疗机构和精神科医师的专业优势，在人身自由、健康权益与公共利益的价值冲突中，倾向于诊断、治疗的效率和公共利益的保护。同时，《精神卫生法》也充分肯定了精神障碍患者享有的基本权利，并对非自愿住院的对象、条件和程序进行严格限定，从而最大程度地限制了非自愿住院的适用范围。非自愿住院的防卫社会功能明显淡化，精神障碍患者的人身自由与自主权获得更大程度的尊重和保护。

我国《精神卫生法》所规定的以医学专业为主导的非自愿住院模式，较为明显地考虑了精神医学的特点、精神卫生体系的现状以及传统文化与观念，并充分体现了医疗界的观点。[1]这种模式沿袭了以往由医疗机构决定非自愿住院的传统，符合现有的精神医疗模式和精神卫生体系的现状，且操作简便、运行成本低廉，但这种模式也存在较为突出的弊端：

（1）非自愿住院作为限制人身自由的法律措施，由医疗机构行使非自愿住院决定权将使非自愿住院脱离法院或独立审查机构的控制。非自愿住院的医学模式固然发挥了医疗行业的专业优势，提高了非自愿住院决定的效率，使患者能够及时获得治疗。然而，非自愿住院决定不仅涉及医学判断（是否患有严重精神障碍），还涉及法律判断（如危险性），尤其是非自愿住院事关人身自由的剥夺与限制，涉及精神障碍患者的基本权利，已绝非纯粹的医学问题，理应由司法机关或中立机构依据法定程序做出决定。

（2）由于欠缺中立机构的审查和法律救济途径，我国《精神卫生法》将精神医学

[1] 我国精神卫生法立法历时27年，草案主要由精神卫生专家主导完成。即便是2011年9月国务院提交给全国人民代表大会常务委员会讨论的草案也是由卫生部组织以精神医学专家为主的人员拟定的"部门稿"，但也有精神医学专家认为"部门稿"的内容其实早已被各方意见和建议改变得面目全非，医学界的观点反而很难被采纳。参见，谢斌. 中国精神卫生立法进程回顾［J］. 中国心理卫生杂志，2013（4）：247-248.

鉴定作为救济手段，并赋予鉴定结论终局效力，这明显与鉴定结论的证据属性相悖，也"没有分清技术问题与法律问题的界限，把司法鉴定手段看成既解决科学问题，又解决法律问题的全能方法"。[1]鉴定结论作为证据的一种，直接由法律规定具有终局效力并作为非自愿住院的最终依据，不仅不合理，也不利于个人权利的保护[2]。

　　（3）以精神障碍医学鉴定作为诊断结论异议的救济机制，将导致对诊断异议的司法救济程序的架空或虚置。换言之，精神障碍患者对医疗机构诊断结论的异议无法直接启动司法救济程序，[3]而只能申请再次诊断或精神障碍医学鉴定。因此，我国非自愿住院制度最为突出的弊端是非自愿住院决定缺乏中立机构的审查和监督，非自愿住院的实施缺乏严密的程序制约，从而不足以保障精神病人的人身自由等基本权利，并且不足以防止非自愿住院权的滥用。

三、非自愿住院制度的完善

　　非自愿住院具有医学关怀的追求，但本质上是对精神病患者人身自由的剥夺。[4]而人身自由作为公民最重要的一项权利，是公民享有和行使其他权利和自由的前提。[5]因此，对人身自由的限制应受到严格的法律程序的规制。对此，联合国《公民权利与政治权利国际公约》第9条第1款规定"人人有权享有人身自由和安全。任何人不得加以任意逮捕或拘禁。除非依照法律所确定的根据和程序，任何人不得被剥夺自由。"该公约并不禁止剥夺人身自由，而是反对任意的和非法的剥夺。"这就要求国家立法机关准确地界定允许剥夺自由的情况及适用的程序，并使独立的司法机关有可能在行政机关或执法公务人员任意或非法剥夺自由时采取迅速的行动。"[6]

　　对精神病人的强制治疗无疑属于公约规定的"拘禁"的范畴，而出于公共利益和患者本人健康利益的维护，其对人身自由的限制无疑具有正当性和必要性。因此，问题的关键不在于能否限制精神病人的人身自由，而是如何为当事人提供充分的程序保障，以避免其权利受到不当限制。因此，以非自愿住院方式限制人身自由应符合以下要件：

---

[1]　孙大明. 精神卫生立法中鉴定条款的改进及相关问题研究——以精神卫生法草案为基础[J]. 中国司法鉴定，2011（4）：38-40.

[2]　戴庆康，葛菊莲. 精神障碍患者保安性非自愿住院的主体与标准问题研究[J]. 南京医科大学学报（社会科学版），2013（3）：191-197.

[3]　在《精神卫生法》草案审议过程中，有全国人民代表大会常务委员提出，非自愿住院治疗的严重精神障碍患者对需要住院治疗的诊断结论或鉴定报告有异议的，应当有救济手段。但全国人民代表大会法律委员会经研究认为，草案三次审议稿第82条已经明确规定"精神障碍患者或者其监护人、近亲属认为行政机关、医疗机构或者其他有关单位和个人违反本法规定侵害患者合法权益的，可以依法提起诉讼。"患者或者其监护人对需要住院治疗的诊断结论或鉴定报告有异议的，可依据该条向人民法院提起诉讼。但第82条的救济明显以医疗机构的行为侵害患者权利为前提，而非诊断结论的异议机制，即患者只要对诊断存在异议即可向法院提起诉讼。信春鹰. 中华人民共和国精神卫生法解读[M]. 北京：法律出版社，2012：318.

[4]　陈卫东，程雷. 司法精神病鉴定基本问题研究[J]. 法学研究，2012（1）：175-176.

[5]　周伟. 保护人身自由条款比较研究[J]. 法学评论，2004（4）：65.

[6]　曼弗雷德·诺瓦克. 民权公约评注：联合国《公民权利和政治权利国际公约》[M]. 毕小青，孙世彦，等译. 北京：生活·读书·新知三联书店，2003：160.

（1）为避免人身自由的过度限制，非自愿住院的对象仅限于对本人或他人具有危险性的严重精神障碍患者。

（2）非自愿住院应符合最小限制原则。即只有在没有比住院治疗更小的限制替代措施的情况下，方可适用非自愿住院。最小限制原则要求政府以最小损害的方式追求其目标，以避免不必要地侵害个人的重大利益。[1]具体而言，如果患者能够在其他更小限制的环境下接受治疗，就不应该将其非自愿住院，从而最大限度地保障其人身自由，促使其更好地融入社会、恢复健康。

（3）以强制治疗方式剥夺人身自由应遵循正当法律程序的基本要求。正当法律程序源自英国法的自然正义原则，其包含两项最基本的程序规则：任何人不能做自己案件的法官；任何人在受到不利处分前，应为其提供公正的听证机会或其他听取其意见的机会。[2]非自愿住院作为剥夺人身自由的措施，应为当事人提供最低限度的程序保护，包括中立的裁决、获得律师代理、辩护、提交证据和质证的权利等。然而，缺乏中立机构的裁决和公正的程序，依据医疗机构或医师的诊断即可决定将精神病人非自愿住院，是否违反正当法律程序而构成"任意"之剥夺，则不无疑义。因此，基于人身自由之保障，有必要进一步完善我国非自愿住院制度，其中的核心是重构非自愿住院决定程序，实现非自愿住院决定程序的司法化。

（一）非自愿住院的决定程序及其模式分析

精神病人强制收治的决定应由谁做出？是医疗机构及精神科执业医师，还是法院或其他独立机构？这是各国精神卫生立法与实践中众说纷纭、备受争议的问题。基于对非自愿住院性质的不同认识和非自愿住院制度的不同价值取向，各国的非自愿住院程序大致可以分为两种模式：医学模式和法律模式，前者将非自愿住院的决定权赋予给医疗机构及精神卫生从业人员，并建立以医学专业为主导的非自愿住院程序，我国《精神卫生法》即采取这种模式；后者将非自愿住院纳入司法程序或准司法程序，医疗机构的强制治疗建议经法院或中立的机构裁决或审查后，精神病人方可被强制收治，美国、德国、日本、英国等多数国家均采取该模式。

在20世纪中期之前，世界各国普遍对精神障碍患者的非自愿住院采取医学模式。例如，在19世纪的美国，非自愿治疗的程序十分简单，通常只需要一名或两名医生同意，即可将患者非自愿住院，"法律程序被视为毫无必要且不利于治疗。"[3]结果是大量精神障碍患者被收治于州立精神病院，不仅得不到有效治疗，且境况极为恶劣，甚至有的人被家人和医生共谋投入精神病院。[4]在此背景下，改革非自愿住院制度的呼声日渐

---

[1] DAVID ZLOTNICK. First do no harm: least restrictive alternative analysis and the right of mental patients to refuse treatment [J]. W L REV, 1981 (83): 381.

[2] 吕新建. 行政法视域下的正当程序原则探析［J］. 河北法学，2011（11）：166.

[3] MICHAEL L PERLIN. Mental disability law : civil and criminal (volume 1) [M]. Virginia: Lexis Law Publishing, 1998: 54-55.

[4] PAUL S APPELBAUM. A history of civil commitment and related reforms in the United States: lessons for today [J]. Developments in Mental Health Law, 2006 (25): 16.

强烈，很多州在19世纪后期开始规定对非自愿住院实行司法审查。随着人权保护运动的兴起，尤其是认识到非自愿住院对个人权利的严重剥夺和由此带来的消极影响，20世纪50年代以来，非自愿住院医学模式被彻底抛弃，取而代之的是给予精神障碍患者近乎刑事被告的程序保护，包括法院听证、获得律师代理、对抗式听证的权利，如陈述权、提交证据、申请证人出庭、对证人交叉询问以及不公开听证等。[1]当前，几乎所有美国州都规定除紧急情况下的短期拘禁之外（一般不超过72小时），非自愿住院都必须经法院听证决定，少数州还规定患者有获得陪审团审理的权利。[2]

从目前看，多数国家和地区的非自愿住院均采取法律模式，即由法院或中立机构决定精神病人的非自愿治疗，其价值取向是保障精神障碍患者的基本权利，避免将非自愿住院沦为社会控制的手段。以德国为例，法院在精神障碍患者的安置程序中发挥着决定性作用。根据德国法律的规定，除非治疗期限不超过24小时，否则医院对精神病人超过24小时的安置必须获得法院的许可。[3]日本《精神卫生福利法》规定由都道府县知事决定精神障碍患者的非自愿住院，而苏格兰则是由精神卫生审查裁判所（Mental Health Review Tribunals）审查决定精神障碍患者的非自愿入院与治疗。值得注意的是，我国台湾地区2007年修订的所谓"精神卫生法"也改变以往精神科医师强制鉴定住院的做法，改为由精神疾病强制鉴定、强制社区治疗审查会（简称"审查会"）审查决定非自愿住院。

因此，法律模式已成为各国和地区精神卫生法普遍采取的非自愿住院决定模式。根据各国和地区非自愿住院审查机构的性质不同，大致可分为三种模式：一是以美国、德国、澳大利亚等为代表的国家采取司法审查模式，由法院行使非自愿住院的决定权；二是以日本、我国台湾地区为代表的国家和地区采取行政审查模式，由专门设立的具有行政机关性质的委员会或行政机关决定患者的非自愿住院；三是以苏格兰为代表的裁判所模式，由行政裁判所行使非自愿住院审查权。无论采取哪种具体模式，非自愿住院的最终决定权都不属于医疗机构及精神科医师，而属于具有司法或准司法性质的中立机构。

（二）我国非自愿住院程序的完善

非自愿住院的法治化进程关键在于程序构建，核心在于建立司法审查程序，以确保由中立的第三方对关乎公民自由的重大事项做出独立、公正的裁决。在《精神卫生法》的立法过程中，有委员提出精神病人住院治疗的决定权应交给法院，由法院行使非自愿住院决定权，[4]也有不少学者对此持肯定态度，[5]但上述观点并没有被立法机关

[1] MICHAEL L PERLIN. Mental disability law : civil and criminal (volume 1) [M]. Virginia: Lexis Law Publishing, 1998: 293-377.

[2] CHRISTOPHER SLOBOGIN, ARTI RAI, RALPH REISNER. Law and the mental health: civil and criminal aspects [M]. St. Paul: Thomson/West, 2009: 820.

[3] 信春鹰. 中华人民共和国精神卫生法解读 [M]. 北京：法律出版社，2012：364-365.

[4] 信春鹰. 中华人民共和国精神卫生法解读 [M]. 北京：法律出版社，2012：314.

[5] 房国宾. 精神病强制医疗与人权保障的冲突与平衡 [J]. 中国刑事法杂志，2011（7）：68. 戴庆康，葛菊莲. 精神障碍患者保安性非自愿住院的主体与标准问题研究 [N]. 南京医科大学学报（社会科学版），2013（3）：191-197. 李筱永. 强制医疗制度中精神病人人身自由的限制与保护 [J]. 卫生软科学，2011（7）：458-461.

所采纳。

也有学者建议在地级市一级设立"地区精神卫生伦理委员会"负责非自愿住院的审查,"地区精神卫生伦理委员会"由医学、心理学、法学、社会学等方面的专家组成,具体人选由同级人民政府任命。[1]这一观点所提出的方案类似于我国台湾地区的审查会模式,即建立由精神医学专家、患者代表、法律专家及其他相关专业人士组成的审查委员会,负责对医疗机构非自愿住院决定的审查,笔者也曾持类似观点。然而,审查会模式在我国台湾地区也面临较大的争议,尤其是由行政性质的委员会决定人身自由的剥夺有违法官保留原则,因而不少学者主张将非自愿住院回归法官保留,将其纳入司法审查程序。[2]因此,对于一项存在争议,且可能被取代的制度,是否仍有引进和借鉴的价值和必要性?这无疑需要慎重考虑,且审查会模式具有行政属性,其性质和地位可能影响其中立性,进而产生是否中立、公正之质疑。

相反,司法审查模式具有权威、公正、中立等突出优势,可避免审查会模式可能存在的某些弊病,包括中立性不足、制度构建的高成本等。司法审查模式当然也有其内在的弊病,如司法程序冗长繁杂,徒增运行成本,不利于患者治疗;非自愿住院涉及精神障碍、危险性预测等专业问题的判定,仅具有法学背景的法官可能难以胜任这些案件的审理;如果将非自愿住院纳入法院的案件审理范围,将增加法院的案件受理压力,各级法院尤其是基层法院将不堪重负。上述问题往往也构成反对法院行使非自愿住院审查权的理由,但笔者认为这些问题均可通过一定的制度安排予以克服或缓解。

首先,诉讼程序的繁冗低效完全可以通过简化审理程序予以解决,如采取民事非讼程序或简易程序,以兼顾程序公正与效率;其次,对于法官审理中存在的专业性不足问题,这是任何诉讼中都可能面临的问题,非自愿住院案件的司法审查也可以通过司法鉴定、专家证人、人民陪审员制度等予以解决;最后,对于法院受理案件的压力,可通过设立专门法庭,或将非自愿住院案件纳入其他专门法庭(如家事法庭)审理,以提高审理的效率。例如,具有条件的地方法院可设立精神卫生法庭,专门审理、决定非自愿住院案件。域外精神卫生法庭的运作及其经验将在下文中详述。

第三节 精神卫生法庭的制度构造及其经验借鉴

在美国,精神卫生法庭(mental health court)被视为近年来精神卫生法领域最为重要的进展。[3]作为应对和解决刑事司法领域精神病人再犯和治疗问题的专门法庭,精神卫生法庭属于"问题解决型法庭"(problem-solving court)的一种,它是指刑事司法领

---

[1] 刘白驹. 非自愿住院的规制:精神卫生法与刑法 [M]. 北京:社会科学文献出版社,2015:638-640.

[2] 张朝琴. 精神病患"强制住院治疗"之医疗人权保障 [J]. 大叶大学通识教育学报,2016(13):167. 王子荣. 在宪法脉络下强制就医制度的重新检视——兼论实务上可行的操作对策 [J]. 月旦医学法报告,2018(20):18.

[3] SHAUHIN TALESH. Mental health court judges as dynamic risk managers: a new conceptualization of the role of judges [J]. DePaul L Rev, 2007, 57: 93.

域的精神障碍患者放弃传统法院程序，而选择在法院命令和监督下接受治疗的专门法庭。[1]精神卫生法庭产生至今已取得较为迅速的发展，尽管存有争议，主流的观点仍认为该法庭在减少精神病人的再犯率、促进治疗和降低司法成本等方面取得较为显著的成效。

违法犯罪精神病人的社会管理和治疗一直是我国面临的难题，尤其是在解决精神病人的再犯和治疗方面，相关制度仍存在诸多不足。美国精神卫生法庭模式无疑具有可借鉴之处。鉴于国内相关人员对精神卫生法庭制度知之甚少，相关学术研究亦鲜有关注，本书在分析精神卫生法庭的产生背景、理论依据及其发展的基础上，重点探讨精神卫生法庭的组织构造、管辖及其运行程序，并结合我国实际，提出我国非自愿住院制度的完善路径。

一、精神卫生法庭的产生与发展

（一）精神卫生法庭的产生背景

在美国，精神卫生法庭是随着"去机构化"运动所引发的精神病人犯罪化和"旋转门"问题而产生的，而传统刑事司法体系对此无能为力，这就需要在传统刑事司法体系内构建新型的、以问题解决为导向的司法模式，从根源上化解精神病人犯罪的治理、预防和处置问题。

1. "去机构化"及其影响

20世纪60年代以来，伴随着人权运动的兴起和精神卫生领域的司法改革，大量精神病人从州立精神病院转移至社区接受治疗，这一过程被称为"去机构化"。去机构化的效果十分惊人，1955年，州立精神病院的住院病人高达559000人，而到2005年，住院病人下降到47000人。[2]去机构化的初衷是将精神病人从大型州立精神病院转移至限制性更小的社区中接受治疗，从而使精神病人有机会融入社会，避免人身自由的过度限制。然而，由于社区精神卫生服务的滞后，大量精神病人出院后无法在社区获得治疗，最后流落街头，甚至卷入犯罪中。

2. "机构化的转移"：精神病人的犯罪化

"去机构化"运动的负面结果是，大量精神病人因犯罪而被监禁于看守所或监狱，监狱逐渐成为精神病人的最大容纳场所。根据美国司法统计局的调查，过半数监狱和看守所内的犯人具有精神健康问题，包括705600名州立监狱的犯人，78800名联邦监狱的犯人，479900名地方看守所的犯人，全美看守所内的精神病人将近70000名，与同年龄段的非监禁人群相比，被监禁的犯人患精神疾病的概率高2～4倍，患有反社会人格障

---

[1]　JOHNSTON E L. Theorizing mental health courts [J]. Wash U L Rev, 2012, 89: 520-521.

[2]　PAUL SARLO. Financing mental healthcare: a budget-saving proposal for rethinking and revitalizing Florida's involuntary assisted outpatient treatment law [J]. Stetson L Rev, 2012, 42: 215.

碍的概率高10倍。[1]可见，"去机构化"的目标并没有实现，实际上是"机构化的转移"（transinstitutionalization），即将精神病人从精神病院转移至监狱，其表现是，州立精神病院内的精神病人在下降，而看守所和监狱中的精神病人却在急剧增加。[2]

精神病人的犯罪化使得监狱和看守所人满为患，这迫使刑事司法系统取代精神病院成为精神卫生服务的最主要提供者。[3]例如，佛罗里达州的矫正机构拥有近1150张住院床位，其数量超过州立精神病院的床位总和。[4]然而，由于欠缺资源、设施和专业人员，监狱和看守所并不能为犯人提供适当的治疗和照护。令人震惊的是，五分之一的监狱无法提供精神卫生服务，83%的州立监狱的精神病犯人和89%的看守所内精神病人无法获得治疗。[5]由于监狱内的精神病人无法获得有效的治疗，出狱后这部分人仍有很高的再犯风险，刑事司法领域的"旋转门"问题也就愈演愈烈。

3. 刑事司法体系的失败："旋转门"（revolving door）问题

"旋转门"是指精神病人实施轻微犯罪，随后被起诉、监禁，刑满后释放，又再次实施轻微犯罪。如此，精神病人犯罪成为"循环问题"。研究表明，联邦监狱中48%的患有精神疾病的犯人有3次以上的起诉、监禁或逮捕经历，而非精神疾病犯人这一数字仅为28%。犯罪-法院-监狱-出狱之间的循环加重了精神病人的"犯罪化"，这部分病人反复因轻罪而被逮捕、起诉，不能接受充分的治疗。[6]针对精神病人的犯罪问题，传统司法干预无能为力，甚至陷入"绝望"，正如温尼克（Winick）教授所言："传统司法模式治标不治本，结果只是按下葫芦浮起瓢，从而引发不必要的重复性司法干预。"[7]

究其根源，传统的刑事司法体系无法解决引发精神障碍患者再犯这一深层次问题。精神病人犯罪的原因主要在于社区和监狱中缺乏适当的医疗设施、支持项目，其在社区和监狱中无法接受充分的治疗，这就使得精神病人在释放后仍然具有很高的再犯风险。同时，传统的刑事司法重在惩罚和威慑犯罪，很多案件在判处短期监禁或缓刑后，并没有解决精神障碍患者再犯的预防问题，更没有消除诱发犯罪的内在原因，大量精神病人往返于刑事司法体系，并形成恶性循环。既然精神病人的犯罪与其精神状况相关，且根源在于其在监狱和社区中无法接受有效的治疗。那么，这就给法官、检察官和立法者带来一个挑战性问题：既然精神病人的再犯源自其可治疗的精神疾病，刑事司法系统是不

[1] SHAUHIN TALESH. Mental health court judges as dynamic risk managers: a new conceptualization of the role of judges [J]. DePaul L Rev, 2007, 57: 98.

[2] SHAUHIN TALESH. Mental health court judges as dynamic risk managers: a new conceptualization of the role of judges [J]. DePaul L Rev, 2007, 57: 99.

[3] JOHN PETRILA. Preliminary observations from an evaluation of the Broward County mental health court [J]. Ct Rev, 2002, 37: 14.

[4] AMY CARTER. Fixing Florida's mental health courts: addressing the needs of the mentally ill by moving away from criminalization to investing in community mental health [J]. J L Soc'y1, 2009, 10: 9.

[5] GREGORY L ACQUAVIVA. Mental health courts: no longer experimental [J]. Seton Hall L Rev, 2006, 36: 977.

[6] GREGORY L ACQUAVIVA. Mental health courts: no longer experimentall [J]. Seton Hall L Rev, 2006, 36: 976.

[7] BRUCE J WINICK. Therapeutic jurisprudence and problem solving courts [J]. Fordham Urb L J, 2003, 30: 1060.

是有责任试图从根源上解决这一问题呢?[1]

(二) 精神卫生法庭的理论与实践依据

精神卫生法庭是对传统刑事司法体系对精神病人犯罪问题治理失败所做出的探索,其理论和实践依据主要来自治疗法学理论及其在刑事司法领域的运用。

1. 治疗法学

精神卫生法庭等问题解决型法庭的出现及其迅速发展,首先在于其具有充分的理论依据,其中以治疗法学为最重要的理论指导。治疗法学(therapeutic jurisprudence)最早由韦克斯勒(Wexler)教授在20世纪90年代初提出,并迅速引起学界普遍的关注和讨论。治疗法学认为法律本身具有治疗功能,法律规则、法律程序和法律主体(如法官、律师)构成一种社会力量,会产生效果,其中有治疗性效果,也可能有反治疗性效果。治疗法学利用社会科学工具研究分析这些后果,并探究如何减轻法律的反治疗性效果,以及增强法律的治疗性效果。[2]从本质上讲,治疗法学要求揭示法律对人的心理、生理和情感方面的影响,并将相关研究成果运用到有关法律改革的政策讨论当中去。[3]同时,治疗法学并不认为法律的治疗性价值应优先于其他价值,而是寻求治疗性价值与其他价值之间的调和,当二者之间发生冲突时,治疗法学有助于问题的公开讨论并形成解决方案。[4]

人们普遍认为,传统的对抗式刑事司法模式并不能有效满足精神病罪犯的治疗需求,且在事实上产生反治疗性效果。因此,治疗法学的理念是要实现精神卫生系统和刑事司法系统的紧密合作,通过建立和实施相关项目,将患有精神疾病的违法者转移出刑事司法系统,使其在社区中接受治疗,其目的是避免精神病罪犯反复卷入刑事司法系统。[5]

2. 戒毒法庭等问题解决型法庭的实践经验

在治疗法学理论指导下,美国相关州开始将其运用于司法实践,开始建立戒毒法庭、家庭暴力法庭等特殊法庭。这些法庭旨在解决刑事司法领域存在的一些疑难问题,因而被称为"问题解决型法庭",其目的不仅致力于解决争议事实,更重要的是解决争议背后的社会或心理问题,并达到防止被告再犯的目的。[6]

最早建立的问题解决型法庭是戒毒法庭。针对毒品泛滥以及由此引发的犯罪问题,传统刑事司法体系疲于应付、效果欠佳,"旋转门问题"日益突出。为此,1989年佛罗里达州布劳沃德郡(Broward)诞生了全美第一所戒毒法庭(The Drug Treatment

---

[1] Note. Developments in the law: the law of mental illness [J]. Harvard Law Review, 2008, 121: 1169.

[2] BRUCE J WINICK. The jurisprudence of therapeutic jurisprudence [J]. Psychol Pub Pol'y & L, 1997, 3: 187.

[3] BRUCE J WINICK. Therapeutic jurisprudence and problem solving courts [J]. Fordham Urb L J, 2003, 30: 1063 .

[4] KATE DIESFELD, IAN FRECKELTON. Involuntary detention and therapeutic jurisprudence [M]. Aldershot: Ashgate Publishing Limited, 2003: 26.

[5] GINGER LERNER WRE. Mental health courts: serving justice and promoting recovery [J]. Ann Health L, 2010, 19: 582-583.

[6] ANDREA M ODEGAARD. Therapeutic jurisprudence: the impact of mental health courts on the criminal justice system [J]. N D L Rev, 2007, 83: 227.

Court）。戒毒法庭以治疗法学为理论指导，改变其在传统刑事司法体系中惩罚、预防和报复的功能，用治疗取代惩罚。因此，戒毒法庭认为对吸毒犯进行惩罚并无威慑效果，其犯罪行为是由毒瘾导致的，问题的关键是如何戒除毒瘾，从而从根源上消除犯罪的根源。[1]在实践中，戒毒法庭显著地降低了吸毒者的再犯率，且有效地降低了刑事司法成本。这一成功经验使人们认识到，应将治疗法学引入刑事司法体系的其他疑难领域，如精神卫生领域。

（三）精神卫生法庭的产生与发展

针对传统刑事司法体系对精神病人的犯罪化和"旋转门"问题治理的失败，在借鉴戒毒法庭的经验、成果的基础上，美国一些州开始探索将治疗法学运用于精神卫生领域。在此背景下，佛罗里达州布劳沃德郡于1997年成立了美国第一家精神卫生法庭，随后，精神卫生法庭在各州获得迅速发展。在精神卫生法庭成立之初，这一特殊法庭的设立并没有任何法律依据。为此，美国国会2000年制定了《美国法律实施和精神卫生项目法案》（*America's Law Enforcement and Mental Health Project*），授权司法部资助各州、州法院、地方法院，联合非政府组织，在全国范围内成立125家精神卫生法庭。2004年，美国国会颁布了《精神病罪犯治疗和减少犯罪法案》（*Mentally Ill Offender Treatment and Crime Reduction Act*），加大联邦资金的资助力度，进一步推动精神卫生法庭的发展。到2013年，美国共有340家精神卫生法庭，分布于43个州。精神卫生法庭在减少精神病罪犯的再犯、提升治疗的可及性、提高精神病罪犯的生活质量和减少政府成本等方面普遍取得了成效，从而获得广泛的支持和认可。[2]

精神卫生法庭从产生之初即具有"试验"性质，各地并未形成统一的模式，尤其是随着实践经验的总结和各地的创新，精神卫生法庭的具体运行模式也存在一定的差异。对此，瑞德里希（Redlich A. D.）将精神卫生法庭分为第一代和第二代精神卫生法庭，其区分标准是以下4个要素：

（1）法庭接收的案件所涉指控的类型（重罪还是轻罪）；

（2）法庭所采取的裁决模式（审前模式，还是审后模式）；

（3）法庭所采取的制裁措施（是否将监禁作为制裁措施）；

（4）法庭对参加者的监督（监督主体是精神卫生人员，还是刑事司法人员）。[3]

瑞德里希将2003年以前成立的精神卫生法庭称为第一代精神卫生法庭，其特点是：

（1）法庭仅受理轻罪案件。

（2）采取多种审理模式，包括审前模式和审后模式：前者是被告被起诉后尚不判

［1］　STACEY M FARACI. Slip slidin' away? will our nation's mental health court experiment diminish the rights of the mentally ill? [J]. Quinnipiac L Rev, 2004, 22: 816.

［2］　MCDANIEL M KELLY. Rehabilitation through empowerment: adopting the consumer-participation model for treatment planning in mental health courts [J]. Case W Res, 2015, 66: 582-583.

［3］　REDLICH A D, STEADMAN H J, MONAHAN J, et al. The second generation of mental health courts [J]. Psych Pub Pol and L, 2005, 11: 528.

决，在案件纳入精神卫生法庭程序后，该指控暂时搁置，是否继续提起诉讼一般取决于被告是否遵守法庭做出的治疗命令，如布劳沃德郡精神卫生法庭采取此种模式；后者是案件做出了判决，但案件纳入精神卫生法庭后，该判决暂不执行。如圣贝纳迪诺郡（San Bernardino）、金郡（King）和安克雷奇郡（Anchorage）精神卫生法庭采取该模式，即被告只有经审理判决有罪，方可进入精神卫生法庭。[1]

（3）采取多种制裁措施。包括出席法庭的听证会（参加者一般都会受到法官的训斥）、改变治疗计划，监禁可以作为制裁措施，但很少使用。

（4）监督主体。确保参加者遵守社区治疗和法院命令的监督主体主要是社区服务提供者，也有的法庭由法官或缓刑假释官，或者精神卫生服务人员和缓刑假释官共同监督。

然而，2003年以后成立的精神卫生法庭呈现出一些新的特点，包括：

（1）都受理重罪案件；

（2）基本上都采取审后模式；

（3）都将监禁作为制裁方式；

（4）倾向于由刑事司法系统承担监督责任。[2]

可见，精神卫生法庭的受案范围有所扩大，并强化了对参加者遵守治疗项目要求的监督和制裁。

（四）精神卫生法庭的目标

精神卫生法庭的目标是确保精神病人获得有尊严的治疗，在保护公众安全的同时，为精神病人提供治疗机会，并防止其再次犯罪：

（1）防止精神病人"犯罪化"（criminalization），降低再犯率；

（2）通过为被告提供其所需的治疗和资源，提升其生存能力；

（3）提高被告的自主性；

（4）降低精神病人卷入刑事司法体系的数量。[3]

（五）精神卫生法庭的特点

相对于传统的刑事法庭，精神卫生法庭具有以下特点：

（1）属于刑事法庭；

（2）专门审理精神病人案件；

（3）将被告从监狱或看守所转移至社区接受治疗；

---

[1] STACEY M FARACI, Slip slidin' away? will our nation's mental health court experiment diminish the rights of the mentally ill? [J]. Quinnipiac L Rev, 2004, 22: 829-830.

[2] REDLICH A D. The second generation of mental health courts [J]. Psych Pub Pol and L, 2005, 11: 528-538.

[3] STACEY M FARACI. Slip slidin' away? will our nation's mental health court experiment diminish the rights of the mentally ill? [J]. Quinnipiac L Rev, 2004, 22: 824.

（4）对精神病人的治疗予以监控，并对其不遵从行为予以处罚。[1]

（5）属于问题解决性法庭，以治疗法学为理论基础；

（6）采取非正式和非对抗性程序。

二、精神卫生法庭的构造与运行

（一）纳入治疗项目的适格条件

各州精神卫生法庭对适格参加者的纳入标准并不完全一致，即便是同一法庭在不同时期，其纳入标准也可能存在变动。在实践中，一般需考虑以下三个方面的条件：

1. 被告被指控的罪名

早期，精神卫生法庭仅受理因精神疾病导致的非暴力轻罪案件，其目的主要是考虑公共安全，避免参加者在社区治疗中对公共安全造成潜在危险。这就造成法庭将关注点聚焦于被告的暴力史，具有暴力史的精神病人几乎完全被排除出项目。[2]例如，布劳沃德郡精神卫生法庭仅接收被指控轻罪（根据佛罗里达州法律规定最高判处1年以下拘禁的犯罪）的被告，犯殴打他人轻罪的被告还需取得受害人的同意。此外，有的法庭条件更为严格，如要求被告是非暴力罪犯，但是很多法庭将受案范围扩大到重罪犯人。

2. 被告患有精神疾病

精神卫生法庭受理的案件要求被告患有精神疾病，然而精神疾病本身具有模糊性、变动性，且标准宽严范围不一，各法庭对这一要件的要求宽严不一。很多精神卫生法庭并不要求参加者必须被诊断为严重精神疾病。2006年一项针对110家精神卫生法庭的调查显示，21%的法庭要求参加者为严重精神疾病患者，或精神疾病严重到影响其功能并需将其安置于最高安全级别的机构中。38%的法庭要求参加者被诊断为《精神疾病诊断与统计手册》（*The Diagnostic and Statistical Manual of Mental Disorders*，简称为DSM）第一轴精神疾病，包括精神分裂、双相障碍、抑郁症、慢性脑病所致的重度抑郁等相对宽泛的精神疾病。[3]

3. 精神疾病与犯罪行为之间的因果关系

《精神病罪犯治疗和减少犯罪法案》（*Mentally Ill Offender Treatment and Crime Reduction Act*）规定，接受联邦财政资助的精神卫生法庭，其适格的参加者必须是因精神疾病而实施了犯罪行为的人。[4]然而，实践中只有少数法庭要求有证据证明参加者被

［1］　STEADMAN H J, DAVIDSON S, BROWN C. Mental health courts: their promise and unanswered questions [J]. Psychiatric Services, 2001, 52: 457-458.

［2］　STACEY M FARACI. Slip slidin' away? will our nation's mental health court experiment diminish the rights of the mentally ill? [J]. Quinnipiac L Rev, 2004, 22: 826.

［3］　STEVEN K ERICKSON. Variations in mental health courts: challenges, opportunities, and a call for caution [J] Community Mental Health J, 2006, 42: 339.

［4］　42 U. S. C. § 3797aa (a) (9) (B) (2006) (definition of "preliminary qualified offender").

指控的犯罪行为与其精神疾病之间存在因果关系，多数法庭并无此要求。[1]

（二）运行程序

各地精神卫生法庭的运行程序可能略有差异，但普遍以非对抗程序取代传统的对抗式刑事诉讼程序，通过灵活、非正式的程序迅速将适格的被告转入到法庭的治疗项目。

1. 候选人的推荐

精神卫生法庭由推荐人启动，推荐人包括负责逮捕的警员、看守所员工、公诉人、辩护律师、法官，甚至是被告本人。而对于哪些人可以作为推荐人，现有精神卫生法庭并没有形成统一的标准。[2]例如，在华盛顿州金郡，推荐人包括看守所、其他法院的法官和律师、警察、家庭成员。一旦被推荐，法庭将对其精神疾病、所需精神卫生服务等进行评估，在被告放弃接受刑事审判，并表示愿意遵守治疗计划时，法庭可决定将其纳入项目。在佛罗里达州布劳沃德郡的精神卫生法庭，多数候选人都是在其被逮捕后24小时以内的预审听证阶段确定，推荐人还可以是来自监狱和其他法院的工作人员。[3]

精神卫生法庭特别强调在刑事程序的早期阶段甄别项目的参加者，其目的在于减轻逮捕、监禁对参加者的伤害，并促使参加者尽早接受治疗。[4]以布劳沃德郡精神卫生法庭为例，被告在入狱后出现精神问题，紧急医疗服务联盟的精神科医生将对其进行评估。如果经评估认为被告患有精神疾病，辩护律师或主持预审听证的治安法官，可将该被告推荐给精神卫生法庭。如果当事人有严重症状，他将被送往独立的评估机构进行评估，以认定其是否应接受非自愿住院。如果他需要长期住院，可将其安置在南佛罗里达州立医院住院6个月，这类当事人一般不能纳入精神卫生法庭，且对其指控应予以撤销。如果当事人短期住院后病情稳定，可将其纳入法庭。[5]

2. 行为能力的认定

精神卫生法庭对参加者的纳入以被告的同意为要件。因此，一旦候选人被推荐为参加者，接下来需认定该人是否有行为能力。只有经法庭评估认定具有行为能力的被告，且其同意参加项目，法庭才能将其纳入。如在布劳沃德郡，如果参加者被认定无行为能力，法庭将做出附条件释放，并使其接受治疗。如果该人在12个月内没有恢复行为能力，精神卫生法庭将放弃管辖，并撤销其指控，在这种情形下，该被告应接受评估，以

[1] JOHNSTON E L. Theorizing mental health courts [J]. Wash U L Rev, 2012, 89: 555-556.
[2] MCDANIEL M KELLY. Rehabilitation through empowerment: adopting the consumer-participation model for treatment planning in mental health courts [J]. Case W Res, 2015, 66: 590.
[3] STACEY M FARACI. Slip slidin' away? will our nation's mental health court experiment diminish the rights of the mentally ill? [J]. Quinnipiac L Rev, 2004, 22: 828.
[4] STACEY M FARACI. Slip slidin' away? will our nation's mental health court experiment diminish the rights of the mentally ill? [J]. Quinnipiac L Rev, 2004, 22: 828.
[5] JOHN S GOLDCAMP, CHERYL IRONS GUYNN. Emerging judicial strategies for the mentally ill in the criminal caseload: mental health courts in Fort Lauderdale, Seattle, San Bernardino, and Anchorage: a report on community justice initiatives [EB/OL] (2000-03-01) [2019-04-02]. http://www.ncsonline.org/WC/FAQs/KIS MenHeaFAQ.pdf.

决定是否应对其采取民事拘禁。[1]金郡精神卫生法庭也有类似规定。

3. 拟定治疗计划

如果精神卫生法庭认为被告符合条件，且本人自愿参加，可将其纳入精神卫生法庭的项目。接下来将由法官、公诉人、辩护律师、案件管理人、治疗提供者以及其他监督机构组成的团队共同讨论和决定被告的治疗计划。同时，精神卫生法庭强调与社区精神服务提供者建立紧密联系，参与被告在社区组织中的治疗，跟踪被告治疗的进展，监督被告遵守治疗计划的情况。[2]在此听证程序中，法官、公诉人和辩护律师的角色发生重大变化，法官不再是中立的裁决者而是直接介入被告的治疗，公诉人不再是为了惩罚被告，而是作为治疗团队的一员为其寻求治疗，辩护律师也不再是通过辩护减轻被告罪责，而是帮助法庭为患者获得更好的治疗效果。

4. 状态听证（status hearing）

状态听证的目的是通过非对抗的听证程序，对参加者遵守治疗计划及其他方面的要求进行监督，并对遵守者予以奖励，对违反者予以惩罚。在听证过程中，参加者可以发表言论，但由于治疗计划和目标是法庭会议事先确定的，因而具有强制性，参加者不能改变治疗计划。[3]在布劳沃德郡精神卫生法庭，状态听证一般每隔3～4周举行一次，治疗团队的成员都得出席该听证。

5. 项目的终止

精神卫生法庭治疗项目的期限不一，一般为一年，实际期限因人而异，取决于每个被告的特殊需要和康复情况。[4]如布劳沃德郡精神卫生法庭，一旦当事人符合条件而被法庭纳入，被告将接受为期一年的受监督的治疗。如果参加者完成了治疗项目，他将从项目"毕业"。这通常意味着之前的指控将被撤销。相反，如果参加者没有遵守治疗计划而被项目"开除"，他将被转入传统的刑事司法系统。

（三）程序参与人的角色

精神卫生法庭最具特色之处在于程序参与人的角色发生根本性的变化，其传统的或中立或对抗的角色转变为一个合作团队。以布劳沃德郡精神卫生法庭为例，治疗团队的成员包括法官、辩护律师、公诉人、社工和案件管理人（the case manager），其共同决定参加者的治疗计划、治疗目标及其监督等。社工主要负责收集参加者的相关过往信

---

［1］ JOHN S GOLDCAMP, CHERYL IRONS GUYNN. Emerging judicial strategies for the mentally ill in the criminal caseload: mental health courts in Fort Lauderdale, Seattle, San Bernardino, and Anchorage: a report on community justice initiatives [EB/OL] (2000-03-01) [2019-04-02]. http: //www. ncsonline. org/WC/FAQs/KIS MenHeaFAQ. pdf.

［2］ STACEY M FARACI. Slip slidin' away? will our nation's mental health court experiment diminish the rights of the mentally ill? [J]. Quinnipiac L Rev, 2004, 22: 831.

［3］ MCDANIEL M KELLY. Rehabilitation through empowerment: adopting the consumer-participation model for treatment planning in mental health courts [J]. Case W Res, 2015, 66: 590.

［4］ JOHN S GOLDCAMP, CHERYL IRONS GUYNN. Emerging judicial strategies for the mentally ill in the criminal caseload: mental health courts in Fort Lauderdale, Seattle, San Bernardino, and Anchorage: a report on community justice initiatives [EB/OL] (2000-03-01) [2019-04-02]. http: //www. ncsonline. org/WC/FAQs/KIS MenHeaFAQ. pdf.

息，协调法官和律师，使参加者纳入项目。在参加者从监狱或医院释放后，案件管理人负责为其协调治疗和照护相关事宜，并与社工一起对参加者进行密切监督。[1]而变化最大的则是法官、公诉人、律师的角色。

1. 法官

在精神卫生法庭程序中，法官突破了传统司法中立裁决者的角色。除了解决案件中的相关法律问题，法官更重要的是扮演"治疗者"的角色，包括参与治疗计划的制定、负责治疗项目的惩罚和奖励、监督参加者遵守治疗计划等。在合作理念的指导下，法官的角色是"解决问题"而非"裁决案件"。[2]

2. 律师

在精神卫生法庭程序中，辩护律师的职责仍是维护当事人的最大利益，这一点和他的传统角色是一致的，但是律师放弃其对抗性角色而采取合作态度，成为治疗团队中的一员，其职责包括为当事人找到可及的、有效的治疗，包括社区教育、培训项目和治疗项目等。[3]此时，评判律师胜诉的标准已不再是定罪量刑方面的有利结果，而是"维护当事人人格尊严，使其成为有益于社会、与人为善的社会成员。"[4]

3. 公诉人

在精神卫生法庭中，尽管公诉人仍保留刑事司法中的传统角色，如维护公共安全和社会正义，但其角色同样发生转变。例如，在传统的刑事司法程序中，公诉人和辩护人属于对抗关系，但在精神卫生法庭中，公诉人与辩护律师经常一起商定哪些人应纳入精神卫生法庭，哪些人应仍留在刑事法庭。[5]从治疗计划的拟定到实施，都需要公诉人与辩护人的密切合作。[6]公诉人也是治疗团队的一员。

三、有关精神卫生法庭的评价与争议

（一）运行时效

相关个案研究显示，精神卫生法庭在缓解"旋转门问题"、减少精神病再犯等方面成效显著。例如，有关布劳沃德郡的研究结果显示，2001年10月至2002年9月期间，

---

[1] AMY CARTER, Fixing Florida's mental health courts: addressing the needs of the mentally ill by moving away from criminalization to investing in community mental health [J], J L Soc'y1, 2009, 10: 13-14.

[2] DONALD J FAROLE. Applying problem-solving principles in mainstream courts: lessons for state courts [J]. Just Sys J, 2005, 26: 68.

[3] ANDREA M ODEGAARD. Therapeutic jurisprudence: the impact of mental health courts on the criminal justice system [J]. N D L Rev, 2007, 83: 240.

[4] CAIT CLARKE, JAMES NEUHARD. "From day one": who's in control as problem solving and client-centered sentencing take center stage? [J]. N Y U Rev L & Soc Change, 2004, 29: 14.

[5] STACEY M FARACI. Slip slidin' away? will our nation's mental health court experiment diminish the rights of the mentally ill? [J]. Quinnipiac L Rev, 2004, 22: 837.

[6] ANDREA M ODEGAARD. Therapeutic jurisprudence: the impact of mental health courts on the criminal justice system [J]. N D L Rev, 2007, 83: 242.

只有27%的参加者被重新逮捕，其首批675名参加者无一人再实施暴力犯罪行为。[1]华盛顿州金郡精神卫生法庭的调查结果显示，75%的参加者在完成项目后的一年内没有实施违法行为，暴力犯罪行为减少了88%。[2]纽约州的一个精神卫生法庭的调查结果显示：没有完成精神卫生法庭项目的人的被捕率与传统法庭的对照组没有明显区别，但是完成该项目的人在完成项目后的一年内的被捕率少于传统法庭对照组的四分之一。[3]

经验性研究表明，精神卫生法庭的作用体现在以下方面：

（1）精神卫生法庭能够更为有效地将参加者与精神卫生系统资源相对接；

（2）参加精神卫生法庭项目的人再次犯罪的概率更低。一些经验性研究显示，在项目结束之后，即使在没有法庭监督的情况下，参加者的再次犯罪率也更低。

（3）长远来看，精神卫生法庭将精神障碍患者送到社区进行监督下的治疗，提高了其治疗的依从性，减少了犯罪率，节约了医疗和司法成本。[4]

（二）有关精神卫生法庭的争议

尽管精神卫生法庭取得较为显著的成效，并获得较为广泛的认可，但由于这一制度突破现有刑事诉讼程序，因而不可避免存在一定的争议。

首先，在宪法层面上，不少精神卫生法庭以当事人认罪作为纳入项目的条件，而认罪涉及刑事被告放弃其享有的不被强迫自证其罪、陪审团审判、迅速受审权等宪法权利，这一弃权必须是被告充分知情后的自愿选择。然而，当事人在做出选择时，他已经被逮捕、羁押而未获得治疗，因而承受巨大的压力。当事人做决定时往往陷入困境：要么认罪参加治疗，要么蹲监狱。因此，一些批评者质疑精神卫生法庭是否能充分保护参加者的自愿选择权。[5]

其次，精神卫生法庭摒弃对抗性程序有违反正当程序原则的嫌疑。精神卫生法庭普遍采取非对抗程序，法庭决定过程中的非正式性和广泛的裁量性，都可能侵害参加者的程序性权利。尽管精神卫生法庭对案件的受理以自愿为条件，但可能更具强制性。由于缺乏程序约束，法官和律师的权力缺乏清晰的边界，他们将更加随意地运用其自由裁量权而不受严格的约束。[6]

最后，精神卫生法庭对参加者的监督期限及其范围也备受争议。在实践中，法庭对

———————————

[1] GREGORY L ACQUAVIVA. Mental health courts: no longer experimental [J]. Seton Hall L Rev, 2006, 36: 990.

[2] GREGORY L ACQUAVIVA. Mental health courts: no longer experimental [J]. Seton Hall L Rev, 2006, 36: 991.

[3] MOORE M E H, VIRGINIA A. Mental health court outcomes: a comparison of re-arrest and re-arrest severity between mental health court and traditional court participants [J]. Law and Human Behavior, 2006, 30: 659-674. 转引自：李钢琴，宋辉，胡泽卿. 美国精神卫生法庭及对我国的借鉴 [J]. 证据科学, 2017 (1): 49-50.

[4] COSDEN M, ELLENS J K, SCHNELL J L, et al. Evaluation of a mental health treatment court with assertive community treatment [J]. Behavioral Sciences and the Law, 2003 (21):415-427. 转引自：李钢琴，宋辉，胡泽卿. 美国精神卫生法庭及对我国的借鉴［J］. 证据科学，2017（1）: 49.

[5] AMY CARTER. Fixing Florida's mental health courts: addressing the needs of the mentally ill by moving away from criminalization to investing in community mental health [J]. J L Soc'y1, 2009, 10: 15.

[6] STACEY M FARACI. Slip slidin' away? will our nation's mental health court experiment diminish the rights of the mentally ill? [J]. Quinnipiac L Rev, 2004, 22: 846.

参加者的监督贯穿于项目的始终，有时长达2年，实际期限取决于参加者的康复情况，并最终取决于法官或检察官的裁量。多数参加者受法院监督的期限长于实施同类犯罪行为的非参加者被判处刑罚的期限。

（三）精神卫生法庭运行中存在的问题

精神卫生法庭在运行过程中也暴露一定的问题：

（1）精神卫生法庭对怠于遵从治疗的行为缺乏有效的解决方式。在实践中，针对参加者怠于遵守治疗计划，精神卫生法庭所采取的制裁措施一般包括限制权利、延长治疗期限、增加强制报到的次数，偶尔也包括监禁。[1]尽管监禁作为制裁方式为越来越多法庭所采用，但这一手段与治疗性司法的理念并不相符，因为治疗性司法的目的是为参加者提供治疗而非施加惩罚。同时，由于精神病人缺乏病识感和认知能力，对其采取惩罚也就缺乏实际意义。[2]

（2）适用对象的扩张。在实践中，精神卫生法庭的适用对象不断扩大，其根源在于法庭的管辖和受理条件过于模糊，法官享有巨大的裁量权利，使得之前被排除的精神病人逐渐被纳入。

（3）甄别参加者的公平与效率问题。为避免逮捕、监禁给当事人造成负面影响，并尽早为其提供治疗，精神卫生法庭的理念是尽可能在刑事诉讼程序的早期确定参加者，且越快越好。然而，公平、适当和有效的甄别程序将面临及时性、精确性和保密性三方面的挑战。例如，对被告及时、迅速的评估需建立在信息全面准确、诊断正确的基础上，但是在短时间内很难做到；如果要做到这一点，将牺牲诊断评估的准确性，并可能损害患者隐私权。[3]

尽管如此，无论是对治疗性司法持肯定还是否定观点，我们都不得不承认：问题解决型法庭获得蓬勃发展，并将深远地改变我们对司法的认识。[4]精神卫生法庭也必将对传统刑事司法产生深远影响，并改变对精神病罪犯的处置模式。

四、精神卫生法庭制度对我国的启示

从以上分析可见，美国的精神卫生法庭具有以下特色：

（1）精神卫生法庭是应对和解决精神病罪犯治疗问题的专门法庭，性质仍然是刑事法庭。

[1] STACEY M FARACI. Slip slidin' away? will our nation's mental health court experiment diminish the rights of the mentally ill? [J]. Quinnipiac L Rev, 2004, 22: 830.

[2] STACEY M FARACI. Slip slidin' away? will our nation's mental health court experiment diminish the rights of the mentally ill? [J]. Quinnipiac L Rev, 2004, 22: 833.

[3] JOHN S GOLDCAMP, CHERYL IRONS GUYNN. Emerging judicial strategies for the mentally ill in the criminal caseload: mental health courts in Fort Lauderdale, Seattle, San Bernardino, and anchorage: a report on community justice initiatives [EB/OL] (2000-03-01) [2019-04-02]. http://www. ncsonline. org/WC/FAQs/KIS MenHeaFAQ. pdf.

[4] D S F CHONG, W VAN ERDE, K H CHAI, et al. Developments in the law: the law of mental illnesss [J]. Harvard Law Review, 2008, 121: 1179

（2）精神卫生法庭以治疗为取向，通过法官、检察官、律师、社会工作者、案件管理人等人员的合作将精神病人转移出刑事司法程序，使其在社区中接受治疗，从而在源头上消除其再犯危险性。

（3）精神卫生法庭摒弃传统的对抗性程序，通过非正式、灵活的程序使患有精神疾病的刑事被告尽早接受治疗，并最大程度地发挥法庭、法律程序和诉讼参与人的治疗功能，尽可能降低法律的反治疗性功能。

（4）精神卫生法庭与精神卫生服务体系密切合作，且采取社区治疗的方式，将精神病人转移至社区而非精神病院进行治疗，这十分有利于精神病人在限制性更小的环境下进行治疗，并促使其重新融入社会。

在我国，对违法犯罪的精神病人的社会管理和治疗一直是令人困扰的难题。尽管当前《刑事诉讼法》《精神卫生法》等相关法律、法规就强制医疗问题做出了相应规定，但相关制度仍存在脱节之处，尤其是在如何解决精神病人的再犯和治疗方面，仍存在较为突出的问题，美国的精神卫生法庭模式无疑具有某些值得借鉴的方面。

（一）我国非自愿住院制度存在的问题

针对违背精神病人意愿治疗的问题，我国《刑事诉讼法》和《精神卫生法》分别规定了刑事强制医疗和精神障碍患者的非自愿住院制度：《刑事诉讼法》规定的刑事强制医疗对象仅限于实施暴力行为而危害公共安全或者严重危害公民人身安全的无刑事责任能力的精神病人，其强制住院由法院经刑事诉讼特别程序审理决定；《精神卫生法》规定的非自愿住院对象则是对本人或他人具有危险性的严重精神障碍患者，其中，对本人具有危险性的精神障碍患者的住院治疗应取得监护人的同意，对他人具有危险性的精神障碍患者的住院治疗由医疗机构决定。可见，刑事强制医疗和非自愿住院在适用对象、条件、决定主体和实施程序等方面存在明显差异。[1]可见，针对不同的对象，我国实际上建立了集刑事强制医疗和非自愿住院于一体的二元化强制性治疗制度。

二元化强制性治疗制度试图通过刑事强制医疗与非自愿住院的分工合作，在各自的适用对象和范围内依照法定程序实现对精神病人的强制治疗。两大强制医疗体系看似泾渭分明、相互协作，在各自适用范围内发挥作用。然而，其弊病也不容忽视：

（1）针对不同对象采取不同的模式和程序保护，有违平等保护原则。刑事强制医疗采取司法审查模式，由法院通过诉讼程序做出决定，其程序保护接近或达到刑事正当程序的基本要求；相反，非自愿住院却依然采取医学模式，由医疗机构经诊断评估做出决定，不受法院或其他中立机构的审查。在这种模式下，医疗机构及精神科医师的诊断评估和决定权几乎不受严格的程序约束和外在监督，且缺乏中立性，有违正当程序的基本要求，这就使得非自愿住院的程序保障水平远不及刑事强制医疗。很明显，这种区别对待并不具有充分的合理性。正常而言，非刑事精神病人的权利保护至少不应低于作为刑事被告的精神病人，然而，现有制度安排似乎并没有注意到这一不合理之处。

[1]　陈绍辉. 精神障碍患者人身自由权的限制——以强制医疗为视角［M］. 北京：中国政法大学出版社，2016：76.

（2）由于非自愿住院不受司法审查，由医疗机构或监护人单方面决定，且程序简便，缺乏公开透明性，相比于程序繁杂的刑事强制医疗程序，非自愿住院无疑是更为"好使"。这一差异将可能诱导公安机关优先选择非自愿住院，从而使得刑事强制医疗被刻意规避，对处于《刑事诉讼法》第302条和《精神卫生法》第30条模糊地带的案件，问题可能会更为突出。

（3）刑事强制医疗和非自愿住院相互分离，缺乏有效的衔接机制。我国刑事强制医疗的适用范围十分狭窄，《刑事诉讼法》第302条对强制医疗的对象做了四方面的限制：实施暴力行为；危害公共安全或者严重危害公民人身安全；因精神疾病而无刑事责任能力；具有危险性，即有继续危害社会可能。这就意味着实施了非暴力犯罪的精神病人、实施暴力行为但未侵害公共安全或公民人身安全的精神病人、限制刑事责任能力的精神病人、服刑期间发病的精神病人，以及在刑事追诉程序中发病的精神病人，都不在刑事强制医疗的适用范围内。就理解而言，刑事强制医疗适用范围以外的精神病人，如符合《精神卫生法》第30条规定的非自愿住院条件的，都可纳入其范围。然而，由于刑事程序的封闭性，关于不符合刑事强制医疗条件的被告人或犯人如何转入非自愿住院程序，缺乏相应的法律规定和衔接机制。

同时，正如学者所言，我国刑事强制医疗是一个"专门针对精神病人、以安置和保障为目的的医疗确认程序"，即将强制医疗的决定权由公安机关"平移"给了法院，是对强制医疗的一种"确认"。[1] 在这一确认程序中，法官、检察官和辩护律师等程序参与者关注的焦点，是被告是否符合强制医疗的实体条件，是否应接受强制医疗，而至于谁来治疗、如何治疗、治疗的目标、效果和治疗的监督都不在法庭的考虑范围。就此而言，我国刑事强制医疗除了"确认"功能外，另一附带功能就是将刑事程序中的精神病人转移至医疗机构，发挥"传送带"的作用，并不参与治疗，也不具有相应的"治疗"功能。可见，我国刑事司法程序并不具有美国精神卫生法庭那样的治疗性功能。

（二）设立精神卫生法庭，建立统一的强制医疗/非自愿住院审查制度

尽管现有制度强化了刑事强制医疗和非自愿住院的区分，但二者在本质上并无实质差异：

（1）二者在性质上都是国家为了保护患者本人或他人人身、财产权利及公共利益，依照其固有权力而对具有危险性的精神病人所采取的限制人身自由的措施。

（2）就治疗方式而言，二者都是采取住院治疗，即通过隔离式的住院使患者在一定期限内接受持续的治疗，其人身自由、自主权、通讯、会见乃至个人生活均受到严重限制。

（3）法律效果相同。无论是刑事强制医疗还是非自愿住院，其法律效果都是将精神病人拘禁于医疗机构，迫使其接受治疗，并限制或剥夺其人身自由、自主权等基本权利。

---

[1]　元轶. 法官心证与精神病鉴定及强制医疗关系论［J］. 政法论坛，2016，6：104-105.

因此，刑事强制医疗与非自愿住院并没有本质区别，将二者予以合并，建立统一的强制医疗/非自愿住院制度并没有理论上的重大障碍。就实践而言，一元化的刑事强制医疗/非自愿住院制度能够降低制度的运行成本，实现制度的统一，避免制度分离所带来的沟通、衔接等方面的问题。更为重要的是，针对《精神卫生法》所规定的以医疗专业为主导的非自愿住院模式，学界普遍认为这一模式并不符合联合国《保护精神病患者和改善精神保健的原则》的规定[1]和人权保障的要求，因而主张建立更为中立、权威的审查机制。只是就非自愿住院的审查机构，有学者认为应借鉴我国台湾地区的经验，建立具有行政机关性质的审查委员会，由它行使非自愿住院的审查决定权。[2]也有学者认为，考虑到行政决定模式的弊病，应由法院决定非自愿住院。[3]在建立统一强制医疗/非自愿住院制度的背景下，由法院行使强制医疗/非自愿住院的审查决定权无疑更具合理性。具体而言，基层法院可成立精神卫生法庭，专门审理、决定精神病人的强制医疗/非自愿住院。

与美国将精神卫生法庭定位为刑事法庭和治疗法庭不同，我国精神卫生法庭的职权与功能应更加多元化，包括强制医疗的审查决定权、参与治疗、监督治疗、解除强制医疗等。具体而言，精神卫生法庭最为核心的职权是审查和决定患者的非自愿入院，无论是《刑事诉讼法》所规定的精神病人，抑或符合《精神卫生法》非自愿住院条件的精神障碍患者，其非自愿入院都应由法庭审查决定。此外，患者的延期住院和出院也应纳入法庭的审查范围。

在程序构造方面，美国精神卫生法庭可借鉴的方面包括：

（1）强制医疗/非自愿住院的审查程序无须采纳对抗式诉讼程序，可采取更加灵活的非讼程序，并提供最低程度的程序保障。所谓最低限度的程序保障，须呈现两个基本特性：第一，它应当涵盖审判程序中当事人的基本权利；第二，它还必须是现代文明司法审判制度基本且必要的组成部分。[4]

（2）发挥司法的"治疗"功能，促进和提升精神病人治疗的效果。强制医疗是改善精神病人的健康状态的治疗性措施，其目的不仅是监督和保护，还包括改善和治疗。[5]因此，司法的功能不应仅限于强制治疗事前的"确认"，还应发挥"治疗"功能。具体而言，当法庭经审理认为精神病人应接受强制医疗，法庭应进一步参与患者的治疗事项，包括确定可及的治疗机构与资源、治疗计划和治疗目的，并对治疗过程进行监督。

（3）强化精神卫生法庭与精神卫生服务体系的联系与合作。法庭应与精神卫生服务提供方共同拟定患者的治疗计划，并对医疗机构的治疗过程进行监督，决定治疗期限的延长和治疗的终止等。

[1]　联合国《保护精神病患者和改善精神保健的原则》规定："各国应设立对非自愿住院或留医进行审查的复查机构，复查机构是国内法设立的司法或其他独立和公正的机构，依照国内法规定的程序行使职能。"
[2]　唐忠民，陈绍辉. 论精神病人强制医疗程序之完善——以人身自由保障为视角 [J]. 河北法学，2014（10）：28-29.
[3]　郝振江. 论精神障碍患者非自愿住院的民事司法程序 [J]. 中外法学，2015，5：1297-1298.
[4]　郝振江. 论精神障碍患者非自愿住院的民事司法程序 [J]. 中外法学，2015，5：1302.
[5]　李至，童伟华. 法教义学视域中刑事强制医疗程序的再诠释 [J]. 河南财经政法大学学报，2016，3：87.

（4）借鉴国外经验，建立强制社区治疗制度。强制社区治疗是通过一定的强制措施，迫使精神病人在社区中接受治疗的一种强制医疗类型。尽管各国有关社区治疗的规定各异，但作为非自愿住院的替代方式，强制社区治疗能够使患者在更小限制的社区环境下接受治疗，从而增强患者治疗的依从性和治疗效果，且不至于过度地限制个人自由。随着社区卫生服务体系的发展，尤其是各国"去机构化"运动的发展，强制社区治疗获得越来越多国家的肯定。就我国而言，除了非自愿住院外，也有必要建立强制社区治疗制度，从而使病情较轻、危险性较小的精神病人能够在社区中接受治疗，而没有必要采取非自愿住院，以达到节省医疗资源，使患者早日融入社会的目的。

第四章
精神科治疗的法律规制

第一节 药物治疗及其法律规制

一、精神疾病的控制：从收容、隔离到治疗

精神疾病是一个古老而充满争议的话题，或许有人类以来，这种疾病就以不同形式出现，尽管具体所指可能并不完全相同，我们曾对这一现象赋予过许多不同的称谓：魔鬼附身、鬼神附体、癫狂、谵妄、疯子、疯癫、精神病、精神障碍等。对于这些精神异常及行为偏离者，我们有意无意地对其贴上污名化的标签，而这些标签成为他们不同于"正常人"的"隐喻"。正如苏珊·桑塔格所言，"正是那些被认为具有多重病因的疾病，具有被当作隐喻使用的最广泛的可能性，它们被用来描绘那些社会意义和道德意义上不正确的事物。"[1]同时，受某种深层或无意识的心理需求的驱使，我们会在自己与他者之间划出界限，以建立世界的秩序。因此，我们在内部成员和外部成员、黑人与白人、本地人与外来者、同性恋与非同性恋者、纯洁与受污染的心灵之间，做出某些截然的划分。[2]正是由于这种在正常与疯狂之间所做的截然划分，人们从来没有停止过对精神疾病以及精神病人的控制。

在精神医学诞生之前，家庭成员是精神病人的主要看护者，但"家庭看护是件可怕的事情"，精神病人被囚禁于畜栏的一角或隔离的屋子里，甚至人工挖掘的洞穴里。[3]如果这些精神病患者被赶出他们的家庭和村庄，他们会加入到流浪乞讨人群中去。将精神病人、穷人、流浪者驱逐出城市，是中世纪欧洲国家的惯常做法。但放逐并不能根除精神异常者，相反"只是加重了流浪问题——权力机关命令的反复重申本身就表示这些命令无效。"[4]相比之下，收容、隔离恐怕是中世纪城市所能找到的最有效的方式，具有收容与监护功能的收容院、疯人院、福利院应运而生。

欧洲最古老的精神病收容院是贝特莱姆收容院，它在1547年被伦敦市接管后，一直作为市营收容院，并存续到1948年。除此之外，18世纪的英格兰涌现了众多收容富

[1] 苏珊·桑塔格. 疾病的隐喻［M］. 程巍，译. 上海：上海译文出版社，2003：55.

[2] ROY POTER. Madness: a brief history [M]. New York: Oxford University Press, 2002: 9.

[3] 爱德华·肖特. 精神病学史——从收容院到百忧解［M］. 韩健平，胡颖翀，李亚平，译. 上海：上海科技教育出版社，2008：2-3.

[4] 若兹·库贝洛. 流浪的历史［M］. 曹丹红，译. 桂林：广西师范大学出版社，2005：3.

人的私人疯人院，而大多数疯人被视为靠救济度日者而被安置于收容院，但二者的境况都骇人听闻。在收容院里，殴打、鞭笞、强奸等司空见惯，无限期的拘禁更是习以为常。1656年巴黎总医院的设立标志着欧洲以疯人和穷人为对象的"大禁闭"时代的来临。[1]巴黎总医院不是一个医疗机构，"它是一个半司法机构，一个独立的行政机构。它拥有合法的权力，能够在法院之外裁决、审判和执行。巴黎总医院是国王在警察和法院之间、在法律的边缘建立的一种奇特权力，是第三种压迫秩序。"[2]通过划定禁闭场所，赋予其隔离权力，精神病人被戴上锁链、铐上枷锁拘禁于肮脏不堪的收容院内，它的目的不是治疗疾病，而是出于社会秩序和安全的考虑——将那些与社会格格不入、焦躁不安的危险分子隔离开来，使之消失在公众的视野之外。

18世纪后期，治疗乐观主义开始席卷整个医疗界，一些收容院医生提出机构可以有效照料精神病人，并明确将治疗的效力归于收容院。[3]在法国，皮内尔于1795年解除了精神病人的镣铐，使精神病人获得更为人道的待遇。在美洲大陆，直到1752年宾夕法尼亚州才建立了第一所真正意义上的精神病院，患者是那些"疯子"或"癫狂者"，他们被关押在阴暗、臭气熏天的隔间里，不听话的患者还被拴在地板或墙上。除了忍受不堪的条件，住院患者还得遭受作为公众展示品的耻辱。在这家精神病院开张后，人们纷至沓来观看疯人，将之视为娱乐。在这一时期，对精神病人的治疗仍然遵循原始的教条，将精神病人视为需要"控制和打击"的"野兽"，主要的治疗方法为放血治疗（直到其昏厥），使用大剂量的泻药、催吐剂等。[4]

19世纪中期以来，随着精神病院模式迅速发展，这些机构内的住院人数急剧增加，但获得"治疗"的希望却十分渺茫。由于多数精神病院的条件简陋，治疗能力低下，住院精神病人的境况极为恶劣，精神病医院几乎沦为无限期收容精神病人的"人体货仓"，"在那里任何实施治疗的希望都是幻想"。[5]

在20世纪，弗洛伊德的精神分析疗法获得广泛的支持，心理治疗的领域不断扩张；同时，生物精神医学也开始大放异彩，特别是以"氯丙嗪"为代表的抗精神病药物的发现和应用，使精神疾病的治疗进入"精神药理学时代"。氯丙嗪在精神病学中引起了一场革命，可以与将青霉素引入普通内科学相媲美。尽管它不能治愈导致精神失常的

[1]　这是福柯的观点，但不少学者指出这个观点过于轻率，"大禁闭"只是法国的现象。在同一时期的欧洲其他国家，并没有出现疯人院机构突然增长的情形，至少在英国只有很少一批精神病人被拘禁在私立或公立的收容院。甚至有学者指出"在英格兰，像法国哲学家福柯那样谈论任何方式的'大拘禁'都是胡扯"。参见：爱德华·肖特．精神病学史——从收容院到百忧解［M］．韩健平，胡颖翀，李亚平，译．上海：上海科技教育出版社，2008：7. ROY POTER. Madness: a brief history［M］. New York: Oxford University Press, 2002: 98-99.

[2]　米歇尔·福柯．疯癫与文明：理性时代的疯癫史［M］．刘北城，杨远婴，译．3版．北京：生活·读书·新知三联书店，2007：37-38.

[3]　爱德华·肖特．精神病学史——从收容院到百忧解［M］．韩健平，胡颖翀，李亚平，译．上海：上海科技教育出版社，2008：14-15.

[4]　LAURA E, HORTAS. Asylum protection for the mentally disabled: how the evolution of rights for the mentally ill in the United States created a "social group"［J］. Conn J Int'l L, 2004, 20: 157.

[5]　爱德华·肖特．精神病学史——从收容院到百忧解［M］．韩健平，胡颖翀，李亚平，译．上海：上海科技教育出版社，2008：82.

疾病，但它的确祛除了患者的主要症状，使他们过上相对正常的生活，而不是被禁闭在收容院。[1]继氯丙嗪之后，到20世纪60年代，相继合成了吩噻嗪类、硫杂蒽类、丁酰苯类药物，形成了第一代抗精神病药物；20世纪90年代以后，第二代抗精神病药物开始广泛引入，并逐渐成为临床首选药物。[2]

随着抗精神病药物的发明和广泛应用，精神病学越来越成为一门偏于提供药物治疗的学科，以往的各种治疗方法，要么被彻底摒弃，要么处于边缘或辅助地位。在现有治疗方法中，电抽搐治疗、精神外科治疗、胰岛素治疗等治疗方法具有严格的适用证和禁忌证，适用领域有限；心理治疗尽管适用范围广，但对于多数精神障碍尤其是重性精神障碍的治疗，仍需与药物治疗等疗法联合使用或处于辅助地位；药物治疗无疑处于支配地位，抗精神病药物在临床广泛使用。估计在全球各种处方中，精神类药物约占20%。[3]在英国，精神药物占全部处方的8.6%，费用占全部处方药物的10%。[4]在美国，抗精神病药物和抗抑郁药物经常挤进药物销售排行榜前5名，2010年抗精神病药物全球销售额达到220亿美元。[5]

二、实现药物治疗规制的必要性

（一）抗精神病药物的副作用

抗精神病药物有广泛的副作用，常见副作用包括口干、恶心、呕吐、食欲不振、心跳过速、体重增加、意识障碍、锥体外系反应等，也有的药物导致患者乏力、嗜睡、迟钝、注意力不易唤醒、思维、行动迟缓。由于精神药物主要作用于神经系统，因而以神经系统的副作用最为突出，其中以锥体外系反应最为严重。

锥体外系是人体运动系统的组成部分，其主要功能是调节肌张力、肌肉的协调运动与平衡。氯丙嗪、奋乃静等典型抗精神病药物可能会使锥体外系兴奋性增强，导致锥体外系控制的肌力和肌紧张度失控，从而引起一系列与肌力和肌紧张相关的症状和体征，包括急性肌张力障碍、静坐不能、药源性帕金森综合征、迟发性运动障碍等。急性肌张力障碍表现为强迫性张口、伸舌、斜颈、呼吸运动障碍及吞咽困难，患者往往全身大汗淋漓，十分痛苦；静坐不能，主要表现为主观体验想静坐，但客观上却处于无法控制的不停运动状态；外在表现为坐立不安、心神不宁、两腿不停移动、抓耳挠腮等客观运动异常，症状明显时出现坐起躺下、来回走动、焦虑、易激惹、烦躁不安、恐惧。静坐不能

[1] 爱德华·肖特. 精神病学史——从收容院到百忧解 [M]. 韩健平, 胡颖翀, 李亚平, 译. 上海: 上海科技教育出版社, 2008: 338.
[2] 张云淑, 王健, 徐娜, 等. 某省级精神卫生中心2002—2011年抗精神病药物用药频度分析 [J]. 中国全科医学, 2016 (11): 1345.
[3] 沈渔邨. 精神病学 [M]. 5版. 北京: 人民卫生出版社, 2009: 824.
[4] PETER BARTLETT, RALPH SANDLAND. Mental health law: policy and practice [M]. New York: Oxford University Press, 2014: 402.
[5] 安德鲁·斯卡尔. 文明中的疯癫——一部关于精神错乱的文化史 [M]. 经雷, 译. 北京: 社会科学文献出版社, 2020: 436.

的主观体验十分不适，正如患者的描述："骨头里和心底里感到发痒，令人无法忍受"。[1]

此外，药源性帕金森综合征是锥体外系反应最为常见的表现，其症状包括：

（1）运动不能。患者服药后感到虽想动作但又感困难，因而动作明显减少，往往坐在那里一整天不移动位置。[2]

（2）震颤。表现为双手有规则、有节奏地来回抖动，有时也表现为嘴唇或下颚或下肢的抖动。

（3）肌张力增高。表现为肌肉僵直，呈现面具脸和拖行步态。严重者可出现吞咽困难、构音障碍、全身肌强直。[3]

在慢性药物不良反应中，最为严重的是迟发性运动障碍。迟发性运动障碍是患者长期服用抗精神病药物后出现的异常不自主运动综合征，以口、舌、唇、面部不自主运动最为突出。开始时表现为嘴唇和舌部有不自主的动作，有的患者表现为肢体的不自主动作，如四肢舞蹈或指划样动作，有的患者脸上出现奇怪的快慢不定的扭动，如同扮鬼脸。这些动作都有不自主的特点，自己无法自主控制。临床发现的迟发性运动障碍，大多已有时日，很难恢复，且没有有效的治疗药物，可能持续终身。[4]

一般认为第一代抗精神病药物的副作用更为严重，第二代抗精神病药物的副作用更小，很少引起锥体外系反应。然而，也有人认为所谓第二代抗精神病药物不过是医药公司包装和营销上的神来之笔，和第一代抗精神病药物相比，这类药物并不具备特别好的疗效，没有对具体症状起改善作用，副作用的情况也没有明显不同。[5]无论如何，相对于其他药物，抗精神病药物确实具有更为严重的副作用，其副作用往往给患者的身心健康带来严重伤害，且部分不良反应可能持续终身，没有有效的处理方法，从而使患者饱受痛苦、备受折磨。正是基于精神药物的严重副作用和对患者可能产生严重伤害，规范精神药物的使用，实现合理用药，是必须严肃对待的问题。

（二）不合理用药与药物滥用

在实践中，精神疾病的种类众多，但不是每种精神疾病都有对症的药物，临床中可供医生选择的药物并不多。因此，医生很难针对各种疾病开出对症的药物，针对精神分裂症的药物也可能不适当用于具有类似症状的疾病。[6]患者所服用的药物可能完全没有疗效，副作用却非常大，从而给患者身心健康带来更大的风险。同时，精神疾病治疗中联合用药现象非常普遍，比如联合使用抗抑郁药、抗焦虑药、抗精神分裂药、安眠药、心境稳定药等不同治疗目的的药物，甚至为了追求快速起效时间，将几种不同作用机制

---

[1]　徐韬园. 现代精神医学［M］. 上海：上海医科大学出版社，2000：140.

[2]　徐韬园. 现代精神医学［M］. 上海：上海医科大学出版社，2000：138.

[3]　沈渔邨. 精神病学［M］. 5版. 北京：人民卫生出版社，2009：837.

[4]　徐韬园. 现代精神医学［M］. 上海：上海医科大学出版社，2000：140.

[5]　安德鲁·斯卡尔. 文明中的疯癫——一部关于精神错乱的文化史［M］. 经雷，译. 北京：社会科学文献出版社，2020：440.

[6]　MARY C MCCARRON. The right to refuse antipsychotic drugs: safeguarding the mentally incompetent patient's right to procedural due process［J］. Marquette Law Review, 1990, 73: 484.

的药物联合用于首诊患者，从而出现过度联合用药的现象。[1]

精神药品的滥用是值得特别关注的问题，以往法律规制的重点是防止个人滥用精神药品，但对于医疗机构和精神科医生滥用精神药品问题却缺乏关注。精神药品具有很强的镇静作用，医疗机构可能会出于管理便利和维护秩序目的使用抗精神病药物，尤其是针对具有暴力倾向和扰乱秩序的住院患者。不合理用药和药物滥用可能严重损害患者的身心健康，并导致药物依赖及其他行为障碍，从而引发严重的公共卫生和社会问题。因此，实现药品使用的规制是防止药品不当使用和滥用的必然要求。

三、药物治疗的规制方式

（一）域外经验

1. 英国

在精神医疗领域，药物治疗是使用最为广泛的治疗方式。鉴于精神药物有严重副作用，英国《精神卫生法》对药物治疗进行了限制性规定。英国《精神卫生法》第58条规定，非自愿住院患者在首次用药后的3个月，只有当患者具有同意能力且同意用药，或经一名指定医生（approved clinician）许可且认为患者适合接受这一药物治疗的，[2]方可继续实施药物治疗。具体而言，如果患者同意治疗，指定医生应确认患者具有理解治疗的性质、目标及可能效果的能力，且做出了同意的决定；或者当一名指定医生确认患者缺乏同意治疗的能力；或者患者具有同意治疗的能力但拒绝治疗，而指定医生认为患者适合接受药物治疗，可继续实施药物治疗。指定医生在认定治疗是否"合适"时，应考虑药物治疗是否符合患者的最大利益，以及强制用药可能给患者造成的伤害。在做出决定前，指定医生必须听取除责任医生以外的其他参与治疗的专业人员的意见，其中一名为护士，另外一名为护士或医生以外的其他专业人员，实践中一般为社会工作者。[3]

英国《精神卫生法》第58条仅适用于药物治疗，不适用于其他治疗方式，其主要目的是保护患者免受药物治疗副作用所带来的伤害。值得注意的是，为期3个月的治疗期限是从患者拘禁后的首次用药开始计算的，而非以患者入院的时间为起始时间。尽管如此，实际区别不大，因为多数患者在入院时就已经开始药物治疗。[4]从以上分析可见，英国对药物治疗的规制主要体现在两方面：一是规定强制药物治疗的期限，期限为3个

---

[1] 邵红霞. 精神病专科医院门诊处方点评［J］. 内蒙古医学杂志，2016（9）：1082.
　　丰丽萍. 我院精神科门诊不合理用药分析［J］. 当代临床医刊，2017（3）：3181.

[2] approved clinician是指经国务大臣批准的医生，专门负责相关治疗的"再次确认"，因而在实践中被称为"a second opinion appointed doctor"（SOAD），在非自愿住院患者的治疗中发挥重要角色，本文将其翻译为"指定医生"。KRIS GLEDHIL. Defending mentally disordered persons［M］. London：LAG Education and Service Trust Limited，2013：82.

[3] PETER BARTLETT, RALPH SANDLAND. Mental health law: policy and practice [M]. New York: Oxford University Press, 2014: 411.

[4] PETER BARTLETT, RALPH SANDLAND. Mental health law: policy and practice [M]. New York: Oxford University Press, 2014: 410.

月；二是超过3个月期限继续进行药物治疗，要么取得患者有效同意，要么经医生的评估认为仍有必要继续进行药物治疗。由此可见，英国法律对药物治疗的规制主要是通过治疗期限和评估程序实现。

2. 美国

在美国，精神障碍患者的药物治疗应遵循医生的专业判断，要求医生根据治疗当时的最佳诊疗实践提供治疗，以实现促进患者健康与康复的目标。在实践中，医生的药物治疗除了应遵循医学专业标准外，还应遵循两方面的原则：知情同意和尊重患者的拒绝治疗权。

（1）遵循知情同意原则

在美国，各州法律都规定，无论是自愿入院还是非自愿入院患者，都推定其具有行为能力，精神障碍患者应被告知药物治疗的受益和风险，并有权同意或拒绝药物治疗。因此，对于自愿入院的成年患者或具有决定能力的非自愿入院患者，医生的用药治疗应取得患者的知情同意，并签署固定格式的知情同意文书，或取得患者的口头同意。

上述知情同意原则也存在例外情形，以新泽西州的《药物治疗的知情同意政策》为例，不予告知的例外情形包括：

① 在紧急情况下的72小时内对患者进行精神药物治疗；

② 如果患者拒绝同意药物治疗，无论其是否具有决定能力，应依照法定程序评估非自愿药物治疗的必要性，如经评估认为应对该患者强制用药，可否定患者做出的拒绝治疗决定。

（2）尊重患者的拒绝治疗权

拒绝治疗权是各州州法和判例普遍承认的权利，甚至不少法院的判决认为这一权利属于患者的宪法权利。最早确立拒绝治疗权的判例是伦尼诉克莱恩案（Rennie v. Klein）。[1] 在该案中，原告约翰·伦尼（John Rennie）是州立安科拉精神病院（Ancora Psychiatric Hospital）的非自愿住院患者。1977年12月，原告向法院提起诉讼，指控医院违背其意愿使用抗精神病药侵害其享有的拒绝治疗权。地区法院在分析抗精神病药物的利弊和原告所接受的治疗情况基础上，认为患者在非紧急情况下享有拒绝治疗权，但这一宪法权利不是绝对的，当政府证明其享有更重大的利益时，拒绝治疗权可被限制。上诉法院认为，所有抗精神病药物都对神经系统产生副作用，患者的自由权因强制用药而受到严重侵害，而这一自由权应受到第十四修正案正当程序条款的保护。因此，根据正当程序条款，拘禁于州立机构中的精神病人享有拒绝抗精神病药物治疗的权利。然而，拒绝治疗权应受政府合理利益的限制。具体而言，当患者对本人或他人具有危险性时，州可限制患者拒绝治疗权，但是在非紧急情况下必须提供正当程序保护。对此，法院认为这一正当程序并不意味着必须采取对抗式司法听证程序，新泽西州所提供的具有行政性质的内部听证程序也符合正当程序的要求。

---

[1] Rennie v. Klein, 462 F. Supp. 1131 (D. N. J. 1978). (Rennie I), 476 F. Supp. 1294 (D. N. J. 1979) [Rennie II], stay granted by 481 F. Supp. 552 (D. N. J. 1979), vacated en banc, 653 F.2d 836 (3d Cir. 1981) [Rennie III], vacated and remanded, 458 U.S. 1119 (1982) [Rennie IV], opinion on remand, 720 F.2d 266 (3d Cir. 1983) (en banc) [Rennie V].

在伦尼诉克莱恩案之后，拒绝治疗权在后续判例和各州立法中均有体现。基于这一权利，一方面无论是自愿入院患者，还是非自愿入院患者，都有权拒绝相关治疗；另一方面，州为了保护公共利益和患者利益，有权依据警察权和国家监护权限制患者的拒绝治疗权，从而可对患者采取强制治疗，但对拒绝治疗权的限制仍应遵循正当程序原则。只是相关判例和各州立法对限制患者的拒绝治疗权应采取何种程序方符合正当程序原则存有分歧，不少州法规定应采取对抗式司法听证程序，也有的州只是规定采取行政性质的内部听证程序，如新泽西州，在非紧急情况下，对精神障碍患者采取强制药物治疗，医院任命的由医生（参与和未参与治疗的医生各1名）和行政人员组成的3人小组举行药物治疗审查听证（medication review hearing），强制药物治疗须经该小组批准。在听证程序中，患者享有事先获得通知、出席听证、提交证据、质证、询问证人等权利。经审查听证，审查小组可决定授权为期14天的强制用药，经审查决定还可延长90天。

（二）我国法律的规定及其完善

我国法律、法规对精神药品等特殊药品采取严格的管理措施，除了《药品管理法》的一般规定外，其最主要的规范依据是《麻醉药品和精神药品管理条例》。该条例对精神药品的实验研究、生产、经营、使用、储存、运输等进行全程监管，并专章对精神药品的使用做出了规范。其中，医疗机构使用精神药品的要求如下所述：

（1）医疗机构使用精神药品的资质管理。医疗机构需要使用第一类精神药品的，应当经所在地设区的市级人民政府卫生主管部门批准，取得麻醉药品、第一类精神药品购用印鉴卡（以下称印鉴卡）。医疗机构取得印鉴卡后才可向定点批发企业购买第一类精神药品。

（2）处方管理。执业医师只有经过精神药品使用知识的培训，并考核合格，才能取得第一类精神药品处方资格，方可在本医疗机构开具麻醉药品和第一类精神药品处方，但不得为自己开具该种处方。执业医师应当使用专用处方开具精神药品，单张处方的最大用量应当符合国务院卫生主管部门的规定。处方的调配人、核对人应当仔细核对第一类精神药品处方，签署姓名，并予以登记；对不符合本条例规定的，处方的调配人、核对人应当拒绝发药。

（3）精神药品的使用原则。①医务人员应当根据国务院卫生主管部门制定的临床应用指导原则使用麻醉药品和精神药品。②满足患者的合理用药需求，为确需使用第一类精神药品的患者提供药品。③对精神障碍患者使用药物，应当以诊断和治疗为目的，使用安全、有效的药物，不得为诊断或者治疗以外的目的使用药物。[1]

可见，从我国立法看，对精神药品使用的规制主要是通过对使用者的资格准入和处方管理实现，对于医务人员使用精神药品，更多是通过临床用药原则和诊疗规范等进行约束，实际上高度依从医界的专业判断。从保障用药安全和维护患者健康利益出发，应做到以下三点：①充分尊重患者的知情同意权，即便是对非自愿住院患者，也应最大程

---

[1]　参见《精神卫生法》第41条。

度地尊重其本人的意愿和意思表示；②对于拒绝治疗的患者，至少应提供一定的内部救济程序，如在医疗机构内成立"精神医疗审查委员会"审查决定是否应对患者进行强制药物治疗；③应建立对医疗机构及其医务人员药物治疗的约束机制，其核心是建立治疗期限和定期评估制度，避免治疗的长期化。

第二节 精神科特殊治疗的法律规制

相对于生理疾病的治疗，精神疾病的治疗方式仍然较为单一，其主要治疗方式包括药物治疗、心理治疗等。同时，精神医疗领域也存在一些特殊的治疗方式，如精神外科治疗、电抽搐治疗及其他不可逆的治疗方式等，这些治疗方法往往要么具有高度的风险性、不确定性，要么因施用于不具有意思表示能力的患者而容易被滥用，从保护精神障碍患者的合法权益出发，法律应对这些特殊治疗方式进行专门规制。

一、精神科外科治疗

（一）精神外科治疗及其风险

精神外科（psychosurgery）是指对脑内某些联系纤维或特定部位采用刺激、毁损、切除等外科方法，从而改变脑的功能，以消除或减轻患者的精神症状。[1]真正意义上的精神外科治疗是葡萄牙神经病学家莫尼兹（Moniz）1935年实施的前额叶白质切断术，这一手术曾在欧美国家广泛开展，但其疗效和安全性不确切，且具有人格改变、痴呆等严重不良反应，并发症高达50%，[2]因而引发巨大的争议和批评。20世纪50年代以来，随着抗精神病药物在临床中的应用，精神外科开始陷入低谷，但对于行为治疗无效、药物治疗不敏感或需要不断加量而引起明显副作用的严重精神疾病患者，脑内核团定向毁损术仍在临床谨慎开展并沿用至今。[3]

精神科外科治疗是侵袭性最为严重的治疗方式。除了外科手术本身的风险外，精神科外科治疗通常会导致患者智力下降和情感迟钝。在美国，法院认为："精神科外科治疗将损害患者的情绪，导致其思维能力、学习能力的下降，造成过度镇静、冷漠"，从而认为这一治疗侵害个人受宪法保护的言论自由。[4]同时，精神科外科手术治疗具有不可逆性，至少已经被破坏的脑组织不会再重生，也可能造成永久性的人格改变，包括改变个人的思维、感觉、行为，甚至是一个人的所有特性。[5]正因为这一治疗方式有高度风险性和严重副作用，精神医学界对这一治疗方式持十分谨慎的态度，各国立法亦采取

[1] 杨树源，只达石. 神经外科学［M］. 北京：人民卫生出版社，2008：1575.
[2] 汪业汉，陈海宁. 精神外科过去、现在与未来［J］. 立体定向和功能性神经外科杂志，2008（1）：55.
[3] 傅先明，魏祥品. 精神外科的历史、现状与发展［J］. 科技导报，2017（4）：27.
[4] Kaimowitz v. Michigan Dep't of Mental Health, Civ. No. 73-19434-AW (Mich. Cir. Ct. [Wayne Cty.] July 10, 1973).
[5] BRUCE J WINICK. The right to refuse mental health treatment: first amendment perspective［J］. Miami L Rev, 1989, 44: 64-65.

较为严格的立场。

（二）精神外科治疗的法律规制

《保护精神病患者和改善精神保健的原则》认为不得对非自愿患者施行精神外科及其他侵扰性和不可逆治疗。[1] 世界卫生组织亦认为不允许将精神外科治疗和其他不可逆性治疗手段使用在无知情同意能力的患者身上。同时，鉴于某些治疗的不可逆性，立法可为已做出同意决定的患者提供进一步的保护措施，即强制性规定相关治疗须经独立的审查机关的批准。[2] 由此可见，国际上普遍认为精神外科治疗不得运用于非自愿住院患者，而对于自愿住院患者，则应履行严格的知情同意手续，且该治疗应经审查机关的审查许可。

相反，也有国家和地区认可精神外科治疗适用于非自愿住院患者，但对其实施程序做出了规制。例如，英国《精神卫生法》第57条规定，破坏脑组织或其功能的任何手术，符合以下条件方可实施：

（1）患者具有理解治疗的性质、目标及其可能效果的能力，且做出了同意的决定；

（2）指定医生（approved clinician）确认患者适合接受该治疗。指定医生在做出许可前，应听取另外两名参与治疗的专业人员的意见，其中一名为护士，另外一名为护士或医生以外的其他专业人员。本条适用于所有患者，而不仅仅是非自愿住院患者，但其适用对象限于具有理解能力的精神障碍患者。

我国台湾地区所谓的"精神卫生法"（2007年修正）第47条规定，精神外科手术只能由教学医院为治疗精神疾病之需要而施行，且应履行以下程序：

（1）拟订计划；

（2）经有关医疗科技人员、法律专家及社会工作者会同审查通过。

（三）我国法律对精神外科治疗的规制

我国《精神卫生法》第42条明确禁止对非自愿住院患者实施以治疗精神障碍为目的的外科手术，但这并不排除精神外科治疗可用于自愿住院患者。即便对自愿住院患者，也应明确规定精神外科治疗的适用范围，即严格依照相关医学规范在适应证范围内实施，不得扩大适应证范围。例如，国内部分医疗机构曾将精神外科手术用于戒毒治疗，引发巨大争议，最终被卫生部叫停。这一事件反映了在利益驱动下，精神外科手术仍可能被滥用。为此，卫生部于2008年4月发布《关于加强神经外科手术治疗精神疾病管理有关问题的通知》（以下简称《通知》），《通知》强调神经外科手术治疗属于限制性技术，并涉及伦理评价问题，应严格在限定的机构、人员和条件下，有限制地实施。《通知》指出，神经外科手术治疗精神疾病的适应证为国际学术界没有争议的、经规范

---

[1]　参见《保护精神病患者和改善精神保健的原则》："决不得对精神病院的非自愿住院患者进行精神外科及其他侵扰性和不可逆治疗，对于其他患者，在国内法准许进行此类治疗的情况下，只有患者给予知情同意且独立的外部机构确信该知情同意属实，而且这种治疗最符合患者病情需要时，才可施行此类手术。"

[2]　世界卫生组织. 精神卫生、人权与立法资源手册［M］. 日内瓦：世界卫生组织，2006：85.

化非手术方式长期治疗无效、患者脑部有器质性改变或长期频发异常脑电波、给患者家庭和社会造成严重危害的难治性强迫症、抑郁症、焦虑症等精神疾病。精神分裂症等不属于神经外科手术治疗精神疾病的适应证。《通知》发布后，中国公立医院的精神外科手术数量锐减。[1]最后，对自愿住院患者实施精神外科治疗，必须严格履行知情同意手续，充分尊重患者的知情权和选择权，取得患者本人的有效同意，且手术必须通过医院伦理委员会审查。

二、电抽搐治疗

（一）电抽搐治疗及其争议

电抽搐治疗，又称为电痉挛治疗或电休克治疗，是指用短暂适量的电流刺激大脑，引起患者意识丧失、皮层广泛性脑电发放和全身抽搐，以达到控制患者精神症状的治疗方法。[2]电抽搐治疗的原理并不十分清楚，但它对改善患者的情绪有积极的效果，尤其是对重度抑郁症，其效果往往比药物更好。同时，电击疗法也用于某些紧急情况，如自杀者、绝食导致生命垂危者等。[3]因此，在临床实践中，电抽搐治疗的适应证主要为严重抑郁、消极自杀、木僵拒食、极度兴奋躁动等，[4]并证明有良好的治疗效果。

然而，电抽搐治疗自20世纪30年代产生以来就引发巨大争议，其副作用包括骨折、关节脱臼等，在使用麻醉剂和肌肉松弛剂之后，上述副作用显著减少，目前最为突出的副作用是记忆减退，但多数情况是暂时的，一般在治疗后都会自行好转而无须处理。尽管对电抽搐治疗存在着重大争议，而且一些人认为应将其废止，[5]但我国精神医学界认为这一治疗方法适应证广，安全性高，并发症少，已作为标准的治疗，在临床实践中广泛使用。[6]

我国《精神卫生法》没有对电抽搐治疗等特殊治疗做出任何规定，在临床实践中，医疗机构及精神科医师主要遵从相关诊疗规范和惯例，并予以实施。然而，由于缺乏立法规范和监管，电抽搐治疗的使用十分混乱，不仅医疗机构在用，不具有医疗机构资质的商业机构，甚至是无任何合法资质的机构或个人都在使用，其典型例子就是将电抽搐治疗用于"网瘾"者的治疗。

（二）电抽搐治疗的法律规制

结合域外立法经验，电抽搐治疗的规制主要涉及以下方面。

［1］　傅先明，魏祥品. 精神外科的历史、现状与发展［J］. 科技导报，2017（4）：28.
［2］　沈渔邨. 精神病学［M］. 5版. 北京：人民卫生出版社，2009：946.
［3］　PETER BARTLETT, RALPH SANDLAND. Mental health law: policy and practice [M]. New York: Oxford University Press, 2014: 403.
［4］　沈渔邨. 精神病学［M］. 5版. 北京：人民卫生出版社，2009：946-947. 徐韬园. 现代精神医学［M］. 上海：上海医科大学出版社，2000：154.
［5］　世界卫生组织. 精神卫生、人权与立法资源手册［R］. 日内瓦：世界卫生组织，2006：86.
［6］　沈渔邨. 精神病学［M］. 5版. 北京：人民卫生出版社，2009：946.

1. 适用范围和对象

首先，电抽搐治疗只能由医疗机构和具有资质的医师使用，其他任何机构和人员不得使用该治疗方法；其次，就适用对象而言，鉴于对未成年人尚无使用电抽搐治疗的适应证，世界卫生组织建议立法禁止对未成年人使用电抽搐治疗。[1]美国、澳大利亚的部分州、意大利等都禁止对儿童实施电抽搐治疗。美国精神医学协会颁布的《电痉挛治疗指引》指出："对于儿童及青少年，只有当其他可行的治疗方法失效或其他的治疗方法被证实不安全时，才可以接受电抽搐治疗。"[2]考虑到未成年人大脑发育尚不成熟、罹患精神疾病的病史不长，其精神疾病的类型相对于成人又有其特殊性，治疗儿童精神疾病缺乏明确的理论基础和实验根据，应禁止对其施行特殊治疗方式及电痉挛治疗，[3]因此，我国立法宜明确禁止对儿童实施电抽搐治疗。最后，传统的电抽搐治疗具有严重副作用，非特殊情形下，应停止使用。换言之，临床实践中只能使用改良方式的电抽搐治疗，即应联合使用麻醉剂和肌松药物。

2. 使用目的

电抽搐治疗只能用于医疗目的，且严格在适应证范围内使用，禁止出于惩罚、管理等目的使用该治疗方法。然而，由于缺乏严格管理，电抽搐治疗很容易被滥用。例如，在没有确切的证据证明电抽搐治疗对"网瘾"者具有治疗效果的情况下，很多机构，包括著名的"网瘾治疗专家"杨某信，出于管教和惩罚目的使用电抽搐治疗，从而给被"治疗"的未成年人造成严重的身心伤害。[4]

3. 遵循知情同意原则

电抽搐治疗既适用于自愿住院患者，也适用于非自愿住院患者，但都应履行知情同意手续，尊重患者的知情同意权。对具有同意能力的患者，应取得患者本人的有效同意；对不具有知情同意能力的患者，应取得监护人的同意。英国《精神卫生法》还要求不得与患者的预先指示相冲突。

4. 紧急情况下，未经患者同意的电抽搐治疗

违背患者意愿的电抽搐治疗，原则上仅限于紧急情况下方可实施。对于紧急情况的界定，英国《精神卫生法》的规定可供参考。英国《精神卫生法》第62条规定紧急治疗适用于以下情形：①需要立刻挽救患者生命的情形；②需要立刻防止患者状况恶化的情形；③需要立刻减轻患者严重病情的情形；④需要立刻采取最低限度干预，以防止患者实施暴力行为，或者对本人或他人造成危险的情形。我国台湾地区所谓的"精神卫生法"规定，在病人病情急迫的情况下，一位专科医师认为有必要，并依规定取得成年患者本人或保护人、未成年患者法定代理人的同意后，医疗机构方可对精神病人实施电痉挛治疗。

[1]　世界卫生组织. 精神卫生、人权与立法资源手册［R］. 日内瓦：世界卫生组织，2006：86.
[2]　李郁强，赵俊详. 论精神疾病特殊治疗及电痉挛治疗之法规范［J］. 法学评论，2013（42）：100.
[3]　李郁强，赵俊详. 论精神疾病特殊治疗及电痉挛治疗之法规范［J］. 法学评论，2013（42）：101.
[4]　赵楠. 重创心灵的"电击疗法"［J］. 科技潮，2009（11）：56-57.
　　　曹政，孙梦. "网瘾"治疗混战何时了［N］. 健康报，2009-7-27（6）.

三、实验性临床治疗

临床试验，又称为人体试验，是指在生物学、医学领域内，以自然人作为试验的对象，以验证科学推理或假定为目的，进行新药物、新医疗设备、新治疗方法试验研究的行为。[1]临床试验具有高度的风险性和不确定性，为保障受试者的合法权利，应对临床试验的实施进行严格的法律规制，特别是受试者为不具有知情同意能力的精神病人时，对其适用更应持特别谨慎和严格的态度。

（一）精神障碍患者临床试验的国际规则

《纽伦堡法典》对精神障碍患者的人体试验持全面禁止的立场。[2]《赫尔辛基宣言》降低了知情同意的要求，将人体试验扩大到了无知情同意能力的主体，包括精神障碍患者，前提是取得法定代理人等合法授权代表的知情同意。但是，《赫尔辛基宣言》原则上不允许将无知情同意能力的人纳入其不可受益的研究，"除非这项研究旨在促进这些潜在受试者所代表人群的健康，试验不能由具有给予知情同意行为能力的人替代进行，且仅有最低程度的风险和最低程度的负担。"[3]《保护精神病患者和改善精神保健的原则》对试验性临床治疗持更为宽松的态度，只要经"专门组成的独立主管审查机构批准"，即可对无知情同意能力的患者实施临床试验或试验性治疗。很明显，《保护精神病患者和改善精神保健的原则》并不禁止非治疗性试验。

《欧洲人权和生物医学公约》第17条对无同意能力受试者给予特殊保护，除应合乎人体试验的一般条件外，还要求研究结果可能给受试者健康带来真实、直接的益处，且获得相当效果的试验不能在具有同意能力的人身上进行，应获得法定代理人或法律规定的机关、个人或机构的授权，且受试者不反对。对于不能给受试者健康带来好处的人体试验，则给予了更为严格的限制。[4]

（二）我国《精神卫生法》对临床试验的规制及其完善

我国《精神卫生法》允许医疗机构对精神障碍患者实施与精神障碍治疗有关的实验性临床医疗，并规定了知情同意的一般规则，但禁止对精神障碍患者实施与治疗其精神障碍无关的实验性临床医疗。同时，针对精神障碍患者的临床试验还应遵循有关人体试验的一般规则，包括《涉及人的生物医学研究伦理审查办法》《药物临床试验质量管理规范》《医疗器械临床试验规定》等。

1. 临床试验的范围

鉴于精神障碍患者往往不具有充分的知情同意能力，尤其是对于非自愿住院患者，

---

[1] 满洪杰：人体试验法律问题研究［M］. 北京：中国法制出版社，2013：3.
[2] 《纽伦堡法典》第1条规定："受试者的自愿同意是绝对必要的。"这意味着受试人应有同意能力。
[3] 参见《赫尔辛基宣言》原则28。
[4] 参见《欧洲人权和生物医学公约》第17条第2款之规定。

限制性环境将影响患者真实意思的表示，从保障这一弱势群体的权利出发，应尽可能禁止将精神障碍患者纳入人体试验的范围。然而，一刀切的禁止做法实际上并不可行，对于涉及精神障碍治疗的临床试验，受试者只能是患有精神障碍的人。作为权衡，无论是相关国际医学伦理规则，抑或各国立法，一般允许将精神障碍患者纳入治疗性临床试验，禁止无意思表示能力的精神障碍患者参与非治疗性的试验。换言之，针对精神障碍患者的临床试验，其目的是为获得有关精神障碍患者治疗所需要的知识，并且研究只能在他们身上进行。如果研究能够在心智正常的人身上得到相同的结果，就不能将精神障碍患者作为研究受试者。我国《精神卫生法》亦采取这一模式，禁止对精神障碍患者实施与治疗其精神障碍无关的实验性临床医疗。但是我国法律仍然允许医疗机构将无直接受益的精神障碍患者纳入与精神障碍治疗有关的研究，而《赫尔辛基宣言》和《欧洲人权和生物医学公约》对此都进行了更为严格的规定。

2.　知情同意规则

知情同意原则是涉及人的生物医学研究所应遵循的首要原则。[1]涉及精神障碍患者的临床试验，除了应遵循知情同意的一般规则，法律往往还采取特殊的保护模式。具体而言，关于无同意能力受试者的知情同意模式，大致包括三种模式：一是监护人代理知情同意模式。此种模式无须考虑受试者的意愿，监护人就可决定受试者是否参加实验。二是双重同意模式。即同时应取得无同意能力受试者和监护人的同意，如美国对未成年人参加人体试验即采取此种模式。三是无同意能力受试者不拒绝加监护人同意模式，《欧洲人权和生物医学公约》即采取该模式。我国《精神卫生法》对无同意能力的精神障碍患者的临床试验采取第一种模式，这一模式并没有充分考虑患者本人的意愿，使得监护人的意愿凌驾于被监护人之上，不利于保护患者的利益。笔者认为，精神障碍患者的意愿仍应当予以充分尊重，毕竟试验所产生的风险是由患者本人承担，因此患者本人应该有决定的权利。我国宜摒弃传统的监护人代理知情同意模式，应采取第三种模式，即以患者本人不拒绝加监护人同意为条件。具体而言，必须在精神障碍患者能力范围内取得其同意，且应尊重受试者的拒绝权。如果受试者没有能力做出决定的，必须取得其法定代理人或监护人或被授权者的书面同意，[2]且受试者没有表示拒绝。此外，公共福利机构的工作人员，即使是合法监护人，一般不被认为是代理知情同意的合适人选。对已经由法院指令由公共福利机构托管的精神障碍患者，将其纳入研究需要取得法院授权。[3]

因此，对于能够理解研究内容和研究风险的精神障碍患者，应在他们精神状态许可范围内征求其是否同意参与临床试验的意见，并应充分尊重他们拒绝参与试验的意愿，绝对不可以在没有取得本人同意的情况下将其纳入临床试验。对于没有知情同意能力的精神障碍患者，医疗机构应有独立的评估程序，依据相关证据对其知情同意能力做出认定，只有在取得患者监护人同意的情况下，才可将其纳入临床试验。

[1]　参见《涉及人的生物医学研究伦理审查办法》第18条。
[2]　黄丁全. 医疗、法律与生命伦理［M］. 北京：法律出版社，2015：749.
[3]　熊宁宁，刘海涛，李昱，等. 涉及人的生物医学研究伦理审查指南［M］. 北京：科学出版社，2017：52.

四、重大外科治疗

这里所说的外科治疗是指针对精神障碍患者的生理疾病所实施的外科手术治疗，尤其是指具有高度风险性、导致人体器官丧失功能的外科手术，而不包括治疗精神障碍的外科手术。导致人体器官丧失功能的外科手术，具有高度的侵袭性、不可逆性，一旦滥用往往对患者权益造成严重影响，需要严格控制其适用条件。

（一）重大外科治疗的一般规制

《保护精神病患者和改善精神保健的原则》规定，只有在国内法许可，在最有利于精神障碍患者健康需要以及获得患者知情同意的情况下，方可对患者实施重大的外科手术。如果患者没有知情同意能力，独立机构审查批准后方可手术。可见，《保护精神病患者和改善精神保健的原则》强调知情同意原则，而对于无知情同意能力患者的重大外科治疗，还需经独立机构的审查批准。

应该说，精神障碍患者的外科治疗本质上与其他患者并无区别，只是考虑到精神障碍患者作为弱势群体，尤其是这些患者往往欠缺意思表示能力，为避免治疗的滥用，应强化对患者知情同意的保护。因此，我国《精神卫生法》第43条强调医疗机构实施导致人体器官丧失功能的外科手术，应对患者及其监护人履行告知义务，告知医疗风险、替代医疗方案等情况，并取得患者的书面同意。如果患者无法做出同意，应当取得其监护人的书面同意，并经医疗机构伦理委员会批准。

《保护精神病患者和改善精神保健的原则》特别强调"绝育决不能作为治疗精神病的手段"，患有精神障碍不应是未经知情同意而实施绝育手术（或人工流产）的理由。[1]这一规定主要是考虑到精神卫生机构管理者可能从管理便利的角度对患者实施绝育手术。[2]例如，2005年发生的"江苏省某市儿童福利院切除智力障碍（简称智障）少女子宫案"，则反映了这一问题。在该案中，某市儿童福利院在两名智障少女没有手术指征的情况下，决定对两名少女实行次全子宫切除术。尽管福利院方面辩称切除子宫的目的是"治疗"两名少女的痛经，但福利院的实际动机很可能是因为两名智障少女经期不能自理，"收拾起来非常麻烦"，切除子宫可以减轻福利院和护理人员的负担，也可以避免今后意外怀孕。[3]我国《精神卫生法》没有专门就绝育手术和人工流产问题做出规定，但这一行为完全能够被《精神卫生法》第43条所涵盖。

---

[1] 世界卫生组织. 精神卫生、人权与立法资源手册 [R]. 日内瓦：世界卫生组织，2006：86.
[2] 王岳. 疯癫与法律 [M]. 北京：法律出版社，2014：160.
[3] 本案一审判决认定福利院两名负责人和两名手术医生构成故意伤害罪，并判处相应刑罚。参见：鞠靖. 福利院切智障少女子宫的人道伦理争议 [N]. 南方周末，2005-6-9. 朱旭东，付一鸣. 切除智障少女子宫，有关人员获刑 [N]. 新华每日电讯，2006-7-9（2）. 祝彬，张传伦. 南通智障少女子宫切除案的法律思考——论智障者知情同意权的行使 [J]. 法律与医学杂志，2007（2）：140-141.

（二）紧急情况下重大外科治疗的实施

在紧急情况下，为挽救患者生命或防止其健康状况的严重恶化，需立刻采取抢救措施，在无法取得监护人或近亲属授权的情况下，医疗机构应如何实施治疗行为？对此，《民法典》第1220条规定了紧急情况下免于知情同意的治疗，即经医疗机构负责人或授权的负责人批准，可立即实施相应的医疗措施。同样，《精神卫生法》第43条第2款规定，因情况紧急查找不到监护人，而需要实施导致人体器官丧失功能的外科手术时，应当取得本医疗机构负责人和伦理委员会批准。相对于《民法典》有关紧急治疗的批准程序，《精神卫生法》不仅要求取得医疗机构负责人的批准，还需取得医疗机构伦理委员会的审查批准，其目的旨在强化对精神障碍患者的权利保障。

第三节　约束、隔离的法律规制

对精神障碍患者的人身约束和隔离是一个由来已久的问题。无论是在精神医学诞生之前，还是在医学发展日新月异的今天，对精神障碍患者的约束和隔离都是普遍现象。如果说，在精神医学诞生之前，对精神障碍患者的约束和隔离是控制危险、防止暴力乃至实现社会控制的无奈之举，当今对住院患者的约束和隔离则更多是以"治疗"的名义进行的。然而，无论出于何种动机和目的，约束和隔离对人身自由的剥夺程度都大于包括刑罚在内其他限制人身自由的措施。"几乎没有哪种情形下对一个人的禁锢，可以达到使人完全不能动弹的程度。即使是最为危险的犯人也不能完全限制其身体活动，甚至不能以此种方式对待动物。然而，在精神病院，这种约束却普遍存在，并经常被施用于精神障碍患者，包括接受精神疾病治疗的老年人、未成年人和成年人。"[1] 那么，约束和隔离的正当性何在？如何实现对约束与隔离的法律规制，以实现精神障碍患者的治疗利益、人身自由与他人安全的合理平衡？这是法律和精神医疗实践中无法绕开的问题。

一、约束和隔离的法律界定

约束和隔离的内涵在不同语境中可能存在不同的理解与解释，因而有必要在法律中做出界定。我国《精神卫生法》将约束和隔离概括为保护性医疗措施，但并未进一步对这两个概念做出界定。本部分结合国外的经验，尝试厘定约束和隔离的基本内涵。

（一）约束的概念

约束概念有广义和狭义之分。广义的约束概念为政府部门和精神医学界广泛采用，

---

[1] NICHOLAS SCURICH, RICHARD S JOHN. Constraints on restraints: a signal detection analysis of the use of mechanical restraints on adult psychiatric inpatients [J]. S Cal Rev L & Social Justice, 2011, 21: 75.

如美国卫生保健财政管理局（The Health Care Financing Administration，HCFA）对人身约束（physical restraint）的定义是："以手动方法或将物理机械装置、材料、工具附加在患者的身体上，使患者不能轻易将其移除，从而限制患者的自由活动。"[1]美国联邦审计署（The Government Accountability Office）将"约束"定义为："通过药物、皮制手铐等机械装置或他人的身体控制使一个人部分或完全不能活动。"[2]同样，美国联邦医疗保险和医疗补助服务中心（Centers for Medicare & Medicaid Services，CMS）在2006年颁布的文件中也采用了广义的约束定义，认为"约束是用任何手动方法或物理机械装置、材料、器械固定或减少患者手臂、腿、躯体、头的自由移动，以控制患者的行为；或以限制患者自由活动为目的的用药，而非针对患者疾病的标准剂量用药。不包括使用矫形装置、外科敷料或绷带、防护帽，或其他为了进行体检、试验、避免患者坠床、使患者在活动时免受身体伤害的保护性方法。"[3]从上述定义可见，约束的方式包括药物控制、机械装置控制和他人的人身控制。当药物用于控制患者的行为或限制其活动自由，且目的不是为了治疗患者疾病时，则可纳入"约束"的范畴。这包括使用镇静剂、抗精神病药物和其他以注射方式改变患者情绪、精神状态或行为的药物。使用机械装置对患者的约束方式包括两点约束（two-point restraints）（使用尼龙、棉质或皮制手铐等固定双手）、四点约束（four-point restraints）（用手铐铐住手腕和双踝，将人固定在床上或轮椅上）、五点约束（five-point restraints）（四点约束加皮带束缚腰部），以及其他使用约束手套、约束衣、约束背心、约束带等的约束方式。人身控制（physical holds）通常是由一名或多名员工抱住患者的手臂，或跨坐在患者身上，或将患者横躺、坐下，从而使其处于俯卧、仰卧或坐立的姿态。[4]因此，从最广义的角度理解，约束除了以人力方式对精神障碍患者采取临时性控制之外，还包括机械性约束（mechanical restraints）和化学药物约束（chemical drug restraint），化学药物约束是通过作用于人的中枢神经系统的药物改变人的思考、情绪和行为。由于这些药物可以改变患者的行为并避免人身危险的发生，其作用与人身约束相似，但也可能使人误认为药物本身就是约束工具，因而精神医学界并不认同"化学药物约束"这一概念。[5]

与行政管理当局和医学界对"约束"的宽泛理解不同，法律一般都对约束或人身约束的概念及外延做出一定的限制。如，美国康涅狄格州《残疾人人身约束法》（Act Concerning Physical Restraints of Persons with Disabilities）第1条第5款将"人身约束"定义为："任何

［1］ US DEP'T HEALTH & HUM SERVS, HEALTH CARE FIN ADMIN. Guidance to surveyors long-term care facilities [R]. Washington: US Dep't Health & Hum Servs, 1995.

［2］ US GEN ACCOUNTING OFFICE. Mental health: improper restraint or seclusion use places people at risk, GAO/HEHS-99-176 [R]. Washington: US Gen Accounting Offic, 1999.

［3］ CENTERS FOR MEDICARE AND MEDICAID SERVICES. Hospital conditions of participation: patients' rights [EB/OL]. [2007-02-01]. http://www.shipmangoodwin.com/files/upload/final-patients-rights.pdf.

［4］ STACEY A TOVINO. Psychiatric restraint and seclusion: resisting legislative solution [J]. Santa Clara L Rev, 2007, 47: 528-529.

［5］ KRISTI D AALBERG. An act concerning physical restraints of persons with disabilities: a legislative note on Connecticut's recent ban of the use of life-threatening restraints on the mentally ill [J]. Quinnipiac Health L J, 2001, 4: 223-224.

机械的或人工的限制，使一个人不能活动或限制其手、脚、头的活动。不包括：①出于安抚、镇定目的而暂时抱住某人；②因将一个人从一个地方安全护送到另一地方而采取的最小限度的约束；③使用头盔或其他保护性设施以防止某人因跌倒而受伤害；④为防止某人自伤而使用头盔、手套或类似设施，且这些设施属于治疗计划的组成部分，并属于达到防止某人自伤目的的最小限制方式。"之所以列举上述4种情形，主要是考虑这些措施是每个机构都无法避免的，如果将这些措施都视为人身约束，将妨碍医务人员的监管和治疗。[1] 从上述概念可见，人身约束不包括药物约束，仅限于以机械或人工方式对精神障碍患者人身自由和活动的限制，同时人工方式的约束也不包括以安抚为目的的暂时性控制，机械性约束也不包括治疗所必需的保护性约束等。

本书所探讨的人身约束是指以任何手动方法、物理机械装置、材料或器械固定或束缚住院精神障碍患者的身体活动，从而限制其人身自由的行为。人身约束本质是以外力强制的方式限制和剥夺精神障碍患者的人身自由，其强制方式既可以是人工方式的控制，也可以是以物理机械方式束缚、约束精神障碍患者等。尽管化学药物约束通常作为人身约束的替代方式，且效果与人身约束相同，但其作用方式与人身约束并不相同，前者是通过药物改变精神障碍患者的思考、情绪和行为，从而避免危险的发生；而后者则是通过人工或物理机械方式直接约束精神障碍患者的躯体活动和人身自由，以达到防止危险、保障安全的目的。由此可见，化学药物约束并非借助外力方式限制和剥夺患者的人身自由，而是通过药物作用于人的中枢神经系统以改变其情绪和行为，进而实现对精神障碍患者情绪和行为的控制。因此，很难将化学药物约束视为限制人身自由的措施，对其规制应通过精神药物的规范使用予以实现。同时，治疗所必需的保护性约束措施和出于安抚、镇定目的临时性人工控制也不应视为人身约束。换言之，人身约束应是以人工或物理机械方式，在一定时间内持续限制精神障碍患者身体活动和自由的行为。

（二）隔离的概念

与约束不同，隔离的概念似乎更为清晰，立法和行政当局对其定义基本一致，很少存在歧义。例如，康涅狄格州《残疾人人身限制法》将"隔离"定义为："将一个人单独监禁于一个房间内，并限制其离开。"美国联邦医疗保险和医疗补助服务中心对"隔离"的定义是："将患者非自愿地限制在单独的房间或某个特定区域，以阻止其离开。"[2] 英国政府将隔离定义为："将一个人监禁于关闭的房间内，目的是制止可能造成他人损害的严重扰乱行为。"[3] 从上述概念可见，隔离首先是单独监禁行为，即将精神障碍患者单独监禁于特定的封闭空间，并阻断其与外界的联系。如果是将某一精神障碍患

[1] KRISTI D AALBERG. An act concerning physical restraints of persons with disabilities: a legislative note on Connecticut's recent ban of the use of life-threatening restraints on the mentally ill [J]. Quinnipiac Health L J, 2001, 4: 223.

[2] CENTERS FOR MEDICARE AND MEDICAID SERVICES. Hospital conditions of participation: patients'rights [EB/OL]. [2007-02-01]. http://www.shipmangoodwin.com/files/upload/final-patients-rights.pdf.

[3] THE DEPARTMENT OF HEALTH. Codes of practice for mental health act 1983 [M]. London: TSO, 2008: 122.

者与其他人一起关押在特定的封闭空间，则不属于隔离。其次，在隔离状态下，患者在一定期限内被阻止离开隔离区域。隔离区域一般是专门的隔离室、病房或其他空间，并将门关闭上锁以阻止患者离开。如果患者被限制在单独的房间或其他区域，医院员工以其他方式阻止其离开的，也可视为隔离。[1]

隔离是严重限制精神障碍患者人身自由的措施，其活动自由被限制在狭窄的空间内，患者与家人、朋友联系的权利被剥夺，甚至是断绝与外界的一切联系。因为隔离室内往往空无一物，没有书刊报纸、广播电视等；隔离室可能没有窗户或者窗户可能是屏蔽的，唯一与外界沟通的是铁门上的小窗户，那也是供医务人员监视被隔离患者的窗口。一般认为，隔离有助于精神障碍患者的治疗，有助于防范和制止患者的暴力风险，有助于维护治疗环境，也可作为惩罚措施以矫正患者的不当行为。[2]但是对于隔离是否具有治疗效果还存在争议，而将之作为惩罚或管理措施更是为多数国家的法律所禁止。

（三）约束与隔离的区别

尽管二者均属于限制人身自由的措施，但约束和隔离存在一定的区别：

（1）二者对人身自由的限制程度不同。一般认为，约束属于严重剥夺人身自由的行为，尤其是当患者被完全束缚在约束床或约束椅上时，其身体活动自由被完全限制。然而，在隔离状态下，患者至少在隔离室内可以自由活动，包括随意走动、躺坐、跳跃等。就此而言，约束对人身自由的剥夺程度大于隔离。

（2）约束的人身危险性比隔离更大。即便是在规范使用情况下，约束也可能给患者造成人身伤害，包括拉伤、擦伤、骨折、压疮等，而约束不当所造成的伤害则更为突出。相反，隔离一般不会导致人身伤害的发生，只要隔离室达到相应的安全标准，患者一般不会在隔离期间受到伤害。

（3）约束将直接造成患者的身体痛苦，并使患者产生极大的情绪反应，并可能严重侵犯患者的人格尊严，尤其是大庭广众下的约束，将使患者感到极大的人格侮辱。但是，约束一般并未将患者与外界和他人完全隔离，患者至少还可以与他人沟通和交流。隔离却使患者与外界完全孤立，由此带来的心理和精神上的伤害不容忽视，尤其是长时间隔离引发的精神伤害则更为突出。就此而言，约束将造成患者肉体和精神的双重伤害，而隔离更多使患者遭受精神和心灵上的痛苦。

（4）适用对象可能不同。在有的国家，如英国明确规定隔离只能适用于对他人具有危险性的精神障碍患者，"绝不可以将隔离作为管理精神障碍患者自伤行为的方式。"[3]也有精神医学专家认为，"对于有明显自杀企图的患者，可以在严密观察下使用约束措

［1］　CENTERS FOR MEDICARE AND MEDICAID SERVICES. Hospital conditions of participation: patients'rights [EB/OL]. [2007-02-01]. http://www.shipmangoodwin.com/files/upload/final-patients-rights.pdf.

［2］　ELYN R SAKS. Refusing care: forced treatment and the rights of the mentally ill [M]. Chicago : The University of Chicago Press, 2002: 124-125.

［3］　THE DEPARTMENT OF HEALTH. Codes of practice for mental health act 1983 [M]. London: TSO, 2008: 123.

施，但不要采用隔离措施。"[1]为防止患者在隔离期间实施自伤和自杀，隔离的对象仅限于对他人具有危险性的精神障碍患者。这无疑具有合理性，但这一做法并未获得普遍肯定，多个国家的立法对约束和隔离的对象不做区别。

尽管约束和隔离存在一定的区别，但二者被视为是相互替代的措施，可以根据患者的具体情况决定采取约束还是隔离措施。然而，在不同国家和文化背景下，约束和隔离的使用情况存在极大的差异。例如，英国一般不使用约束，隔离却被广泛使用；在挪威，隔离被认为会唤起强烈的不良感觉，因而不使用隔离，机械约束却被接受；在芬兰和荷兰，化学药物约束被认为比皮带或隔离更具侵害性。[2]美国、德国、瑞士等国家同时使用约束和隔离措施。

二、有关约束和隔离的争议

有关约束和隔离的使用一直存在较大的争议，争议的根源在于其内在的合理性与正当性不足，并涉及患者权益与他人安全之间的冲突与平衡。

（一）引发争议的原因

对约束和隔离的质疑首当其冲是该措施是否符合人道主义原则。人身约束往往导致患者的手、脚、头或躯体乃至整个身体不能活动，不仅人身自由被完全剥夺，整个身体活动也将受到限制。隔离将使患者完全断绝与外界的联系，使患者的活动限制在极其狭窄的空间内。由此可见，约束、隔离对人身自由和身体活动的剥夺程度远大于拘留、拘役、徒刑等处罚——即便是最为危险的犯人也不能完全限制其身体活动或给予长时间的单独隔离。同时，约束可能使患者遭受文明社会中所不允许的对人格尊严最为严重的侵害，[3]即使是动物被捆绑得完全不能动也被认为是残忍的事，更何况是人？因此，长时间地对精神障碍患者使用约束和隔离措施可能构成非人道或有辱人格的待遇，从而引发人道主义争议。

除了不人道之外，约束之所以引起争议还在于其内在的危险性。调查表明，1988—1998年，全美发生142例由于人身约束导致的死亡事件，而这一数字实际被严重低估。据估计每年有50～150例约束和隔离所导致的死亡事件没有被报道。[4]即便是在法律最为严格的纽约州，1979—1982年，也有将近30名精神障碍患者死于约束或隔离。[5]此外，人身约束还可能造成患者的人身伤害，通常包括拉伤、擦伤、骨折；由于约束带过紧

［1］ 谢斌，袁训初，曹新妹. 关于约束和隔离问题［J］. 上海精神医学，2002（4）：240.

［2］ 周敏，张健文，卞茜，等. 精神科使用约束与隔离措施的现状与改进策略［J］. 临床精神医学杂志，2010（2）：131.

［3］ ELYN R SAKS. Refusing care: forced treatment and the rights of the mentally ill [M]. Chicago : The University of Chicago Press, 2002: 124-125.

［4］ KRISTI D AALBERG. An act concerning physical restraints of persons with disabilities: a legislative note on Connecticut's recent ban of the use of life-threatening restraints on the mentally ill [J]. Quinnipiac Health L J, 2001, 4: 215.

［5］ ELYN R SAKS. The use of mechanical restraints in psychiatric hospitals [J]. Yale L J, 1986, 95: 1836.

或约束姿势不当，造成患者臂丛神经损伤；由于约束时间过长，局部受压过久，造成压疮；患者将约束带作为自缢、自残的工具，从而造成自杀或自残；被约束的患者因活动能力和活动空间受限，遭受其他患者攻击或报复时无法保护自己。[1]

使用约束手段还将使精神障碍患者产生负面的心理效应，患者普遍感到恐惧、沮丧、愤怒和无助，且这种感受将持续很长一段时间。对于之前受过精神创伤的人而言，这种负面情绪反应将更为强烈，如创伤后应激障碍患者、强奸受害者对约束的负面情绪反应尤为激烈。[2]此外，约束还可能削弱患者对医生的信任，并影响患者对治疗的依从性，并最终影响治疗效果。[3]国内相关实证研究也证实患者在遭受约束时普遍存在攻击、反抗性、设法解除约束带、谩骂、愤怒、哭泣、拒食等情绪反应和行为，出现不同程度的自尊受损、焦虑恐惧和报复心理，心里感到难受、委屈、无助等。[4]

从实践看，医院往往从自身利益考虑实施约束和隔离，而很少顾及遭受约束或隔离的患者的主观体验和感受。例如，一项针对1000名受过约束的患者的调查表明，73%的患者认为自己在遭受隔离或约束时并没有危险性，50%的人认为根本就没有必要对其采取隔离或约束措施。[5]很多患者认为，医院使用约束和隔离手段是出于威胁和恐吓，而非为了保护患者和他人，也有患者认为医院是出于惩戒和管理需要而使用约束和隔离，目的是迫使患者服从其指示。从患者的视角看，约束和隔离似乎很难获得患者的理解和支持，这似乎在很大程度上削弱了出于患者本人利益而采取约束与隔离措施的正当性。

此外，人身约束引发争议的另一根源是其适用缺乏统一性和规范性。实践中，有关约束的使用频率极不统一，有研究发现近50%的患者在住院期间受到过约束。例如，纽约州1984年的一个月当中，1100名住院患者中有将近500名被约束。[6]相反，也有研究认为部分公立医院的约束率只有1%。[7]从国内研究看，有的研究报道在特定期限内住院患者约束率高达60.5%，且绝大多数患者受到两次以上的约束，最多频率达10次以上；[8]也有研究表明住院精神障碍患者入院第一个月的约束率达到47.7%，[9]另一研究则

[1] 季晓霞. 精神科实施保护性约束的常见问题和对策［J］. 中国民康医学，2010（5）：639. 崔海华，李占敏，臧志坤，等. 精神病患者保护性约束致意外事件分析及对策［J］. 护理学报，2010（5）：63.

[2] CHRISTOPHER FREUCH. Patients' reports of traumatic or harmful experiences within the psychiatric setting [J]. Psychiatric Services, 2005, 56: 1127.

[3] ZOE SUSSMAN. Mechanical restraints: is this your idea of therapy [J]. S Cal Rev L & Social Justice, 2011, 21: 113.

[4] 陶庆兰，黄霞君，寇小敏. 精神专科保护性约束对患者的心理影响及护理干预［J］. 华西医学，2008（3）：617-618.

[5] NANCY K. Patient perspectives on restraint and seclusion experience: a survey of former patients of New York State Psychiatric Facilities [J]. Psychiatric Rehabilitation J, 1996, 20: 15.

[6] ELYN R SAKS. The use of mechanical restraints in psychiatric hospitals [J]. Yale L J, 1986, 95: 1844.

[7] BRUCE WAY, STEVEN BANKS. Use of seclusion and restraint in public psychiatric hospitals: patient characteristics and facility effects [J]. Hosp & Cmty Psychiatry, 1990, 41: 75.

[8] 崔海华，李占敏，臧志坤，等. 精神病患者保护性约束致意外事件分析及对策［J］. 护理学报，2010，17（5）：63.

[9] 施忠英，陆惠，李萍，等. 住院精神病人保护性约束现状及其相关因素调查［J］. 护理研究，2009，23（12B）：3214.

报道住院患者的约束率为18.84%。[1]此外，住院患者的约束时间则差异更大，而我国更为突出的问题是住院精神障碍患者的约束率高、约束时间过长，这可能与缺乏相应的约束操作规范与评估标准有关。约束的实施似乎更取决于工作人员而非精神病人的特征，当病人有可能发生风险行为时，医护人员将更多地选择约束措施来确保病人和周围环境的安全，在病人病情改善时未及时解除约束。[2]

使用人身约束和隔离的动机更加不统一。从美国的经验看，实际发生暴力行为往往不是使用约束手段的最主要原因，具有暴力倾向或威胁使用暴力才是使用约束手段的主要原因。其他常见原因还包括患者的定向障碍、兴奋激越状态和拒绝服从医务人员的指示等。[3]理论上，暴力行为是最公认的适应证，实际上最常见的动机是患者的非暴力性行为紊乱，例如患者的定向障碍、兴奋激越状态是日常病房中隔离和约束的主要原因。[4]因此，有学者甚至认为实施约束的多数动机是惩罚而非治疗。[5]在我国，实践中使用约束的动机则更加混乱。研究表明，在《精神卫生法》实施前，实行保护性约束的原因依次为不合作外走、暴力攻击、行为紊乱、拒绝治疗、自杀、自伤。[6]也有研究揭示，有攻击行为（针对其他病人和工作人员）、治疗依从性差、出走行为、拒药行为、电击治疗等是实施保护性约束的因素。[7]同时，临床中普遍存在预防性约束，目的是防止伤害，且多为夜间使用，主要是因为人员严重不足。[8]

（二）有关约束和隔离的不同观点

1. 支持观点

在国外，医学界普遍认为约束和隔离是精神科临床护理中必不可少、难以避免的措施。一方面，将约束视为治疗的方式，认为对于幻想、冲动型的精神障碍患者，人身约束能使这些患者冷静，防止其失控；另一方面，约束和隔离往往被视为一种管理方式，通过对暴力、攻击性精神障碍患者的约束，可以预防暴力，安抚暴躁的患者，维护治疗环境（therapeutic milieu）。[9]在我国，精神医学界也普遍认为约束和隔离是"精神科一种特殊的治疗手段（如用于行为治疗时）或者辅助治疗手段（如控制患者的危险行为

［1］ 马效芝，胡建民．精神科患者约束保护使用特征及临床护理分析［J］．中国实用医药，2010，5（27）：205.

［2］ 施忠英，陆惠，李萍，等．住院精神病人保护性约束现状及其相关因素调查［J］．护理研究，2009，23（12B）：3214.

［3］ NICHOLAS SCURICH, RICHARD S JOHN. Constraints on restraints: a signal detection analysis of the use of mechanical restraints on adult psychiatric inpatients [J]. S Cal Rev L & Social Justice, 2011, 21: 79.

［4］ 周敏，张婕文，卞茜，等．精神科使用约束与隔离措施的现状与改进策略［J］．临床精神医学杂志，2010，20（2）：131.

［5］ JACQUELINE KLEIN. A theory of punishment: the use of mechanical restraints in psychiatric care [J]. S Cal Rev L & Soc Just, 2012, 21: 47-48.

［6］ 胡景荣，宗艳红，孙秀丽，等．精神卫生法实施前后精神科男性住院患者保护性约束使用情况对照分析［J］．精神医学杂志，2014（3）：222-223.

［7］ 施忠英，陆惠，李萍，等．住院精神病人保护性约束现状及其相关因素调查［J］．护理研究，2009，23（12B）：3214.

［8］ 马效芝，胡建民．精神科患者约束保护使用特征及临床护理分析［J］．中国实用医药，2010（27）：205.

［9］ ELYN R SAKS. The use of mechanical restraints in psychiatric hospitals [J]. Yale L J, 1986, 95: 1844.

时），在临床工作中必不可少。"[1]保护性约束被认为是辅助治疗与安全管理的有效措施之一，它"不仅可提高患者的治疗依从性，还可避免患者伤害他人、毁坏物品或自伤、自杀等，最大限度地减少其他意外因素对患者的伤害。"[2]

此外，也有部分人对约束和隔离并非完全持肯定的态度，他们强调约束和隔离对精神障碍患者可能产生人身和心理上的严重风险，主张将其适用限于紧急情形。[3]这种观点与现行立法对约束、隔离予以严格限制的发展趋势保持一致。

2. 否定观点

这种观点认为隔离和约束存在内在的危险性，应予以禁止。研究表明，隔离和约束本身（而非仅仅是使用不当）是导致人身伤害和死亡的原因，精神卫生机构也不能正确使用约束和隔离措施。[4]研究表明，培训医务人员、增加人手以及增进医患之间的沟通与合作都能够减少约束的使用。同时，英国的经验亦表明，即便不采取约束措施也不会导致暴力行为的增加，这表明人身约束并不是维护安全和医疗秩序的必要措施。[5]因此，不少民间组织和政府部门均主张应减少并最终废止约束和隔离的使用。

尽管如此，很少有人主张完全禁止使用约束和隔离。即便是对人身约束持否定和批评态度的人事实上也只是反对武断、过度和恣意地使用约束。[6]事实上，完全禁止约束和隔离措施并不可行，尤其是针对患者的暴力行为，约束和隔离仍然是有效的应对措施。研究表明，18%～25%的精神障碍患者在住院期间具有暴力行为，将近78%的住院精神障碍患者所实施的暴力行为是针对护士，其他目标依次是其他患者、财产、医生、心理医生、家属和后勤服务人员。[7]在我国，相关研究也表明精神病医院的工作人员更易受到来自患者的暴力攻击。相关个案研究认为，在接受调查的精神病医院工作人员中，49.45%在前一年中遭受过身体暴力伤害，而综合医院中这一比例仅为7.57%；精神病医院医生遭受多次身体暴力的发生率是42.01%，比综合医院的医生高17.3倍。[8]因此，从保障精神障碍患者及他人的人身安全和预防、制止危险暴力行为出发，仍有必要采取约束和隔离措施。但考虑到约束和隔离可能造成包括死亡在内的严重伤害，加上相关研究揭示其在防止暴力和患者自伤方面的作用相对有限，[9]因此有必要在立法中对约束和隔离的适用条件与程序予以严格的法律规制。

―――――――――――

[1] 谢斌，袁训初，曹新妹. 关于约束与隔离问题 [J]. 上海精神医学，2002，14（4）：241.

[2] 施忠英. 精神科保护性约束现状与发展 [J]. 上海精神医学，2009，21（5）：301.

[3] STACEY A TOVINO. Psychiatric restraint and seclusion: resisting legislative solution [J]. Santa Clara L Rev, 2007, 47: 531.

[4] STACEY A TOVINO. Psychiatric restraint and seclusion: resisting legislative solution [J]. Santa Clara L Rev, 2007, 47: 538-539.

[5] NICHOLAS SCURICH, RICHARD S JOHN. Constraints on restraints: a signal detection analysis of the use of mechanical restraints on adult psychiatric inpatients [J]. S Cal Rev L & Social Justice, 2011, 21: 82-83.

[6] NICHOLAS SCURICH, RICHARD S JOHN. Constraints on restraints: a signal detection analysis of the use of mechanical restraints on adult psychiatric inpatients [J]. S Cal Rev L & Social Justice, 2011, 21: 85.

[7] MICHELE RAJA , ANTONELLA AZZONI. Hostility and violence of acute psychiatric inpatients [J]. Clinical Prac & Epidemiology in Mental Health, 2005, 1: 1.

[8] 陈祖辉，王声湧. 精神病医院与综合医院工作场所暴力比较研究 [J]. 中国公共卫生，2004（11）：1317.

[9] STACEY A TOVINO. Psychiatric restraint and seclusion: resisting legislative solution [J]. Santa Clara L Rev, 2007, 47: 528-529.

三、约束和隔离的立法规制

（一）国际人权法

1. 人权公约

到目前为止，国际社会并未制定具有普遍约束力的旨在保护精神障碍患者人权的国际公约或条约，但精神障碍患者无疑同样受到所有国际人权法案的保护，包括《世界人权宣言》《公民权利与政治权利国际公约》《经济、社会与文化权利国际公约》《残疾人权利国际公约》等。同时，区域性人权公约在人权保护中发挥着更为突出的作用，最具代表性的当属《欧洲人权公约》。就人身约束和隔离而言，尽管国内法一般都在一定范围内承认其合法性和必要性，但不当实施约束和隔离仍可能被认定违反国际人权法。例如，对精神障碍患者的长期隔离和不人道、不当的约束，可能构成《公民权利与政治权利国际公约》第7条和《欧洲人权公约》第3条所规定的"酷刑和残忍的、不人道的、侮辱性的待遇、惩罚"。

《公民权利与政治权利国际公约》第7条所规定的酷刑必须是公职人员的行为，这些行为蓄意造成一个人肉体或精神上的剧烈疼痛或痛苦，乃是为了达到某一目的，诸如逼取情报或口供，或惩罚、恐吓或歧视该人。因此，酷刑包括三个不可或缺的要素：积极的作为、意图和目的性。[1]由此可见，精神卫生领域的约束和隔离不太可能构成酷刑，除非是存在某些非治疗目的或非道德动机的治疗，如政治迫害。[2]

非人道和侮辱的待遇，不像酷刑，不要求具有蓄意目的，也不要求必须达到造成剧烈疼痛的程度。联合国《保护所有遭受任何形式拘禁或监禁的人的原则》的解释为："非人道和侮辱的待遇或惩罚应尽可能做宽泛的解释以避免滥用，而不管是身体上的，还是精神上的。"[3]联合国人权事务委员会将在惩罚、威胁之下被迫蒙眼站立35小时或在一张垫子上一动不动坐几天，称为不人道和侮辱性的待遇。联合国人权事务委员会认为，极为恶劣的拘禁条件也可能构成《公民权利与政治权利国际公约》第7条含义之内的不人道待遇，上枷锁或杖刑的惩罚至少构成侮辱性待遇。[4]此外，联合国人权事务委员会在第20号《一般性意见》中指出，"长时间单独监禁被拘留者或囚禁者可能构成违反《公民权利与政治权利国际公约》第7条所禁止的行为"，尽管该《一般性意见》并非针对精神障碍患者的隔离，但对精神障碍患者的隔离无疑属于单独监禁的情形之一。因此，长时间的约束和隔离、有辱人格的约束措施、恶劣条件下的约束和隔离等，可能构

---

[1] 曼弗雷德·诺瓦克. 民权公约评注：联合国《公民权利和政治权利国际公约》[M]. 毕小青，孙世彦，等译. 北京：三联书店，2003：131.

[2] LAWRENCE O GOSTIN, LANCE GABLE. The human rights of persons with mental disabilities: a global perspective on the application of human rights principles to mental health [J]. Md L Rev, 2004, 63: 79.

[3] GENERAL ASSEMBLY. Body of principles for the protection of all persons under any form of detention or imprisonment [R]. New York: UN, 1988.

[4] 曼弗雷德·诺瓦克. 民权公约评注：联合国《公民权利和政治权利国际公约》[M]. 毕小青，孙世彦，等译. 北京：三联书店，2003：133-135.

成"非人道和侮辱的待遇",从而违反《公民权利与政治权利国际公约》第7条的规定,即便其目的治疗或维护机构安全。

欧洲人权法院认为,《欧洲人权公约》第3条可适用于精神病院的住院患者,尤其是当患者因照护者的疏忽、滥用权力或将他们置于不卫生或不安全的环境下时。[1] 欧洲防止酷刑委员会认为"单独监禁在某些情况下构成不人道和有辱人格的待遇;无论如何,任何形式的单独监禁,期限都应尽可能短。"[2] 对精神障碍患者的隔离显然也属于"单独监禁",在特定情况下也可能构成不人道和有辱人格的待遇。在爱尔兰诉联合王国案(Ireland v. United Kingdom)中,法院认为非人道和侮辱待遇的认定"取决于案件的具体情形",包括治疗的性质和背景,隔离实施的方式、手段、期限及其效果,在某些案件,还需考虑受害者的性别、年龄和精神状态等。[3] 然而,欧洲人权法院对第3条的适用高度遵从精神卫生主管部门的观点。例如,在另一起案件中,申请人因绝食而处于虚弱状态,医院违背其意愿而给予强制喂食并服用大剂量的镇静剂。针对其攻击行为,医院工作人员有时用绳索和皮带将其固定在安全床上,用手铐约束,并用皮带捆绑其脚踝。法院认为应由医疗当局决定具体的治疗方法,包括为了维护患者的身体和精神健康而采取必要的强制方法。尽管本案中确实存在长时间的手铐和安全床约束,法院仍认定这些约束措施具有医疗上的正当性。[4]

2. 国际人权标准

国际人权标准包括各类国际组织颁布的宣言、决议和建议等,虽不具备法律效力,但对于相关人权公约的解释具有指南作用,并对各国立法产生影响。精神卫生领域最为重要的文件是联合国颁布的《保护精神疾病患者和改善精神保健的原则》。其中,《保护精神病患者和改善精神保健的原则》对约束和隔离做出了原则性的规定:"不得对患者进行人身约束或非自愿隔离,除非根据精神卫生机构正式批准的程序,而且约束和隔离是防止即刻或即将对患者或他人造成伤害的唯一可用手段。使用这种手段的时间不得超过为达到此目的所绝对必要的限度。所有人身束缚或非自愿隔离的次数、原因、性质和程度均应记入患者的病历。受束缚或隔离的患者应享有人道的条件,并受到合格的工作人员的护理和密切、经常的监督。在有私人代表或涉及私人代表时,应立即向其告知患者的约束和隔离情况。"首先,《保护精神病患者和改善精神保健的原则》中有关约束和隔离的规定十分严格,只有在例外情况下方可使用,即为了防止患者对本人或他人造成伤害,且该伤害必须达到"即刻或即将"的紧迫程度,才可以对患者采取约束和隔离措施,并且必须是"唯一可用手段"。换言之,如果存在其他限制性更小的替代措施,仍不能采取约束和隔离措施。其次,约束和隔离必须符合比例原则,即必须在最短的必要时限内使用,不得超过达到此目的所必要的限度。最后,在程序上强调对约束和隔离的

---

[1]　Herczegfalvy v. Austria, 244 Eur. Ct. H.R. (1992).

[2]　奈杰尔·S. 罗德雷. 非自由人的人身权利——国家法中的因犯待遇[M]. 毕小青,赵宝庆,等译. 北京:生活·读书·新知三联书店,2006:319.

[3]　Ireland v. United Kingdom, 25 Eur. Ct. H.R. (1978).

[4]　Herczegfalvy v. Austria, 244 Eur. Ct. H.R. (ser. A),

实施情况予以记录，保障患者受到人性化对待，保护其近亲属的知情权，并受到合格的工作人员的护理和密切、经常的监督。

2004年，欧洲理事会部长委员会通过的《关于保护精神障碍患者的人权和尊严的建议》第27条规定："隔离或约束措施只能被用于适当的机构内，且应符合最小限制原则，目的是防止对患者本人或他人造成即刻损害（imminent harm），并与风险程度相匹配。这一措施只能被用于医疗监管，且应当合理记录在案。此外，患者在接受隔离或约束时应受到持续的监控；患者接受隔离或约束的原因、持续时间应记录在其病历中。"同时，第27条第4款指出上述规定不适用于短时间的约束。上述建议对欧盟成员国具有指导作用，从中可见欧盟国家对约束、隔离措施的立法取向。

（二）国内法

多数国家的法律对约束和隔离措施做出了规定。以下以美国为例，对约束和隔离的国内法规制状况进行介绍。

美国是对约束和隔离在法律上规制最为严密的国家之一，既包括判例，也包括细致缜密的成文法，后者既有联邦法律，也包括州法，甚至有专门针对约束和隔离的单行法。

1. 判例

有关约束和隔离的第一个重要判例是怀亚特诉斯蒂克尼案（Wyatt v. Stickney）。该案确立了普通法使用约束和隔离的三条重要原则：一是精神障碍患者享有人身不受约束和隔离的权利；二是只有当患者对本人或他人可能造成危害的紧急情况下，且没有其他可及的更小限制性的约束方式时，患者方可受到人身约束或被隔离。同时，该约束或隔离必须取得有资质的精神卫生专业人员的书面指令，且说明该指令的合理性；三是紧急情况下的约束或隔离不得超过1小时，在此期间，精神卫生专业人员应做出书面指令，该指令24小时内有效，如需继续约束或隔离，得重新做出指令。[1]在罗杰斯诉奥金案（Rogers v. Okin）中，法院指出只有在发生或很可能发生极端暴力行为、人身伤害或企图自杀的紧急情形下，才可以对精神障碍患者进行隔离。[2]在杨伯格诉罗密欧案（Youngberg v. Romeo）中，联邦最高法院指出"各州对机构内的住院患者和人员的合理安全负有不可推卸的责任。只有在根据专业判断且为确保安全或提供必要的训练时，方可约束住院患者。"[3]从上述判例看，法院均认为只有在例外情形下方可使用约束和隔离措施，并在程序上予以严格限制，但是在杨伯格诉罗密欧中，联邦最高法院似乎更加遵从专业人员的判断。

2. 成文法

怀亚特诉斯蒂克尼案在全国产生广泛影响，并对联邦立法产生积极推动作用。1980年美国国会通过的《精神卫生制度法》（Mental Health Systems Act）规定，任何接受精神卫生服务的人享有在最大程度保障其人身自由的环境和条件下获得治疗的权利，这一自由只有在治疗需要的情况下方可予以限制。同时，除非是出于治疗需要或紧急情况

---

[1]　Wyatt v. Stickney, 344 F. Supp. 373 (M.D. Ala. 1972).

[2]　Rogers v. Okin, 478 F. Supp. 1342, 1374 (D. Mass. 1979)

[3]　Youngberg v. Romeo, 457 U. S. 307 (1982).

下，否则精神障碍患者享有不受约束或隔离的权利。基于治疗需要或紧急情况下所采取的约束和隔离措施，必须取得精神卫生专业人员的书面指令。[1] 上述权利同样在1986年《精神障碍患者权利法案》（*The Bill of Rights for Mental Health Patients*）中获得肯定。但是这些规定由于缺乏有效的实施机制和救济途径，实际上并无强制约束力，仅仅表明美国国会对约束和隔离的关注。[2]

尽管联邦行政管理部门试图为各类卫生保健提供者使用约束和隔离措施制定可强制实施的规则，但直到1999年，美国卫生保健财政管理局才针对参加医疗保险计划的精神病院和综合医院的精神科，制定了《使用约束、隔离措施的暂行条例》。该条例规定只有为了确保患者的人身安全以及在没有其他更小限制的干预措施情况下，为了保护患者或他人免受伤害时，才允许使用约束和隔离措施。2006年，联邦医疗保险和医疗补助服务中心颁布了新的约束和隔离规范，确认住院患者享有免受不必要的约束和隔离的权利，并禁止出于管理便利、惩罚、报复、胁迫目的使用隔离和约束措施。[3]

此外，美国各州一直非常关注对人身约束和隔离的规制，早在1925年，得克萨斯州就制定了相关法律规范州立医院对患者的约束和隔离措施。目前，多数州的规定都比联邦法律更为细致全面，且趋于严格限制和减少约束和隔离的使用。不少州还禁止使用不安全的约束隔离措施，如康涅狄格州颁布的《残疾人人身限制法》明确禁止使用危及生命的约束措施，得克萨斯州在《健康和安全法典》中禁止精神卫生机构及其他机构实施阻塞患者气管、抑制呼吸的约束措施。

（三）约束和隔离的立法规制模式

多数国家和地区的立法，包括联合国的《保护精神病患者和改善精神保健的原则》，对约束和隔离均不做区分，将其规定在同一条款中。换言之，约束和隔离的实施适用相同的法律要件和程序，法律上未对这两类行为区别对待，并给予不同的规制；其次，法律上未对约束和隔离的实施程序做出细致的规定，对其实施似乎高度遵从医生的判断和相关医疗标准。

一般认为，约束和隔离是可以相互替代的保护性措施，且二者的目的和效果基本相同，规定相同的适用条件似乎并无不合理之处，但也有学者认为应区别应用约束和隔离措施，约束适用于患者对本人具有即刻危险的情形，而隔离适用于患者对他人具有危险的情形。[4] 这种区分固然有一定的合理性，但似乎过于绝对，实践中几乎没有哪个国家曾做出这种区分。笔者认为，约束和隔离应适用相同的要件，但基于二者在实施方式上的差异，在具体程序上就特殊问题应有不同的程序规定。

同时，各国法律对约束和隔离的法律规制不外乎是采取以下两条路径：一是实体规

［1］　42 U. S. C.§§9501 (1) (2000).

［2］　STACEY A TOVINO. Psychiatric restraint and seclusion: resisting legislative solution [J]. Santa Clara L Rev, 2007, 47: 542-543.

［3］　CENTERS FOR MEDICARE AND MEDICAID SERVICES. Hospital conditions of participation: patients' rights [EB/OL]. [2007-02-01]. http://www. shipmangoodwin. com/files/upload/final-patients-rights. pdf.

［4］　ELYN R SAKS. The use of mechanical restraints in psychiatric hospitals [J]. Yale L J, 1986, 95: 1852.

制，即在实体上明确约束、隔离的适用条件；二是程序规制，即在程序上明确约束、隔离的实施步骤，二者共同构筑起约束、隔离的法律规制体系。

四、约束和隔离的实体规制

各国法律实际上都认为只有在极其有限的例外情形下方可使用约束和隔离，且严格限制其适用条件。具体而言，有关约束、隔离的实体要件大致包括三方面内容：一是规定使用约束和隔离必须具备的条件或情形，可称之为积极要件；二是禁止使用约束和隔离的情形或目的，可称之为消极要件。三是无其他可替代措施。

（一）积极要件

通过比较分析可知，多数国家和地区将约束和隔离的使用仅限于精神障碍患者对本人或他人具有危险性的情形。换言之，危险性是采取约束和隔离措施的必备条件。例如，在美国，各州普遍将危险性和最小限制性替代原则作为人身约束的条件，且相关法律对约束的适用条件的规定也趋于一致。具体而言，则是要求在精神障碍患者具有危险，且在没有其他更小限制性替代措施的情况下，方可对该人采取人身约束措施。只是各州有关"危险"的表述存在差异。例如，康涅狄格州规定："除非患者对本人或他人具有即刻的人身危险（imminent physical danger）并取得医生的命令，否则任何人都不得被非自愿隔离或约束。"[1]伊利诺伊州则要求患者对本人或他人具有"紧迫的危险"（immediate danger），[2]而有些州则只是规定患者对本人或他人具有"危险"而未做任何限定，如印第安纳州规定：约束只能在"为了避免患者本人或他人遭受伤害的危险"时方可使用。[3]但是多数州都没有进一步界定何谓"危险"或危险的表现形式及类型等，少数州则对"危险"做出了一定的界定，如康涅狄格州要求是"人身危险"，而路易斯安那州则将"危险"具体表述为："患者威胁或试图实施自杀或严重自伤，或具有攻击他人人身的行为或严重风险。"[4]此外，相关行政管理当局，如联邦医疗保险和医疗补助服务中心也明确规定约束和隔离"只能用于控制暴力或自伤行为，且该暴力行为或自伤行为必须会给患者本人、医务人员或他人的人身安全造成即刻的危险。"

我国台湾地区所谓的"精神卫生法"规定："精神医疗机构为医疗之目的或为防范紧急暴力意外、自杀或自伤之事件，得拘束病人身体或限制其行动自由于特定之保护设施内"。我国台湾地区将人身约束限于医疗目的和防范紧急危险情形，后者包括紧急暴力意外、自杀或自伤。同样，《保护精神病患者和改善精神保健的原则》亦强调，只有在约束和隔离措施是"防止即刻或即将对患者或他人造成伤害的唯一可用手段"时，方可使用它。

---

[1]　Conn. Gen. Stat. § 17a-544 (a) (1991).

[2]　405 Ill. Comp. Stat. 5/2-108 (f) (2002).

[3]　Ind. Code § 12-27-4-1 (1) (2007).

[4]　LA. Rev. Stat. Ann. § 28: 171 (D) (2) (2011).

我国《精神卫生法》规定约束和隔离的使用仅限于3种情形：精神障碍患者发生或将要发生伤害自身、危害他人安全、扰乱医疗秩序，且必须是没有其他可替代措施。很明显，我国法律也采取了危险性标准，包括对本人的危险（伤害自身）和对他人的危险（危害他人安全），只是没有要求危险需达到紧迫、紧急或严重的程度，这意味着约束和隔离的适用范围更宽泛。与其他国家和《保护精神病患者和改善精神保健的原则》不同之处在于，我国法律还将"扰乱医疗秩序"作为使用约束和隔离的法定情形。"扰乱""医疗秩序"都是宽泛而难以准确界定的概念，将之作为约束和隔离的理由实属不合理，很容易导致约束和隔离沦为精神卫生机构的管理方式或方便工作人员的手段，而这是多数国家法律所禁止的。从实践看，约束的使用受制于护士的态度，医务人员较多从管理秩序及安全角度出发，[1] 将扰乱医疗秩序作为约束和隔离的依据可能导致这些措施的过度使用甚至滥用。因此，有必要对"扰乱医疗秩序"的适用做出必要的限制，尤其应结合"没有其他可替代措施"要件，强调只有在没有其他可替代措施的情况下，才可以"扰乱医疗秩序"为由实施约束和隔离措施。

（二）消极要件

消极要件则是法律规定约束和隔离禁止适用的情形。综合各国立法，约束和隔离不得适用于以下目的或情形：①约束和隔离不得适用的目的或情形。法律除了明确规定约束和隔离的适用目的和情形之外，往往还列举禁止实施约束和隔离的目的或情形。如美国多数州均禁止出于管理便利、惩罚、报复、胁迫目的使用约束和隔离，也不允许将约束和隔离作为弥补人手不足的手段；②约束和隔离不得采取的方式、方法。即立法明确禁止使用某些约束方法。如美国康涅狄格州《残疾人人身限制法》禁止使用"危及生命的人身约束"，即禁止以挤压胸腔或其他方式遏制他人呼吸的人身约束。我国台湾地区所谓的"精神卫生法"强调"拘束身体或限制行动自由，不得以戒具或其他不正当方式为之。"我国《精神卫生法》仅禁止利用约束、隔离等保护性医疗措施惩罚精神障碍患者，而对实践中普遍存在的为管理便利或弥补人手不足而采取的所谓"预防性约束"未做出禁止性规定，后者明显违背了约束和隔离的正当目的，应予以禁止。同时，针对约束在使用过程中的危险性，立法也应明确规定约束不得采取危及患者生命的方式或其他不当方式。

（三）无其他可替代措施

这是比例原则和最小限制原则在约束和隔离中的体现。这两个原则强调精神卫生机构为达到特定目的（如防止危险、促进治疗）而需要限制或干预住院精神障碍患者权利时，应选择对精神障碍患者的权利侵害最小或限制性最小的措施，且所采取的手段能够实现其所追求的目的。具体而言，当精神障碍患者实施或可能实施伤害自身或危害他人

---

[1] 侯明如，蔡燕，徐慧鸣，等. 精神科保护性约束标准化操作规程的建立及临床应用［J］. 护理研究，2013（10）：3166.

安全的行为时，如果采取其他限制性更小的措施能够达到目的时，就不应使用约束或隔离措施。换言之，约束和隔离只能在不得已的情况下作为最后手段，即《保护精神病患者和改善精神保健的原则》所指的"唯一可用手段"和我国《精神卫生法》所指的"没有其他可替代措施"。[1]

五、约束和隔离的程序规制

约束和隔离并非纯粹的医学措施，其作为法律措施同样应受到法律程序的约束。不少国家的法律对约束、隔离措施的实施程序做了细致入微的规定。然而，我国《精神卫生法》更倾向于将约束和隔离视为医学措施，并规定"实施保护性医疗措施应当遵循诊断标准和治疗规范"，问题是临床实践中并无保护性约束的规范程序或临床标准，[2]这意味着约束、隔离等保护性医疗措施的实施实际上并无可遵循的诊疗规范或其他程序规范。为避免约束和隔离实施的恣意和滥用，其实施程序不应完全遵循医学标准，而应纳入法律规制的范围内。因此，有必要在立法层面进一步细化约束和隔离的基本程序。

1. 约束和隔离的决定

约束和隔离是治疗过程中所采取的重要医疗措施，也是严重限制和剥夺人身自由的法律措施，其决定应由合格的精神卫生从业人员批准。[3]我国《精神卫生法》并没有明确规定约束或隔离的决定主体，[4]在临床实践中，约束通常被视为一项护理措施，[5]似乎护士也可以直接决定对患者实施约束或隔离措施。但基于约束和隔离的属性，应由精神科医师做出决定，这不仅是国外临床实践的普遍做法，也获得立法上的肯定。具体而言，经评估认为患者符合实施约束、隔离等保护性医疗措施的条件或情形的，应由精神科执业医师以医嘱方式做出实施约束或隔离措施的决定。在紧急情况下需立即采取约束措施的，应在事后及时取得医师的确认。

2. 约束和隔离的执行

约束和隔离的具体执行则可以由医师、护士、护工和其他医院工作人员完成，实践中多由护士具体实施。无论采取何种约束方式或者隔离，都应保障受约束或隔离的患者

---

[1] 在《精神卫生法》草案中，曾使用"实施约束或者隔离是唯一可用手段"这一表述，但在草案二审过程中，有的全国人民代表大会常务委员会委员提出，上述表述不太好理解，不符合法言法语的表述规范，建议修改。立法机关研究后，决定修改为"没有其他可替代措施"。参见：信春鹰. 中华人民共和国精神卫生法解读 [M]. 北京：中国法制出版社，2012：122.

[2] 施忠英，曹新妹，朱学勤，等. 精神科保护性约束临床路径的建立与实施 [J]. 上海护理，2010（1）：42. 邢善勇，孙素珍，李栓荣. 精神科保护性约束护理风险管理效果评价 [J]. 中国实用护理杂志，2008（19）：52-54.

[3] WHO. WHO resource book on mental health, human rights and legislation [M]. Geneva: WHO Press, 2005: 65.

[4] 《精神卫生法》第40条规定："……医疗机构及其医务人员在没有其他可替代措施的情况下，可以实施约束、隔离等保护性医疗措施。"该条没有明确约束和隔离的决定主体，只是概括地规定约束、隔离等保护性医疗措施由"医疗机构及其医务人员"实施，而医务人员的范围十分宽泛，包括医师、护士、药学技术人员等。

[5] 施忠英. 精神科保护性约束现状与发展 [J]. 上海精神医学，2009（5）：301. 季晓霞. 精神科实施保护性约束的常见问题和对策 [J]. 中国民康医学，2010（5）：639. 侯明如，蔡燕，徐慧鸣，等. 精神科保护性约束标准化操作规程的建立及临床应用 [J]. 护理研究，2013（10）：3166.

人身安全，应禁止采取可能威胁患者人身安全的约束方法；保障受约束或隔离的患者的人道待遇，包括水、食物、衣物、个人卫生等，并给予适当的护理；对约束或隔离患者进行密切、经常的监控，如在合理的时间内定期（如半小时一次）巡视病房，观察和评估患者的情绪、约束的松紧度、相关生理状态。世界卫生组织发布的《精神卫生、人权与立法资源手册》甚至要求"必须持续、主动、一对一地与被隔离或约束的患者保持接触，而不是消极地进行监控。"[1]

同时，考虑到约束和隔离存在差异，有的立法对二者的监控做出不同的规定。如美国康涅狄格州规定，当患者被约束时，医疗机构及其人员应给予"持续的"（continually）监控；相反，对于被隔离的患者，则只要给予"密切的"（frequently）监控。之所以做出不同的规定，不仅仅是出于成本和人力的考虑，更在于隔离的危险性更小，患者不太可能自伤或伤害他人。如果同样要求给予持续的监控，不仅造成沉重的经济负担，实际上也没有必要。[2]关于监控的方式，二者的要求也可能不同。例如，美国健康服务组织认证联合委员会制定的有关约束和隔离的标准规定，医务人员应亲自持续监控所有被约束的患者，"亲自"则意味着监控人员应亲眼查看患者，可以通过窗户查看或在门口查看，但不可以通过视频监控系统查看；但对于隔离患者，却可以通过闭路或视频系统进行监控。[3]

3. 比例原则：对约束、隔离时间和强度的限制

比例原则要求约束、隔离的时间、强度等不得超过达到目的所必要的限度。具体而言，如果采取更小强度的约束、隔离方式能达到同样目的，就不应采取强度更大的约束、隔离措施。例如，采取肢体部分约束就能达到目的，就不应采取全身约束；如果能够在较短时间内达到目的，就不应该也不必要延长约束、隔离时间。换言之，约束、隔离时间不得超过为此目的所绝对必要的限度，应在最短的时间内使用。如果经评估患者不需要继续接受约束或隔离，应及时解除该措施。为限制约束、隔离时间，立法上往往采取两种规制模式：一是原则性规定约束、隔离不得超过必要的时间，如我国台湾地区所谓的"精神卫生法"即采取该模式；二是明确限定约束、隔离的最长期限，并规定两次约束、隔离之间的间隔时间。当然，也有例外，也有国家对约束、隔离时间不做限制。如英国仍允许对具有"长期危险性"的精神障碍患者采取长期隔离（long-term segregation），但规定应对隔离进行定期评估。[4]

4. 约束和隔离的定期评估

约束和隔离的存续以启动该措施的事由存续为前提，如果继续采取约束和隔离措施的事由已经不存在，应及时解除该措施。为此，有必要建立约束和隔离的定期评估制

---

[1]　WHO. WHO resource book on mental health, human rights and legislation [M]. Geneva: WHO Press, 2005: 65.

[2]　KRISTI D AALBERG. An act concerning physical restraints of persons with disabilities: a legislative note on Connecticut's recent ban of the use of life-threatening restraints on the mentally ill [J]. Quinnipiac Health L J, 2001, 4: 233.

[3]　SUSAN STEFAN. Emergency department treatment of the psychiatric patient [M]. New York: Oxford University Press, 2006: 110-111.

[4]　The Department of Health. Codes of practice for mental health act 1983 [M]. London: TSO, 2008: 126.

度，由医师定期对约束和隔离的存续进行评估，以决定是否继续约束或隔离。例如，我国台湾地区所谓的"精神卫生法"规定，"拘束病人身体或限制其行动自由于特定之保护设施内，并应定期评估，不得逾必要之时间。"在英国，对患者的隔离应每2小时由护士或其他适当专业人员进行评估，每4小时由医生评估一次，以决定是否继续采取隔离。我国也有学者建议，"精神科执业医师每天至少要对被隔离的患者进行一次检查，每天至少要对被约束的患者进行两次检查，并对是否需要继续隔离或者约束进行一次评估。""患者被连续约束或者隔离达到72小时，应当由具有副主任医师以上职称的精神科执业医师对患者进行检查，并对是否需要继续采取约束或者隔离措施做出评估。"[1]

5. 告知与知情选择权

传统观点认为，约束和隔离是强制措施，其实施本身是对患者自主权的否定，因而无须取得患者及其监护人的事先同意。但这一观念受到越来越多的质疑，法律上倾向于一定程度上承认患者的知情选择权，并进一步强化医疗机构及其医务人员的告知义务。

一是承认患者对约束方式的选择权。例如，美国阿拉斯加、俄勒冈、弗吉尼亚3个州赋予患者在紧急情况下对约束方式的选择权，这些方式包括人身约束、隔离、药物约束。[2]还有的州赋予患者更为细致的选择权，如密歇根州规定，患者可选择约束的姿势（站立还是平躺）。[3]

二是强化医师在约束前和约束后的告知义务。例如，美国很多州规定，在实施约束或隔离前，医生应告知患者接受约束或隔离的理由，并告知其在何种情形下可终止约束或隔离。例如，得克萨斯州规定，医院员工应告知患者做出约束或隔离命令的理由和期限，以及在何种情形下可解除约束或隔离。[4]有学者亦强烈建议应给予患者最大限度的选择权，包括约束前的告知和约束时有关约束方式的选择权，以及约束后与患者的沟通及对约束的评估等。[5]对此，有的州规定医务人员应和患者讨论约束的原因，并询问患者对约束的看法和感受。这些做法无疑有利于增进医患之间的沟通，并减少患者对约束或隔离措施的不认同感，并改进和优化约束或隔离措施的实施，减少可能带来的伤害。

在我国，精神卫生机构一般只使用约束措施，很少使用隔离措施。[6]个中原因恐怕在于隔离需要占用更多的医疗资源，包括隔离室及其内部安全设施，对医疗资源极度匮乏的多数精神卫生机构而言，这是明智之举。因此，有关患者保护性医疗措施的选择权在我国几乎没有存在的余地。在实践中，约束的使用受制于医务人员的态度，很少顾及患者本人的态度和意愿，因而容易忽视患者本人的知情权。就法律而言，我国《精神卫生法》仅规定医疗机构及其医务人员在实施保护性医疗措施后应告知患者的监护人。很明显，法律规定告知的对象是监护人而非本人，是事后告知而非事先告知或说

---

［1］　谢斌，袁训初，曹新妹. 关于约束与隔离问题［J］. 上海精神医学，2002（4）：241.

［2］　ELYN R SAKS. Putting patients at the center of restraints [J]. S Cal Rev L & Social Justice, 2011, 21: 4-5.

［3］　Mich. Comp. Laws Ann. § 330.1740 (2012).

［4］　25 Tex. Admin. Code § 404.154 (26) (1993).

［5］　ELYN R SAKS. Putting patients at the center of restraints [J]. S Cal Rev L & Social Justice, 2011, 21: 10-14.

［6］　笔者以"隔离"为关键词和题名检索中国期刊网的数据库，尚未检索到有关精神病人隔离的文献或报道。

明，且未规定事后告知的时间以及应告知的内容。在《精神卫生法》草案征求意见中，曾有专家提出实施保护性医疗措施后应立即告知患者的监护人，但考虑实际可操作性，要求立即告知的难度较大。法律最终未对告知的时间做出限定，规定由医疗机构根据实际情况决定，但必须告知。[1]

6. 记录

约束和隔离的实施往往是在没有第三方在场的情况下由医疗机构自行实施的。其实施过程往往缺乏公开度和透明度，也很难获得有效的外部监督。在此情形下，医疗机构所制作的病历资料成为反映约束或隔离实施情况的主要甚至是唯一的载体，因此，在立法中规定医疗机构如实记录约束或隔离的信息也就显得尤为重要。对此，《保护精神病患者和改善精神保健的原则》明确规定："所有人身约束或非自愿隔离的次数、原因、性质和程度均应记入患者的病历。"美国很多州也规定了医院工作人员在实施约束或隔离时应记录的信息，包括详细描述约束或隔离的情况，如期限、效果等。法律之所以做出这种规定，一是将之作为医疗机构实施约束或隔离措施的内部监控方式，二是便于其他机构充分获取相关信息。[2]我国《精神卫生法》第47条也规定医疗机构及其医务人员应当在病历资料中如实记录精神障碍患者实施约束、隔离措施的内容，并赋予患者及其监护人查阅、复制病历资料的权利。与《保护精神病患者和改善精神保健的原则》不同的是，我国法律并未明确规定病历资料中应记录的具体内容，实践中应参照《保护精神病患者和改善精神保健的原则》的规定及诊疗惯例等细化病历记载的具体内容。

7. 约束和隔离的解除

对精神障碍患者的约束和隔离以必要为前提，如果患者情绪稳定，对本人或他人的危险性已经消除，医护人员应及时解除约束或隔离措施。这就要求医护人员应及时对患者的状况进行评估，并根据评估结果决定是否解除约束或隔离措施。同时，法律上也有必要赋予患者及其监护人解除约束或隔离的请求权，如果患者提出请求，医护人员应就该请求进行评估，以决定是否解除约束或隔离。

六、小结

在我国，约束和隔离一向被视为医学措施或护理措施而几乎不受法律的约束。《精神卫生法》第40条首次对约束、隔离等保护性医疗措施作出原则性规定，涉及约束和隔离的适用条件、限制等，并要求其实施应遵循诊断标准和治疗规范。这一规定无疑具有十分重要的实践意义，至少表明立法机关已经认识到约束和隔离并非纯粹的医学措施，应将其纳入法律的规范范围。同时，鉴于约束和隔离措施可能对精神障碍患者人身自由、人格尊严、身心健康造成严重伤害，有必要通过法律限制其适用情形、目的等，

[1] 信春鹰. 中华人民共和国精神卫生法解读［M］. 北京：中国法制出版社，2012：123.

[2] KRISTI D AALBERG. An act concerning physical restraints of persons with disabilities: a legislative note on Connecticut's recent ban of the use of life-threatening restraints on the mentally ill [J]. Quinnipiac Health L J, 2001, 4: 235.

但《精神卫生法》有关约束和隔离的规定仍存在若干不足之处，如有关约束和隔离的适用条件和情形过于宽松，可能难以遏制该措施的滥用；对约束和隔离的实施缺乏程序约束等。

免受约束和隔离是住院精神障碍患者享有的权利之一，因此，有必要在实体和程序层面实现对约束和隔离的法律规制，从而将该措施的实施限制在极其有限的例外情形。针对现行约束、隔离制度存在的不足，应重点完善以下内容：一是将危险性作为约束、隔离措施的实体要件，取消将"扰乱医疗秩序"作为实施约束和隔离的法定情形；二是进一步明确禁止使用约束和隔离的情形，除了规定不得出于惩罚、报复、胁迫、方便管理等目的使用约束、隔离之外，还应规定不得采取危及生命的方式或其他不当方式使用约束；三是建立实施约束和隔离措施的正当法律程序，包括明确约束、隔离措施的决定与执行主体、实施期限、定期评估、知情同意、病历记录和解除等。

第五章
住院患者的权利保护

第一节 **人格尊严与自主决定权**

  非自愿住院的精神障碍患者无疑是最为脆弱的群体之一，在与外界隔离的治疗环境中，患者的权利很容易因人身自由的剥夺和精神病人的"标签"而受到全面限制或剥夺。在很多国家，精神病人被长期拘禁于精神病院而得不到适当的治疗，他们在精神病院遭受劳动惩罚、强迫劳动和体罚，并受到残酷、非人道和有辱人格的待遇。[1] 尽管法律承认精神障碍患者享有正常人所享有的基本人权，但在非自愿住院环境下，这些权利很容易受到限制或剥夺，尤其是自主权、人身自由等基本权利，因而亟待从法律层面给予特殊保障。

一、人格尊严

（一）人性尊严与人格尊严

  关于个人所享有的尊严，在国际人权文件和各国宪法中有不同表述，概括起来有人的尊严、人性尊严、个人尊严、人格尊严和人类尊严等。最典型的表述当属德国基本法中的人性尊严或人的尊严。人性尊严作为宪法价值体系之基础，或宪法价值秩序中之根本原则，其核心内涵为：人在自己自由权利范围内，有自治自决之高度自主性；人不能成为纯粹的客体，不论是否依自由意志或他意，人都不能被工具化、物化、商品化。[2] 人性尊严的基本内涵在于不把人看作工具或手段，"人本身即目的"，个人不应成为国家及社会作用的手段或客体。同时，人性尊严强调每个人有"人格自我塑形"之自治自决权，从而每个人有其独立性，以及个人之见存其差异性。[3] 基于人性尊严，个人具有自我决定和自由意志不受干预的权利。

  我国《宪法》第38条中的"人格尊严"，则似乎难以谓之为一个体现了宪法的本质

---

[1] 世界卫生组织精神卫生和物质依赖司. 国际人权在国家精神卫生立法方面的作用 [R]：日内瓦：世界卫生组织，2004：1.

[2] 李震山. 多元、宽容与人权保障——以宪法未列举权之保障为中心 [M]. 台北：元照出版有限公司，2005：132.

[3] 李震山. 多元、宽容与人权保障——以宪法未列举权之保障为中心 [M]. 台北：元照出版有限公司，2005：133.

性价值或整个人权保障体系之价值基础的概念，甚至也未像德国法的"人的尊严"那样，可被视为处于宪法价值秩序或人权保障的核心地位之上。[1]无论是基于历史与目的解释，[2]还是基于该条款的语义结构及其在基本权利条款中所处的序列，"人格尊严"应解释为一项具体的宪法权利，即宪法上的人格权。事实上，国内学者多认为人格尊严"是指公民作为社会的一员所应该具有的品德和资格的权利"，[3]认为人格尊严是作为人应当具有的最起码的资格，以及必须享有的地位、待遇或应受的尊重，集中表现为人的自尊心和自爱心，[4]在法律上表现为姓名权、肖像权、名誉权、荣誉权等人格权利，[5]实际上将人格尊严视为人格权。

（二）精神障碍患者的人格尊严

人格尊严是否以个人具有自主或理性能力为前提？这是不乏争议的问题。有学者认为人"是有自我意识的、理性的、可以自由选择和具有道德关怀感的"，因而并非"所有的人类都是人"，对于那些胎儿、婴儿、严重智力障碍者和没有希望恢复健康的昏迷者，是没有自主性和理性的，无所谓尊严与否；[6]相反，德沃金认为，任何一个人都有在他的生命中表现出其自身特质的能力，每一个生命的历程也都是由当事人自己所创造的，即使是痴呆患者，也是在其日常生活中展示了他（或她）的自我。在别人看来，那些病人的选择可能是不明智的，但是，明智与否本身并不是人是否具有尊严的标志。[7]人格尊严系人与生俱来即享有的地位——自决与自治的权利，此地位不因个人后天状况不同或改变而受否定。[8]换言之，人格尊严依存于人的本质，是人之为人所享有的，与能力、禀赋、理性无关的权利。"人性尊严之权利主体系每个人，其不该因年龄及智慧之成熟度而有别。因此，智力与精神上有缺陷者，譬如意识丧失、精神病患者，亦应为人性尊严之权利主体。"[9]

对此，联合国《残疾人权利公约》将尊重人的固有尊严和个人自主作为基本原则，并要求各缔约国立即采取有效和适当的措施，以"促进对残疾人权利和尊严的尊重"。

[1] 林来梵. 人的尊严与人格尊严——兼论中国宪法第38条的解释方案[J]. 浙江社会科学，2008（3）：50.
[2] 我国《宪法》第38条有关人格尊严的规定，被认为是对"文化大革命"中侵犯和践踏人格尊严的惨痛教训的总结，目的在于保障人格尊严不被侮辱和侵犯。参见：许崇德. 中国宪法[M]. 2版. 北京：中国人民大学出版社，1996：418. 许崇德. 中华人民共和国宪法史[M]. 福州：福建人民出版社，2003：794-796. 蔡定剑. 宪法精解[M]. 北京：法律出版社，2004：230.
[3] 肖蔚云，宝音胡日雅克琪，魏定仁. 宪法学概论[M]. 2版. 北京：北京大学出版社，2005：204-205.
[4] 张千帆. 宪法学[M]. 2版. 北京：法律出版社，2008：182.
[5] 许崇德. 中国宪法[M]. 2版. 北京：中国人民大学出版社，1996：418. 董和平，韩大元，李树忠. 宪法学. 北京：法律出版社，2000：393. 肖蔚云，宝音胡日雅克琪，魏定仁. 宪法学概论[M]. 2版. 北京：北京大学出版社，2005：204-205. 张千帆. 宪法学[M]. 2版. 北京：法律出版社，2008：182.
[6] H. T. 恩格尔哈特. 生命伦理学基础[M]. 范瑞平，译. 2版. 北京：北京大学出版社，2006：144-147.
[7] 罗纳德·M. 德沃金. 生命的自主权——堕胎、安乐死与个人自由的论辩[M]. 郭贞伶，陈雅汝，译. 北京：中国政法大学出版社，2013：256.
[8] 张宇飞. 人性尊严的宪法解释方法及其问题——以克隆人宪法争议为例[J]. 法学论坛，2009（4）：100.
[9] 李震山. 人性尊严与人权保障[M]. 台北：元照出版有限公司，2009：16.

《保护精神病患者和改善精神保健的原则》规定:"所有精神病患者或作为精神病患者治疗的人均应受到人道的待遇,其所固有的尊严应受到尊重。"人格尊严首先强调精神病人在非自愿住院期间不应受到不人道或有辱人格的待遇,包括恶劣的住院环境、非人道的约束和隔离、虐待、体罚、未经同意的医学实验等。这就要求政府为公立精神卫生机构提供充足的资金并保障精神卫生机构能够得到与其他医疗机构同样的资源,包括足够数量的合格医务人员、硬件设备、药物等,为住院精神病人的治疗提供尊重个人尊严的环境。

二、自主决定权

(一)自主决定权的含义

自主权或自我决定是源自宪法上的人性尊严和人格权的一项权利。德国学者杜里希(Dürig),根据基本权抽象程度的不同,将基本权分为三级:第一层是最高或最抽象的基本权,即人性尊严;第二层是由人性尊严衍生出来的一般自由权(包括人格权)和平等权;第三层是具体的基本权利。人性尊严首先强调每个人在道德上都具有同等重要的价值,应受到同等的尊重,人本身即目的,而不能作为达成其他目的的手段或被贬斥为客体。其次,人性尊严表现在个人基于自己的意志享有高度的自治自决和行动自由,从而在内在意志和外在行动上保持独立和自主。人格权作为一般自由权的一个侧面,[1] 其功能为:一是保障个人对自己事务衡酌之权,即一个人生活领域内的、个人的、私人的领域可由个人自我决定、自我拥有及自我表述;二是保障一般行为自由,其核心在于人格自由发展。[2] 因此,一般人格权包括一个人的人格或行为之自我形成权和自我决定权,这意味着个人可自由决定其意志和行为,并对抗国家的不法干预。一般人格权是人性尊严的首要价值,二者联系最为紧密的部分是自我决定权。[3]

自我决定作为宪法上的概念,即一个人在自己生活范围内具有的自我决定的自由,这种自由尊重的是人的自主性。[4] 自主决定权首先源自个人尊严和个人所享有的意志自由,是个人对自身范围内的事务享有不受他人干涉、自行决定的权利。基于自主决定权,必然衍生出生活方式形成之主动权,以及消极对抗国家不法干预之权。最后的结果,即个人的意见及行为,皆允许由自己决定,并由自己负责。[5] 在民法领域,自主决定权是基于个人意志以发展人格为目的的对生命、身体、健康、姓名等典型的人格表征的控制与塑造的抽象人格权,[6] 它强调的是权利人针对具体人格要素的意志决定自由,

---

[1] 林来梵,骆正言. 宪法上的人格权 [J]. 法学家,2008 (5):63.

[2] 李震山. 多元、宽容与人权保障——以宪法未列举权之保障为中心 [M]. 台北:元照出版有限公司,2005:147.

[3] 李震山. 从生命权与自决权之关系论生前预嘱与安宁照护之法律问题 [M]. 中正大学法学集刊,1999 (2):338.

[4] 杨立新,刘召成. 论作为抽象人格权的自我决定权 [J]. 学海,2010 (5):183.

[5] 李震山. 多元、宽容与人权保障——以宪法未列举权之保障为中心 [M]. 台北:元照出版有限公司,2005:147-148.

[6] 杨立新,刘召成. 抽象人格权与人格权体系之构建 [J]. 法学研究,2011 (1):93.

这种自由是权利人塑造与发展其人格、实现权利人最高人格本质的重要能力。[1]因此，自主决定权是指个人基于自身的意愿和意志对自己的生命、身体、健康、姓名等具体人格的自行决定且不受公权力和他人干预的权利。

（二）精神障碍患者的自主决定权及其限制

自主决定权之行使以行为人具有理性和理智为前提，而对于心智欠缺的人是否享有这一权利则存在不同的观点。事实上，精神障碍患者是自主决定权最常被剥夺的群体。一方面，法律通常以精神障碍患者欠缺正常人的理性和心智能力为由，认定他们欠缺行为能力，进而剥夺其行使权利的资格，并在事实上剥夺他们的法律权利，包括选举权、起诉权、劳动权、结婚权、生育权等。另一方面，法律通过设立民事监护，形成替代决定制度，进而剥夺精神障碍患者的决定权。因精神障碍而否定一个人的行为能力但并不能否定其权利主体资格，只是其权利的行使"转移"至监护人，患者本人的人身、财产和日常事务的全部决定权交给监护人行使。换言之，一旦设定监护人，患者本人单独从事法律行为的效力不再为法律所承认，而监护人替代本人决定则为法律所认可。[2]这种全面监护下的替代决定制度完全否定了患者本人的意志和意愿，使本人完全被排除出涉及本人重大利益的决策，而对该决策所产生的法律后果和任何影响，却完全由患者本人来承担。尽管法律亦强调监护人的决定应符合本人的最大利益，而这种最大利益更多是监护人的主观判断和意志的体现，且难以避免监护人滥用其监护权。在实践中，"被精神病"的发生，以及监护人拒绝患者出院的情形普遍存在，很大程度上都归结于监护人滥用其决定权，包括非自愿住院决定权和同意出院的决定权。

监护和替代决定制度理论认为，被监护人意思能力不完全（心智残障）便不具备行为能力或者其行为能力应受到限制，其在相关范围内对相关事务无决定能力，决定权应由其监护人替代行使。[3]但上述认为精神障碍患者欠缺行为能力之假设并不具有合理性。根据精神医学理论，几乎不存在完全丧失判断力的患者。精神疾病的病情轻重与民事行为能力的强弱不一定成对应关系。患者在某方面民事行为能力受损，并不必然代表他在其他方面民事行为能力也一定不行。民事行为能力全面受损的精神病人确实有，如智力极度低下者，然而大多数精神病人都有一定的行为能力。[4]相关研究亦显示，不少精神障碍患者在某个或某些方面无行为能力，但在其他方面却有完全的行为能力，这用民法上的类型化标准是无法涵盖的。行为能力定型化的制度安排，无视成年精神障碍患者在某方面残存的完全意思能力，其实质就是对心智弱者自主决定权的弱化和过分限缩。[5]

[1] 朱晓平. 抽象人格权的理论解构与立法抉择 [J]. 法律适用，2019（3）：98.

[2] 杜生一. 成年监护决定范式的现代转型：从替代到协助 [J]. 北方法学，2018（6）：137.

[3] 李霞. 协助决定取代成年监护替代决定——兼论民法典婚姻家庭编监护与协助的增设 [J]. 法学研究，2019（1）：106.

[4] 何恬. 重构司法精神医学——法律能力与精神损伤的鉴定 [M]. 北京：法律出版社，2008：303.

[5] 王丽莎. 成年精神障碍患者的行为能力 [J]. 国家检察官学院学报，2018（3）：144.

替代决定制度过于强调监护人的职权，被监护人的意愿和意志几乎不被考虑，亦无法参与涉及本人利益的决策和社会活动，事实上使得被监护人进一步丧失社交能力和融入社会的机会。同时，全面监护模式下的替代决定制度构成对个人自由的过度干预，从而违背人权保障的基本理念。20世纪70年代以来，随着残疾人权利保护运动的兴起，替代决定制度开始受到广泛质疑，各国开始摒弃传统的监护制度，建立协助决定制度。《残疾人权利公约》等国际公约亦逐渐形成"尊重自我决定"、促进身心障碍者生活"正常化"的理念，其核心是摒弃传统的替代决定制度，引入协助决定制度，实现身心障碍者由"他治"向"自治"的转变。

（三）精神障碍患者的自主决定权的回归：从替代决定到协助决定

《残疾人权利公约》第12条强调残疾人享有与他人平等的法律能力，要求缔约国采取适当措施，为残疾人行使法律能力提供其所需要的协助。[1]这里所说的法律能力，包括依法拥有权利和行使权利的能力，[2]即权利能力和行为能力。法律能力是赋予所有人（包括残疾人）的一项固有权利，不得以"心智不全"或残疾作为剥夺其法律能力的合法理由，《残疾人权利公约》第12条第3款要求缔约国必须为残疾人提供协助，以便使残疾人能够做出有法律效力的决定。对此，残疾人权利委员会要求有关缔约国必须"审查有关允许监护权和委托权的法律，并采取行动制定法律和政策，更换替代决定制，采取协助决定制，以尊重人的自决权、意志和愿望。"[3]因此，《残疾人权利公约》提出了取代传统替代决定制的协助决定制度，协助决定是指一个有辨识能力障碍的成年人能够在他人的协助下根据自己的意愿自主做出决定。[4]与传统的替代决定不同，协助决定推定精神障碍患者具有行为能力，他们能够根据自己的意愿做出选择和决定，在必要的情况下，协助人可以为本人做出决定提供必要的协助。在协助决定中，残疾人本人始终是决定者，并处于决定的核心，其他协助人只是提供辅佐而不具有决定权。[5]协助人在提供协助过程中，必须最大程度地尊重残疾人本人的意愿和选择，"而非他人对残疾人本人真正的最大利益的看法"，[6]不得以协助取代决定；若在做出重大努力后，仍无法确定

［1］《残疾人权利公约》第12条规定："①缔约国重申残疾人享有在法律面前的人格在任何地方均获得承认的权利。②缔约国应当确认残疾人在生活的各方面享有与他人平等的法律能力。③缔约国应当采取适当措施，便利残疾人获得他们在行使其法律能力时所需要的协助。④缔约国应当确保，与行使法律能力有关的一切措施，均依照国际人权法提供适当和有效的防止其滥用的保障。这些保障应当确保与行使法律能力有关的措施尊重本人的意愿和选择，无利益冲突和不当影响，适应本人情况，适用时间尽可能短，并定期由一个有资格、独立、公正的当局或司法机构复核。提供的保障应当与这些措施影响个人权益的程度相称。⑤在符合本条规定的情况下，缔约国采一切适当和有效的措施，确保残疾人享有拥有或继承财产的平等权利，掌管自己的财务，有平等机会获得银行贷款、抵押贷款和其他形式的金融信贷，并应当确保残疾人的财产不被任意剥夺。"
［2］联合国残疾人委员会第1号《一般性意见》第12条在法律面前获得平等承认第12自然段。
［3］联合国残疾人委员会第1号《一般性意见》第12条在法律面前获得平等承认第26自然段。
［4］杜生一. 成年监护决定范式的现代转型：从替代到协助［J］. 北方法学，2018（6）：141.
［5］李霞. 协助决定取代成年监护替代决定——兼论民法典婚姻家庭编监护与协助的增设［J］. 法学研究，2019（1）：102.
［6］联合国残疾人委员会第1号《一般性意见》第12条在法律面前获得平等承认第29自然段。

残疾人的个人意愿和选择时，必须以"对残疾人意愿和选择的最佳解释"来取代协助人所认为的"最大利益"决定。[1]

协助决定制度在诸多国家和地区的立法中获得肯定和支持，并促使传统监护制度下的替代决定制度向协助决定制度转型。例如，20世纪90年代，加拿大各省就开始建立协助监护制度，承认精神障碍患者具有自主决定权，有权在他人协助下做出独立决定，部分或全面监护为最后之手段。[2]德国于1992年开始施行的《照管法》废止了禁治产制度，以照管取代监护，并且照管制度与行为能力脱钩。即便是被照管，也不会损及被照管人的行为能力，被照管人仍具有行为能力。[3]同时，适用照管制度始终都必须遵从被照管人的意愿，照管人不得违背被照管人本人意愿处理事务。[4]瑞士、奥地利、日本等国家都启动了监护制度改革，其取向都是废止无行为能力制度，都在一定程度上引入协助决定制度，强调协助决定的优先适用，都强调对被监护人本人意愿的尊重等。

我国《民法典》仍采取传统的民事监护制度，实质上仍采取替代决定制度，其理念已严重滞后于各国监护制度改革的潮流和国际上保护残疾人人权的基本要求。因此，无论是为了提升我国残疾人的人权保护水平，还是履行《残疾人权利公约》的义务，在立法上应：①废止无行为能力制度，不得以心智能力作为否定法律行为能力的依据。对精神障碍患者应采取行为能力推定，除非法院依个案审查做出其欠缺行为能力的认定，否则应推定其具有行为能力。②废止完全监护制度，引入协助决定制度，通过委任、指定协助人，协助患者做出决定，以最大程度尊重患者本人的决定权。

三、知情同意权

（一）知情同意权的内涵

自决权作为人性尊严和人格权所衍生的基本权利，它在医疗决策中的集中体现就是知情同意。知情同意权包括知情和同意两个方面，知情的前提是医师充分履行其告知义务，因而知情同意可分为两个阶段，即信息披露阶段和同意决定阶段，具体则包括信息披露（disclosure）、表意能力（competency）、充分理解（understanding）、自愿（voluntariness）和同意决定（decision）：[5]①信息披露是指医师在患者做出治疗决定前所做出的告知和说明，其所披露的信息一般包括患者的病情、治疗方案、预期效果及其风险、可供选择的替代方案、医疗费用等。而关于医师是否充分履行其信息披露义务的判定标准，则素有医师标准和患者标准之争，在此不再赘述。②患者的同意是知情同意权的核心，是患者自主权的重要体现，也是阻却医疗行为违法性的前提。有效的同意除了要求医师充分履行其说明义务外，还要求患者必须具备相应的同意能力，且是在自愿

［1］　联合国残疾人委员会第1号《一般性意见》第12条在法律面前获得平等承认第219自然段。
［2］　朱雪林. 加拿大成年监护制度研究——兼论对中国成年监护制度的启示［D］. 长春：吉林大学法学院，2012：83.
［3］　李昊. 大陆法系国家地区成年人监护制度改革简论［J］. 环球法律评论，2013（1）：73-75.
［4］　杜生一. 成年人保护制度私法变迁论［J］. 私法，2019（1）：81.
［5］　APPELBAUM P S. Informed consent: theory and clinical practice [M]. New York: Oxford University Press, 1987.

状态下基于其内心真实意愿和意志做出的同意。这里的关键是同意能力的判定，原则上如无相反证明，应推定成年人具有意思决定和同意的能力，但是未成年人和精神病人则可能因其年龄、智力和精神状态而被认定欠缺同意能力。然而，同意能力的欠缺并不表示患者丧失自决权，因为宪法所保障的人格尊严不因患者同意能力的欠缺而丧失，自决权仍适用于无同意能力的患者。换言之，"无同意能力的患者与有同意能力患者享受同等权利。区别仅在于，无同意能力的患者无法像有同意能力的患者那样，不受阻碍地独立行使自决权。"[1] 无同意能力患者的同意权的行使往往通过两种方式弥补：一是预先指示，即以患者具备行为能力时所做出的有效意思表示作为当前医疗决定的依据；二是代理决策，即由患者的代理人本着患者的最大利益做出相关医疗决定。

另一方面，有效的同意必须是自愿的同意，即患者自由意志下的同意，其做出同意决定时不受他人不正当的影响、欺诈或胁迫，是其真实的意思表示。换言之，同意必须是事前、自主、明显的同意，其同意不应受经济及其他利益的影响，亦即"根据自己的判断""独立做出决定"，并且不受他人或其他因素的影响。[2] 对于处于拘禁状态的人而言，其人身自由受限制之处境往往构成其做出真实意思表示的不当影响或压力，其知情同意权应给予特别的保护，这也包括住院精神障碍患者，尤其是非自愿住院患者。

（二）精神障碍患者知情同意权的保障

精神障碍患者同样享有宪法所规定的人格尊严和自主权，且应推定其具有知情同意的能力。对此，《保护精神病患者和改善精神保健的原则》规定："未经患者知情同意，不得对其施行任何治疗。"原则上，精神病人在治疗过程中享有其他患者相同的权利，包括知情同意权，不应仅仅因其精神状态而直接否定该权利。

对精神病人自决权和知情同意权的限制主要是对非自愿住院患者的强制治疗，在此情形下可不经患者知情同意即对其进行治疗。

然而，《保护精神病患者和改善精神保健的原则》对否定知情同意的强制治疗的适用进行严格限制，要求其符合以下条件：

（1）患者作为非自愿患者被强制留医；

（2）独立主管机构认定患者缺乏对所建议治疗方案给予或不给予知情同意的能力，或国内法律规定，为了患者本人的安全或他人的安全，患者不予同意是不合理的；

（3）独立主管机构确信所建议的治疗方案最适合病人的病情需要。

可见，即便是非自愿住院患者也不应一概否定其自决权和知情同意权，只有经主管机构认定患者缺乏同意能力或不予同意不合理时，方可否定之。然而，上述规定似乎更适合非自愿入院和非自愿治疗二者分离的国家或地区，而对于将非自愿入院和非自愿治疗二者合一的国家和地区，非自愿入院即意味着可以采取非自愿治疗方式，《保护精神病患者和改善精神保健的原则》规定由"独立主管机构"审查决定非自愿治疗模式自然没有

---

[1] 张文婷. 论患者临终阶段的自决权——无同意能力患者消极安乐死之检讨［J］. 中德法学论坛，2009（7）：221.

[2] 黄丁全. 医疗、法律与生命伦理［M］. 北京：法律出版社，2015：728.

适用的余地。

我国《精神卫生法》也在一定程度上承认精神障碍患者的知情同意权，其中该法第39条和43条分别规定，医疗机构及其医务人员应向精神障碍患者或者其监护人"告知治疗方案和治疗方法、目的以及可能产生的后果"；对于导致人体器官丧失功能的外科手术和与精神障碍治疗有关的实验性临床医疗，还"应当向患者或者其监护人告知医疗风险、替代医疗方案等情况，并取得患者的书面同意"，"无法取得患者意见的，应当取得其监护人的书面同意，并经本医疗机构伦理委员会批准"。从上述规定看，除了导致人体器官丧失功能的外科手术和实验性临床医疗需要取得患者同意，其他治疗只要履行告知义务即可，无须取得患者的同意，这包括某些具有严重副作用的药物治疗、不会导致人体器官丧失功能的外科手术等。[1]上述规定也应适用于非自愿住院的患者，这些患者在非自愿住院期间也享有法定的知情权，对于第43条所规定的治疗享有同意权。很明显，《精神卫生法》有关精神病人知情同意权的保障程度明显小于《民法典》的规定，[2]患者的自决权和同意权受到较为严格的限制，尤其是精神病人一旦被非自愿住院，往往被推定无治疗决定能力，其知情同意权往往被限制或由监护人代为行使。而对于不少国家所承认的拒绝治疗权，在我国立法和实践中均未获得回应，实践中根深蒂固的观念仍是强制治疗即否定自决权，患者更无权拒绝治疗。

第二节　获得适当治疗的权利

2013年7月，一则名为"广西藤县42名精神病人集体出逃"的新闻引起媒体和公众的广泛关注。据报道，2013年7月5日19点，广西藤县第三人民医院男病人区的精神病人挟持该院的巡查护理员，并抢走护理员的钥匙、手机及现金，打开病区大门出走。据统计，出走的精神病人共42名，其中包括有犯罪前科的精神病人7人。出走事件发生后，藤县立即成立事件处置领导小组，并迅速抽调车辆130多台，组织警力200多人，各级干部400多人开展查找工作。至7月6日早晨，出走的精神病人已被工作人员全部找回，并继续留置在该院进行治疗。是什么导致精神病人集体出逃呢？这引起了公众的广泛猜想，事后据医院方面回应，出逃与医院条件差有关。藤县第三人民医院是该县唯一收治精神病人的医院，收治17个乡镇及周边地区的精神病人。出逃事件发生前，该院共有住院治疗的精神病人300名，该院精神病科专业医生、护士、护工等共有60多人。由于缺少医护人员，在男女两个病区，每晚值班各配1名值班医生、1名护士以及

---

[1]　值得注意的是《精神卫生法》第42条明确规定："禁止对依照本法第三十条第二款规定实施住院治疗的精神障碍患者实施以治疗精神障碍为目的的外科手术。"具体而言，对于因危害他人安全危险而被非自愿住院的患者，一律不得对其实施以治疗精神障碍为目的的外科手术。

[2]　《民法典》第1219条第1款规定："需要实施手术、特殊检查、特殊治疗的，医务人员应当及时向患者具体说明医疗风险、替代医疗方案等情况，并取得其明确同意。"根据该规定，所有手术、特殊检查、特殊治疗都得在说明的基础上取得患者的书面同意。

1名护工。目前该院的精神科病房拥挤，条件差，缺少安保人员，"20多人挤在一个房间里，严重超员"。[1]从媒体披露的信息看，"出逃与医院条件差有关"，恐怕主要不在于医院安保不到位导致病人逃脱，更可能的原因是医院病房拥挤、条件差，医护人员短缺，医疗设施匮乏，住院病人不堪忍受医院糟糕的住院条件，从而集体"飞越疯人院"。那么，在上述住院条件与环境中，精神病人所享有的治疗权以及获得安全舒适的住院环境等权利是否得到保障？应如何保障精神病人享有的这些权利？为实现这些权利，政府及医疗机构应承担多大程度的给付义务？这些问题无疑都值得我们深入思考。

治疗权是精神障碍患者在非自愿住院期间享有的基本权利之一，但这一权利并没有引起国内理论和实务界的关注。本节对美国法律实践中的治疗权进行分析，揭示治疗权的理论渊源、司法变迁及其保护困境，并从中汲取对我国有益的经验。

一、治疗权理念的萌生及其理论渊源

（一）治疗权理论的产生及其背景

"精神疾病的历史或许与人类的历史一样久远。"有人类以来，这种疾病便梦魇般地依附于人的躯体，而如何应对和治疗精神疾病成了人类永恒的难题。在现代精神医学诞生之前，人类对精神疾病的认识十分有限，从早期的巫术驱魔，到18世纪的"道德疗法"、水疗、发热疗法等，各种治疗方法不断推陈出新，但这些所谓的治疗要么收效甚微，要么压根就毫无效果——精神病人要想获得有效的治疗几乎都是幻想。只有在20世纪以后，随着现代精神医学的发展，特别是以"氯丙嗪"为代表的抗精神病药物的不断发现和新的治疗方法在临床中不断应用，多数精神病才成为可治疗的疾病。在此背景下，治疗作为权利的理念才得以萌生，并最终在立法和司法实践中得以确立。

在美国，最早提出治疗权概念及其理论的是莫顿·比恩鲍姆（Morton Birnbaum），而在此之前没有任何法律著作提及治疗权这一概念。[2]比恩鲍姆在其名为《论治疗权》的论文中提出住院精神病人享有宪法保护的获得充分治疗的权利。在民事拘禁中，"对人身自由的剥夺应以治疗为对价，医院限制患者的人身自由而不给予治疗不仅不道德，还违反宪法。"因此，"如果一家医院民事拘禁精神病人而不给予充分的治疗就不是精神病医院，而是监狱。"[3]比恩鲍姆的治疗权理论对立法和司法实践产生了深远的影响，成为相关立法和判例的重要理论基础。

治疗权理论在20世纪60年代产生，并迅速获得立法和司法判例的积极回应，它有着独特的时代背景：

（1）精神病人权利保护运动的兴起。随着20世纪50年代中期以来民权运动的兴起，平等、自由和尊严等基本价值观深入人心，为精神病人争取平等权利的"去机构化"运

---

［1］　王瑞锋. 广西42名精神病人出逃续：官方否认收治上访者［N］. 新京报，2013-7-11.

［2］　ROY POTER. Madness: a brief history［M］. New York: Oxford University Press, 2002: 10.

［3］　MORTON BIRNBAUM. The right to treatment［J］. A B A J, 1960, 46: 502-503.

动也如火如荼地开展。"去机构化"运动的目的是将精神病人从医疗机构中解放出来，使其在最小限制的环境中获得适当治疗，并有机会重新融入社会。因此，融入社会而非隔离，治疗而非纯粹拘禁，成为精神医学的新理念。在此背景下，精神病人治疗权理念开始萌生。

（2）精神医学的迅猛发展使得多数精神疾病成为可治疗的疾病。这主要归功于20世纪50年代以来抗精神病药物的大量发现和生物精神病学的迅猛发展，[1]精神疾病不再是无药可救的疾病。在此背景下，治疗才成为精神病人可期待的福音，治疗权利理念才得以滋生。

（3）改善精神病人住院条件的需要。20世纪30～40年代，美国精神卫生机构的条件持续恶化，精神病院人满为患，条件恶劣，住院精神病人的境况触目惊心。[2]精神病人所遭受的不人道待遇逐渐引起媒体和公众的广泛关注，例如，1946年《生活》杂志刊登的《疯人院1946》的报道中，极为生动地揭示了精神病院的凄凉境况，并将精神病院与纳粹集中营相提并论，从而对公众产生极大的冲击。同样，记者阿尔伯特·多伊奇（Albert Deutsch）在调查十多家精神病院后出版了《国家的耻辱》一书，该书详细地描述了当时精神病院的可怕状况，从而引发公众对精神病院体制的强烈不满。在此背景下，改革精神卫生体系，为精神病人的治疗、康复提供人道的条件开始提上议事日程。

（二）治疗权的理论基础

治疗权的最重要的理论依据是"补偿原理"。该理论最早由莫顿·比恩鲍姆提出，并成为怀亚特诉斯蒂克尼案等案件论证治疗权的理论基础。补偿理论认为，当州政府违背个人意愿拘禁一个人，作为补偿就应提供对应的一定形式的最低限度的治疗。[3]换言之，强制医疗作为限制人身自由的措施，政府以公权力将精神病人拘禁于精神卫生机构内，与之对应，就应为精神病人提供适当的医疗、康复服务[4]，以保障精神病人的健康权利。因此，治疗是民事拘禁正当性的基础和前提。如果将精神病人强制拘禁于医疗机构内而不给予适当的治疗，无异于将无违法行为的人无限期监禁，强制医疗也将沦为惩罚措施，精神卫生机构将在事实上沦为监禁机构，甚至是监狱。

同时，如果不将治疗作为非自愿住院的条件，将会导致大量的无须继续治疗或没有治疗必要性和可能性的患者长期滞留于医疗机构内，从而导致精神病人机构化和无限期拘禁的后果。这不仅不利于患者重新融入社会，也不利于医疗资源的充分利用，实际上也是政府对精神病人的不作为。因此，治疗权另外一个理论依据是国家监护权理论，该

［1］爱德华·肖特. 精神病学史——从收容院到百忧解［M］. 韩健平，胡颖翀，李亚平，译. 上海：上海科技教育出版社，2008：319-347.

［2］LAURA E HORTAS. How the evolution of rights for the mentally ill in the United States created a "social group" [J]. Connecticut Journal of International Law, 2004, 20: 160-161.

［3］JOHN ADAMS RIZZO. Beyond Youngberg: protecting the fundamental rights of the mentally retarded [J]. Fordham Law Review, 1983, 51: 1076-1077.

［4］KATE DIESFELD, IAN FRECKELTON. Involuntary detention and therapeutic jurisprudence [M]. Aldershot: Ashgate Publishing Limited, 2003: 65.

理论认为国家作为精神病人的监护人，为避免精神病人自伤和危及本人，应对精神病人进行强制治疗。因此，提供适当治疗是政府的基本义务，也是剥夺精神病人人身自由正当性的基础。

（三）治疗权的判定标准

治疗权的基本内涵是政府或精神卫生机构民事拘禁患者时应提供适当、充分的治疗。但何为充分的治疗？判定标准是什么？这无疑是治疗权理论中较为棘手的问题。例如，在怀亚特诉斯蒂克尼案中，尽管法院确认精神障碍患者享有宪法上的充分治疗权，但何谓"充分治疗"，其判断标准是什么，法院判决均未直接涉及。这个问题直到联邦最高法院在杨伯格诉罗密欧案中才最终做出解答。在该案中，智力障碍者享有"最低限度的充分训练权"，[1] 而判定州是否充分保障这一权利的合理标准是专业标准，即以公认的专业标准事实上是否得以遵循为判定标准。换言之，法院应尊重合格专业人员的判断，并推定其专业判断有效。只有在专业人员的决定严重偏离公认的专业判断、实践或标准，以致证明其实际上没有根据专业标准做出判断时，专业人员才需承担责任。尽管法院的判决针对的是智力障碍者的训练权，但对于精神病人的治疗权仍具有同样的价值。因此，可考虑以"公认的职业标准"（accepted professional standards）作为治疗权是否受侵害的判定标准。

二、治疗权理论的发展演变

（一）判例发展

1. 联邦下级法院有关治疗权的判例

治疗权理论提出后，立即在理论和司法实践中产生巨大的影响。在治疗权理论的影响下，与治疗权有关的判例开始出现。劳斯诉卡梅隆（Rouse v. Cameron）案是第一起根据州法做出有关治疗权判决的案件。在该案中，上诉人劳斯因精神病被认定无罪后民事拘禁于精神病院，其所犯罪为轻罪，最多判处1年监禁。劳斯以未接受治疗为由依据《人身保护法》对该拘禁决定提出异议。联邦上诉法院明确指出："非自愿住院的目的是治疗而非惩罚；如果没有治疗，医院将形同监狱——个人将在没有实施犯罪的情况下被无限期拘禁"。法院进一步指出，"在没有提供所需治疗的情况下，剥夺一个需要治疗的人的自由，也就违背了正当程序"，而"缺乏人员或设施不能成为没有提供持续、适当和充分治疗的正当理由"。[2]

在怀亚特诉斯蒂克尼案中，联邦地方法院认为，非自愿住院的目的是治疗，而不是纯粹的监护式看管或惩罚，这也是民事拘禁措施的唯一正当理由。以拘禁是为了人

---

[1]　Youngberg v. Romeo, 457 U.S. 307.

[2]　Rouse v. Cameron, 373 F.2d 451. (1967).

道治疗这种利他理论为由剥夺任何公民的自由，而事后又没有为其提供充分的治疗，违背了正当程序的基本原理。法院进一步强调，患者"无疑享有接受个性化治疗的宪法权利，并应给予他们每个人治愈或提高精神状况的实际机会。"为保障患者的治疗权，法院判决详细列举了州政府和精神卫生机构为实现精神病人治疗权所应履行的最低限度的义务，包括提供人道的心理和生理环境，提供充分治疗所需的合格数量的员工以及个性化的治疗计划。[1] 怀亚特诉斯蒂克尼案的判决（Wyatt v. Stickney）被视为"历史性"的判决，是"精神卫生领域里程碑式的重大进展"，[2] 并成为诸多后续案件的"标杆"（role model），[3] 影响十分深远。

同样，在著名的唐纳德诉奥康纳案（Donaldson v. O'Connor）中，联邦第五巡回上诉法庭认定"民事拘禁于州立机构的人享有个性化治疗的宪法权利，从而使其有治愈或提高其精神状况的实际机会。"法院指出，对本人或他人没有危险性的患者，非自愿住院的目的是治疗，而不仅仅是监护式看护或处罚。"从宪法角度出发，没有治疗也就没有继续拘禁个人的正当性。"[4] 但十分遗憾的是，上诉法庭有关治疗权的这一表述并没有在联邦最高法院的判决中获得回应。

总之，随着治疗权理论的确立，在联邦最高法院做出杨伯格诉罗密欧案判决之前，联邦下级法院只有两个案件没有承认治疗权。[5]

2. 联邦最高法院对治疗权的态度

尽管治疗权已在州法院和联邦地区法院的判决中获得普遍的认可，但联邦最高法院一直以来对治疗权均持回避态度。其中，最具代表性的例子是奥康纳诉唐纳德案（O'Connor v. Donaldson）。在该案中，尽管联邦第五巡回法院明确认定精神病人享有宪法保护的充分治疗的权利，但联邦最高法院拒绝对治疗权做出认定。相反，法院只是认定"州无权合宪地拘禁不具有危险性且能够在其本人或朋友的帮助下生存的个人。"[6] 而在更早的判例中，如彭斯赫斯特州立学校和医院诉哈勒曼案（Pennhurst State School & Hospital v. Halderman），则更加表明联邦最高法院不愿承认治疗权。在该案中，联邦地区法院认定彭斯赫斯特州立医院的条件违反了第十四修正案正当程序规定的在最小限制环境享有的最低限度充分康复的权利，以及第八修正案规定的人身不受伤害的权利和第十四修正案平等权所蕴含的不受歧视的治疗权。在二审中，联邦第三巡回法院回避了宪法问题，仅仅在联邦和州法律层面上认可下级法院的判决。联邦第三巡回法院认定，根据《发育性残疾人救助和权利法案》，智力障碍者享有在最小限制环境下充分治疗的权利。然而，联邦最高法院最终认定《发育性残疾人救助和权利

---

[1] Wyatt v. Stickney, 325 F. SUPP 781 (M.D. ALA. (1971), 334 F. SUPP. 1341 (M.D.ALA 1971), 344 F. SUPP. 373 (M.D. ALA. (1972).

[2] LEAF. Wyatt v. Stickney: assessing the impact in Alabama [J]. Hosp & Commun Psychiatry, 1977 (28): 351.

[3] MICHAEL L PERLIN. Mental disability law : civil and criminal (volume 2) [M]. Virginia: Lexis Law Publishing, 1998: 31.

[4] Donaldson v. O'Connor , 493 F.2d 507 (5th Cir. 1974).

[5] PHYLLIS PODOLSKY DIETZ. The constitutional right to treatment in light of Youngberg v. Romeo [J]. Georgetown Law Journal, 1984, 72: 1785.

[6] O'Connor v. Donaldson, 422 U.S. 563 (1975).

法案》等法律并没有赋予智力障碍者在最小限制环境下享有适当治疗的权利（康复权）。[1]联邦最高法院在上述先例中的态度无疑会对后续案件的裁判产生影响，如著名的杨伯格诉罗密欧案，该案判决不认为治疗权是宪法权利，表明法院不愿承认和保护宪法文本中未涵盖的实体权利。[2]

在1982年的杨伯格诉罗密欧案中，联邦第三巡回上诉法庭认为，根据第十四修正案正当程序条款，民事拘禁者享有治疗其智力障碍的康复权。但联邦最高法院最终不认为康复权是独立宪法权利，并将该权利限定为训练权，认为智力障碍者享有"与人身安全和人身不受不合理限制相关的训练权"，为保障这一权利，"各州应提供最低限度的充分或合理的训练，以保障患者的安全和人身不受不合理的限制。"而判定州是否充分保障这些权利的合理标准是专业标准，即以公认的专业标准事实上是否得以遵循为判定标准。[3]联邦最高法院在杨伯格诉罗密欧案中对治疗权的回避态度引起较大争议。批评者认为杨伯格案"没有实质意义"，联邦最高法院"不适当地放弃了其作为自由权捍卫者的历史角色。"[4]但支持者认为，杨伯格案为"智力障碍者的实体权利保护提供了重要的法律武器"[5]，将为"治疗权的确认迈出第一步"。[6]从实践看，尽管杨伯格诉罗密欧案的判决没有像下级联邦法院那样认定治疗权为独立宪法权利，但该判决并未排除联邦最高法院在将来的某个时候确认治疗权为宪法权利的可能性，也不妨碍下级法院继续认定治疗权本身。[7]事实上，在杨伯格诉罗密欧案之后的判决中，联邦下级法院并没有改变以往对治疗权的认识，从而拒绝适用杨伯格诉罗密欧案所确立的标准或对其扩大解释，并明确承认精神病人的治疗权。

联邦最高法院对宪法治疗权的否定主要基于以下考虑：

（1）各州的财政负担及其给付能力。赋予精神病人的适当治疗权将导致"巨大的财政负担"，[8]鉴于议会对州政府拨款的限制，各州事实上也无法承担提供适当治疗的绝对义务。

（2）法院对联邦法律治疗权和州法治疗权相关规定的理解。主要有两个因素会影响法院对州法有关治疗权规定的效力的认定：一是资金限制是否明确写入州法。如果法律所创设的任何权利都隐含或明示受财政拨款的可及性的限制，那么法院可能会否认权利的存在；二是州法是否表明其目的仅仅是政策声明。如果法院认定法律规定的目的仅仅

[1] Pennhurst State School & Hospital v. Halderman, 451 U.S. 1 (1981).

[2] JOHN ADAMS RIZZO. Beyond Youngberg: protecting the fundamental rights of the mentally retarded [J]. Fordham Law Review, 1983, 51: 1080.

[3] Youngberg v. Romeo, 457 U.S. 307 (1982).

[4] MCCOY. Due process and judicial deference to professional decision making in Human Services Agencies [J]. SYRACUSE L REV, 1984, 35: 1283.

[5] TIMOTHY COOK. The substantive due process rights of mentally disabled clicents [J]. DIS L REP, 1983, 7: 346.

[6] Note. The constitutional right of treatment in light of Youngberg v. Romeo [J]. GEO L J, 1984, 72: 1785.

[7] PHYLLIS PODOLSKY DIETZ. The constitutional right to treatment in light of Youngberg v. Romeo [J]. Georgetown Law Journal, 1984, 72: 1815.

[8] Pennhurst State School & Hospital v. Halderman. 451 U.S. 1 (1981).

是一种政策宣示，也就没有创设强制性的法律权利。[1]例如，在上述彭斯赫斯特州立学校和医院诉哈勒曼案中，联邦最高法院认为，制定《发育性残疾人救助和权利法案》的目的仅仅是表达非强制性的政策选择，并没有对州施加实质性义务，从而否认将该法作为治疗权的依据。

（3）法院认识到治疗权的实现需要依赖州政府为精神病患者（智力障碍者）提供一定的康复服务。鉴于多数州的法律已经规定了治疗权或提供康复服务的义务，甚至一些州明确要求在最小限制环境下提供康复服务或个性化康复计划。这些法律已经考虑了智力障碍者获得康复服务的替代方式，这削弱了法院承认治疗权为宪法权利的动力。[2]

（二）治疗权诉讼的路径及其发展趋势

纵观治疗权诉讼的发展演变过程，精神病人提起治疗权诉讼的路径主要是两个方面：一是依据联邦宪法和法律提起诉讼；二是依据州法提起诉讼。从早期判例看，联邦宪法成为精神病人提起治疗权诉讼的重要依据，但随着20世纪70年代以来有关精神病人权利保护方面的联邦法律的制定，以及各州精神卫生和病人权利法案等法律、法规的完善，联邦法律和州法成为治疗权诉讼的重要法源。

1. 联邦宪法

就联邦宪法而言，能够成为治疗权诉讼的宪法依据主要包括正当程序条款、平等保护条款和残酷、非常的惩罚条款。[3]其中，尚未有判例明确将平等保护条款作为治疗权的宪法依据；而在早期的若干判例中认定，如果"对拘禁者没有实施治疗"，[4]或者医院的条件"违反基本的人格尊严"，[5]可视为违反第八修正案，构成"残酷和非常的惩罚"。但是联邦最高法院在杨伯格诉罗密欧案中明确拒绝将第八修正案作为判定拘禁条件的宪法标准，这一依据随之被抛弃。

正当程序条款是治疗权诉讼最重要的宪法依据，在早期的治疗权诉讼中被证明十分成功。从实体正当程序视角论证治疗权，最具代表性的判例是怀亚特诉斯蒂克尼案。在该案中，法院明确指出："拘禁是以人道治疗这种利他理论为基础而剥夺任何公民的自由，如果事后没有为其提供充分的治疗，违背了正当程序的基本原理。"但不幸的是，尽管怀亚特诉斯蒂克尼案影响广泛，但其理论在近几十年中前景并不乐观。[6]在杨伯格诉罗密欧案中，联邦最高法院首次回应是否存在治疗权这一实体正当程序权利。法院最终认定这一权利并不存在，认为民事拘禁者仅享有"最低限度的充分或合理的训练权，以确保安全和人身不受不正当的限制。"很明显，联邦最高法院在本案中并没有承认治

---

［1］　KATIE EYER. Litigating for treatment: the use of state laws and constitutions in obtaining treatment rights for individuals with mental illness [J]. Review of Law and Social Change, 2003, 28: 14.

［2］　LEIGH L PURYEAR. Youngberg v. Romeo: moving toward a constitutional right to habilitation for the mentally retarted [J]. North Carolina Law Review, 1983, 62: 171.

［3］　MICHAEL L PERLIN. Mental disability law : civil and criminal (volume 2) [M]. Virginia: Lexis Law Publishing, 1998: 21.

［4］　Welsch v. Likins, 373 F.Supp.487 (D.Minn.1974).

［5］　Brenneman v. Madigan, 343 F.Supp.128 (N. D. Cal. 1972).

［6］　MICHAEL L PERLIN. Mental disability law: civil and criminal (volume 2) [M]. Virginia: Lexis Law Publishing, 1998: 6.

疗权，也就否认将正当程序作为治疗权的依据。

2. 联邦法律

在联邦宪法难以成为治疗权诉讼的依据的情况下，利用联邦法律提起诉讼成为替代选择。首先是《发育性残疾人救助和权利法案》（1975）和《精神卫生权利及其保护法案》（1980），这两部法律均授权联邦政府提供资金用于改善各州的精神卫生服务体系，并分别规定"发育性残疾人享有适当治疗、康复的权利"，以及精神病人"享有充分治疗和获得相关服务的权利"。但最高法院在彭斯赫斯特州立学校和医院诉哈勒曼案中认定，《发育性残疾人救助和权利法案》没有对州施加实质性义务，议会的目的仅仅是表达非强制性的政策选择，从而否定将这两部法律作为治疗权的基础。[1] 其次是《美国残疾人法》和《康复法》，这两部法律近年来在治疗权诉讼中扮演重要角色，有望成为进一步提高精神病人的医疗照护质量与可及性的途径。但由于依据《美国残疾人法》和《康复法》可提起的治疗权诉讼请求的范围受到一定的限制，且普遍达不到各州所提供的医疗照护的整体水平，从而严重限制了运用这两部法律寻求治疗权救济的效果。[2] 因此，联邦法律已很难成为寻求更高水平、强制性的医疗照护的依据。

3. 州法

州法已成为部分司法管辖区治疗权诉讼的依据。与联邦宪法和联邦法律相比，州法为精神病人提供更为广泛的实体权利保护。虽然在文本上州法的规定与联邦宪法的规定极为相似，但州法通常能够为治疗权提供更为有效的保护。依据州法提起治疗权诉讼主要有两种方式：一是依据州精神病人权利法案提起诉讼；二是要求州精神卫生、智力障碍或发育性残疾主管部门履行其法定职责。统计结果表明，以这两种方式提起的治疗权诉讼胜诉率分别达到69%和70%，这证明州法诉讼模式十分成功。[3]

依据州法提起治疗权诉讼比依据联邦法律具有更为充分的保障。最为重要的是，州法更广泛地规定了与治疗权诉讼请求相关的事项。例如，多数州的法律规定了州精神卫生部门的法定职责和权力，确认提供治疗和服务是州的义务，这就为治疗权诉讼请求提供了充分的基础。因此，在依据联邦宪法和联邦法律提起的治疗权诉讼未能有效推动各州为精神病人提供充分治疗和服务的背景下，最为可行的出路是充分利用州法这一诉讼依据。事实上，"州法为治疗权提供了坚实的基础。"[4]

（三）小结

联邦最高法院对治疗权持谨慎态度，始终没有承认治疗权的宪法地位，这或许与联邦最高法院的司法哲学与价值取向密切相关。联邦最高法院的主要职责在于保护个人权

---

[1] Pennhurst State School and Hospital v. Halderman, 451 U. S. 1 (1981).

[2] KATIE EYER. Litigating for treatment: the use of state laws and constitutions in obtaining treatment rights for individuals with mental illness [J]. Review of Law and Social Change, 2003, 28: 9.

[3] KATIE EYER. Litigating for treatment: the use of state laws and constitutions in obtaining treatment rights for individuals with mental illness [J]. Review of Law and Social Change, 2003, 28: 12.

[4] KATIE EYER. Litigating for treatment: the use of state laws and constitutions in obtaining treatment rights for individuals with mental illness [J]. Review of Law and Social Change, 2003, 28: 57.

利免受政府的侵犯。[1]传统自由主义认为，个人权利限于消极权利，是"不受国家权力侵害的权利"，[2]只要国家权力秉承其界限消极不作为，个人权利即可实现。而治疗权并非纯粹的消极权利，相反这一权利的实现需要政府积极提供一定的服务或给付，需要对精神病人这一弱势群体提供经济、物质上的救助或资助。这涉及政府是否负有为人民提供援助的"肯定性"义务，联邦最高法院对此基本上持排斥态度。[3]这在罗伊诉韦德案之后的堕胎案中表现最为明显，这些案件涉及联邦和州政府是否有权拒绝将流产手术纳入贫困妇女的福利保障。联邦最高法院在判决中认为，政府没有义务为堕胎提供帮助，包括提供公共设施、资金、医疗服务等。[4]在治疗权诉讼中，联邦最高法院亦面临同样的问题，一旦认定广泛的治疗权，这就要求法院"制定出具有立法和执法特征的救济方案"并推动该权利的实现，[5]而这些司法裁决必然涉及广泛的利益主体与利益冲突，需要巨额的资金投入，这都可能干涉政府和各州的权力，并可能危及法院自身的正当性。因此，联邦最高法院在杨伯格诉罗密欧案中仅有限地承认精神障碍患者的"训练权"，而未认可更宽泛的治疗权。

尽管如此，杨伯格诉罗密欧案判决并没有从根本上影响联邦下级法院对治疗权的认定，特别是随着联邦法律和州法对治疗权的肯定，《美国残疾人法》等联邦法律和州法成为治疗权诉讼的重要依据，特别是州法有望成为治疗权保障的重要法源。

三、治疗权的保护及其路径

非自愿住院作为限制人身自由的措施，无论是为了本人利益还是公共利益，在违背本人意愿将精神障碍患者不定期地拘禁于医疗机构时，都应以治疗为目的，并为其提供适当的治疗。这既是非自愿住院的正当性基础，也是为了避免医疗机构不以治疗为目的地限制患者的人身自由，从而使非自愿住院沦为不受期限限制的隔离措施。可见，治疗是非自愿住院的应有之义，在住院治疗期间获得适当治疗是非自愿住院患者享有的基本权利。由于我国精神卫生投入严重不足，精神卫生资源严重匮乏，且分布极度不均衡，大量精神病人无法获得适当治疗而流落社会或被拘禁于各种非治疗场所中。同时，受医疗条件、治疗能力等因素的影响，我国不少精神卫生机构难以保障患者获得充分治疗。因此，如何保障精神障碍患者的治疗权成为值得关注的问题。

（一）我国的精神卫生服务与精神障碍患者治疗权的保障

在我国，精神疾病已成为日益严重的社会和公共卫生问题。据统计，我国重性精神

---

[1] 阿奇博尔德·考克斯. 法院与宪法 [M]. 田雷，译. 北京：北京大学出版社，2006：370.

[2] 美浓部达吉. 公法与私法 [M]. 黄冯明，译，北京：中国政法大学出版社，2003：165.

[3] 罗伯特·麦克洛斯基. 美国最高法院 [M]. 任东来，孙雯，胡晓进，译. 3版. 北京：中国政法大学出版社，2005：224-229.

[4] Webster v. Reproductive Health Services 492 U. S.109 (1989).

[5] 阿奇博尔德·考克斯. 法院与宪法 [M]. 田雷，译，北京：北京大学出版社，2006：380.

障碍患者的人数超过1600万，其中只有约20%的患者能够得到住院治疗，另外1300万人流散在社会中，得不到有效的治疗。[1] 与巨大的精神卫生服务需求相比，我国精神卫生资源极度匮乏，且分布失衡。2006年底，我国共有精神卫生专业机构1124家，大多分布在东部地区和城市，西藏地区和全国37个地市（主要分布在西部）、近1/3的国土面积上没有精神卫生机构，4190万人口在所在地区找不到精神卫生服务人员。[2] 根据2012年卫生部公布的卫生统计数据，2011年我国精神科床位数共计213877张，占医疗机构总床位数的5.8%，精神科医生总计24660人，人均床位数和医生数与发达国家差距较大，甚至低于其他亚洲国家。

同时，受医疗水平、治疗条件、设备及医务人员的业务素质等因素的影响，我国精神卫生机构的治疗能力存在明显不足，难以为患者提供充分的治疗。我国精神卫生人员的总体职称、学历仍然偏低，在精神卫生服务队伍中，医学心理咨询师、医学心理治疗师、社会工作者及康复治疗师等专业人才缺乏，专业服务队伍的人员结构不尽人意。[3] 同时，不少基层精神卫生机构基础设施薄弱，业务用房和病人户外活动用地不足，设备配置陈旧、不足，从而影响基层机构精神卫生服务质量。[4] 因此，现有精神卫生机构在人员、技术、设施等方面的不足，使得接受精神卫生服务的患者难以获得充分的治疗，甚至有的精神卫生机构住院条件简陋、人员匮乏、治疗能力低下，住院精神病人不仅难以获得适当治疗，人身安全与健康也无法得到保障。

因此，我国精神卫生服务存在双重不足：一是由于精神卫生资源的匮乏和分布不均衡，大量精神障碍患者没有机会接受适当的治疗，精神障碍患者的健康权和治疗权无从保障；二是现有精神卫生机构在人员、技术、设施等方面的不足，使得接受精神卫生服务的患者难以获得充分的治疗，甚至有的精神卫生机构限于治疗能力、条件及经费等，对非自愿住院精神障碍患者难以给予充分的治疗。在此背景下，强调精神障碍患者的治疗权意义尤为重大。

（二）治疗权规范的依据

1. 宪法

尽管我国宪法并未明确规定治疗权，但该权利仍然具有宪法上的依据。我们认为，能够作为治疗权依据的《宪法》条款包括：第33条第3款："国家尊重和保障人权"。第21条："国家发展医疗卫生事业，发展现代医药和我国传统医药，鼓励和支持农村集体经济组织、国家企业事业组织和街道组织举办各种医疗卫生设施，开展群众性的卫生活动，保护人民健康。"第45条第1款："中华人民共和国公民在年老、疾病或者丧失劳动

[1] 殷大奎. 齐心协力，脚踏实地，全面推进新世纪精神卫生工作——全国第三次精神卫生工作会议报告 [J]. 中国心理卫生杂志，2002（1）：4.

[2] 郭岩. 全国精神卫生专业机构资源配置研究报告//卫生部疾病控制局. 精神卫生政策研究报告汇编 [G]. 北京：人民卫生出版社，2008.

[3] 朱紫青，何燕玲，张明园. 中国精神卫生服务人员的现状 [J]. 上海精神医学，2002，14（增刊）：32.

[4] 陈丹，王明涛，金喆. 辽宁省精神卫生机构现状调查 [J]. 现代预防医学，2011，38（10）：1859.

能力的情况下，有从国家和社会获得物质帮助的权利。国家发展为公民享受这些权利所需要的社会保险、社会救济和医疗卫生事业。"治疗权直接关乎公民的生命和健康，应当属于我国《宪法》第33条第3款所指"人权"的涵摄范围。《宪法》第45条第1款的规定，一般被视为公民的"物质帮助权"，这表明公民在患病时有权从国家和社会得到"物质帮助"，与之对应，国家有义务提供相应的物质保障和给付，包括提供医疗服务、举办各种医疗设施、发展医疗卫生事业等。因此，根据我国宪法，精神障碍患者有权从国家和社会获得适当治疗、康复和照护，国家应发展医疗卫生事业、举办医疗设施和医疗保险，以满足精神障碍患者的健康和医疗需求。就此而言，治疗权可视为精神障碍患者等特殊群体享有的宪法权利。

2. 法律

我国《残疾人保障法》第15条规定："国家保障残疾人享有康复服务的权利。"为保障这一权利，该法进一步规定，"各级人民政府和有关部门应当采取措施，为残疾人康复创造条件，建立和完善残疾人康复服务体系，并分阶段实施重点康复项目，帮助残疾人恢复或者补偿功能，增强其参与社会生活的能力。"依据《残疾人保障法》，精神障碍患者也享有获得康复服务的权利。同时，我国《精神卫生法》第4条规定，精神障碍患者的医疗方面的合法权益受法律保护。《精神卫生法》第7条进一步规定，县级以上人民政府要"建设和完善精神障碍的预防、治疗和康复服务体系"，《精神卫生法》第62条要求各级政府"加大财政投入力度，保障精神卫生工作所需经费，将精神卫生工作经费列入本级财政预算"，省级政府要"建设和完善精神卫生服务体系，加强精神障碍预防、治疗和康复服务能力建设"，县级人民政府要"建立精神障碍患者社区康复机构"，并为严重精神障碍患者免费提供基本公共卫生服务。可见，我国相关法律已明确规定了精神障碍患者的治疗权和政府对此应承担的给付义务。

（三）精神障碍患者治疗权的保护途径

尽管《残疾人保障法》和《精神卫生法》均肯定了精神障碍患者的治疗权，但治疗权的保障主要取决于精神卫生服务的可及性和精神卫生机构的治疗能力与条件，这就要求政府建立和完善精神卫生服务体系，促使各级各类精神卫生机构达到保障患者治疗权的最低限度的标准和条件，并强化对这一权利的法律救济。

1. 提供精神卫生服务是政府的基本职能

精神疾病的预防与治疗已不属于私人产品的范畴，多数国家均将其纳入公共卫生服务范围。为此，政府应加大精神卫生的财政投入，建立精神卫生服务体系，提高公立精神卫生机构的服务能力，合理配置精神卫生资源等，从而确保精神障碍患者医疗服务的可及性。对此，我国《精神卫生法》第7条规定，"县级以上人民政府领导精神卫生工作，将其纳入国民经济和社会发展规划，建设和完善精神障碍的预防、治疗和康复服务体系，建立健全精神卫生工作协调机制和工作责任制"，并进一步要求各级政府"制定精神卫生工作规划并组织实施"，"加大财政投入力度，保障精神卫生工作所需经费，将精神卫生工作经费列入本级财政预算"，省级政府要"建设和完善精神卫生服务体系，加强精神障碍预防、治疗和康复服务能力建设"，县级人民政府要"建立精神障碍患者社区康复机构"，并为严重精神障碍患者免费提供基本公共卫生服务。尽管提供精神卫生服务已成为各级政府的法定职责，但上述规定仍过于原则，缺乏履行法定职责的具体标准、计划与规则。

2. 明确精神卫生机构的最低标准与条件

精神障碍患者治疗权的保障主要取决于精神卫生服务的可及性和精神卫生机构的治疗能力与条件，这就要求政府建立和完善精神卫生服务体系，并使得各级各类精神卫生机构达到保障患者治疗权的最低限度的标准和条件。在怀亚特案中，法院通过确立精神卫生机构的最低限度条件和标准，迫使州政府增加财政预算，加大精神卫生服务的投入，强制性要求被告医院采取切实的措施达到法院规定的标准，从而保障住院患者能够接受适当的治疗。尽管我国《精神卫生法》规定了政府建立和完善精神卫生服务体系的义务，但对精神卫生服务体系的构成、标准、数量等均未做具体规定，因而这一义务更多是"宣示性"义务，政府有很大的裁量自由。因此，有必要由立法机关或政府自身制定更为明确的计划和标准，促使精神卫生机构达到保障精神障碍患者治疗权的最低条件。

3. 通过司法机制推动精神病人权益保护制度的完善

从美国经验看，法院判决对治疗权的保障和发展有重要的作用，例如，在怀亚特诉斯蒂克尼案等案件中，法院通过集团诉讼的方式积极介入精神病人的权利保护事宜，为政府确立法定义务和行为准则，并通过一系列的举措促使政府和精神卫生机构履行判决。法院裁判的着眼点并不在于个体权利的救济，更重要的是通过"系统的改革使更多人受益"。[1]因此，精神病人权益保护不仅取决于立法上的宣示，更重要的是通过司法制度将权利实定化，并推动政府积极履行其法定职责，从而实现制度的变革。

在我国，治疗权作为法律权利，如精神卫生机构没有提供充分的治疗，导致患者健康损害的，可依法提起损害赔偿诉讼，但对于精神障碍患者能否直接诉讼请求政府或公立卫生机构提供适当的医疗服务则不无疑问，这无疑将削弱治疗权的效力以及通过司法方式推动精神卫生制度变迁的作用。

第三节　拒绝治疗权

在美国，住院精神病人的拒绝治疗权曾被学者视为精神卫生法领域最为重要的问题。[2]然而，这一权利也引起医疗和法律专业之间巨大的争议和分歧。[3]传统上，无论

---

[1] CHRISTOPHER SLOBOGIN, ARTI RAI, RALPH REISNER. Law and the mental health: civil and criminal aspects [M]. St. Paul: Thomson/West, 2009: 1160.

[2] MICHAEL L PERLIN. Reading the supreme court's tea leaves: predicting the judicial behavior in civil and criminal right to refuse treatment cases [J]. Am J Forensic Psychiatry, 1991, 12: 40.

[3] DENNIS E CICHON. The right to "just say no": a history and analysis of the right to refuse antipsychotic drugs [J]. La L Rev, 1992, 53: 286.

是立法还是法院判决，都认为非自愿住院患者处于具有绝对裁量权的机构的监护、照护和治疗之下，医疗行业对此享有广泛的支配权力。对住院病人的非自愿治疗被认为是精神科医师和精神卫生机构的职责，非自愿治疗被视为非自愿住院的自然延伸，患者无权拒绝治疗，精神病人也被视为无拒绝治疗的决定能力。然而，随着抗精神病药物的广泛使用，其副作用也开始普遍出现；同时，药物滥用问题也开始浮现，且不容忽视。很多公立机构为应付人满为患和人手不足的局面而出于非治疗目的使用药物，其目的包括对患者的约束、惩罚和管理上的便利等。[1]在此背景下，患者开始抗拒治疗，并试图通过诉讼主张其宪法和法律上的拒绝治疗权。然而，精神医疗行业并不承认拒绝治疗权这一法律概念，认为这一概念与其治疗住院患者的职责相冲突，削弱了医生对患者的管理，破坏了医疗环境，不利于拒绝者疾病的治疗等。[2]尽管如此，自20世纪70年代以来，拒绝治疗权逐渐被判例所确认，美国各州立法也普遍承认这一权利，并给予严格的实体和程序保护。

拒绝治疗权在我国仍是十分陌生的概念，不仅学界鲜有关注，实践中对这一权利似乎也持否定态度，患者一旦被非自愿入院，医疗机构即可对其采取非自愿治疗措施，患者无权拒绝治疗。然而，尽管非自愿治疗可能给患者带来利益，但包括药物治疗、电抽搐疗法在内的治疗都可能给患者带来巨大的身心痛苦和严重的副作用，并留下诸多后遗症和难以抚平的心理阴影。对很多患者而言，非自愿治疗所带来的严重后果不仅仅是人身自由的剥夺和限制，而是药物治疗所带来的身心痛苦及治疗副作用烙下的精神病"标签"。因而，很多患者对精神病治疗心有余悸，甚至饱受折磨、痛不欲生，[3]一些患者为此偷偷丢弃药物，或拒绝配合治疗，甚至有的患者难以忍受电击治疗，从医院出逃以致溺水身亡。[4]在此背景下，有必要重新审视非自愿住院患者的拒绝治疗权，考量这一权利在我国现行法律制度下的存在空间，并建立相应的保障制度。

一、拒绝治疗权产生的背景

在20世纪中期以前，精神疾病的治疗几乎乏善可陈，直到20世纪50年代，以氯丙嗪为代表的抗精神病药物的问世，使精神分裂症和其他严重精神疾病患者能够获得有效治疗。抗精神病药物对治疗精神病症状有很强的效应，尽管它们不能治愈精神疾病，却能消除或抑制精神病症状。相对于其他治疗方法，抗精神病药物治疗是更为人道的治

［1］　DENNIS E CICHON. The right to "just say no": a history and analysis of the right to refuse antipsychotic drugs [J]. La L Rev, 1992, 53: 285.

［2］　WILLIAM M BROOKS. Reevaluating substantive due process as a source of protection for psychiatric patients to refuse drugs [J]. Ind L Rev, 1998, 31: 938.

［3］　许某某与中南大学某某医院医疗损害责任纠纷一审民事判决书，湖南省长沙市芙蓉区人民法院，（2014）芙民初字第2938号。

［4］　佚名. 男子患精神病不堪忍受治疗外出数日后溺死池塘［EB/OL］.（2013-08-26）［2020-01-05］. http://health.sohu.com/20130826/n385069714.shtml.

疗方法，能够减少约束和"机构化"，使患者回归社区成为可能。[1]研究表明，抗精神病药物的使用能够有效缓解精神病症状，缩短发病时间和住院期限，减少住院人数。例如，1955年抗精神病药物刚刚开始投入市场时，当时美国州立精神病院收治的住院病人为558000人。然而，到1970年，即便是入院病人急剧增加，住院病人的人数下降到340000人，而到1980年，美国州立精神病院的住院人数只有137000人。[2]住院病人的急剧减少主要归功于抗精神病药物的广泛使用，[3]因为药物治疗有效缩短了精神病人住院的期限和治疗时间。

然而，抗精神病药自产生以来就引发巨大的争议。例如，药物治疗只能消除或抑制精神病症状，并不能治愈精神疾病，属于典型的"治标不治本"。尽管很多药物的治疗效果立竿见影，但一旦停止治疗容易复发，且对急性精神病症状更加对症，而对于慢性精神疾病却收效甚微。同时，也有研究表明，部分患者并不能从抗精神病药物治疗中获益，有的甚至出现恶化。[4]在所有争议当中，最为突出的问题是药物的副作用。

（一）抗精神病药的副作用

所有的抗精神病药物都有很多副作用，常见副作用包括口干、恶心、呕吐、食欲不振、心跳过速、体重增加、意识障碍、锥体外系反应等，也有的药物导致患者乏力、嗜睡、迟钝、注意力不易唤醒、思维和行动迟缓。有的药物会严重损伤患者的神经系统，如造成四肢颤抖、肌肉僵硬、痉挛、流口水、背部弯曲，以及运动失能、静坐不能和药源性帕金森综合征等，最严重的如迟发性运动障碍，其症状为面部、舌头、嘴、躯干、四肢、脖颈、双肩和骨盆等部位的无法控制的持续运动，严重的甚至影响吞咽、说话和呼吸，且伴随患者终身，无法根治。[5]又如静坐不能，主要表现为主观体验想静坐，但客观上却处于无法控制的不停运动状态，外在表现为坐立不安、心神不宁、两腿不停移动、抓耳挠腮等客观运动异常，症状明显时出现坐起躺下、来回走动、焦虑、易激惹、烦躁不安、恐惧。静坐不能的主观体验十分不适，正如患者的描述："骨头里和心底里感到发痒，令人无法忍受"。[6]药源性帕金森综合征的常见反应，其症状包括运动

---

[1] DONALD J KEMNA. Current status of institutionalized mental health patients' right to refuse psychotropic drugs [J]. J Legal Med, 1985, 6: 110.

[2] DENNIS E CICHON. The right to "just say no": a history and analysis of the right to refuse antipsychotic drugs [J]. La L Rev, 1992, 53: 283-293.

[3] 也有研究表明，住院病人的减少并不能完全归功于药物治疗，其他因素也起到重要的促进作用，如法律制度的改革、去机构化政策等。参见：ALEXANDER D BROOKS. The constitutional right to refuse antipsychotic medications [J]. Bull Am Acad Psychiatry & L, 1981, 8: 182.

[4] DENNIS E CICHON. The right to "just say no": a history and analysis of the right to refuse antipsychotic drugs [J]. La L Rev, 1992, 53: 295.

[5] MICHAEL L PERLIN. Mental disability law: civil and criminal (volume 2) [M]. Virginia: Lexis Law Publishing, 1998: 161. DENNIS E CICHON. The right to "just say no": a history and analysis of the right to refuse antipsychotic drugs [J]. La L Rev, 1992, 53: 309.

[6] 徐韬园. 现代精神医学 [M]. 上海：上海医科大学出版社，2000：140.

不能、[1]震颤、[2]肌张力增高等[3]。总之，相对于其他药物，抗精神病药物往往具有更为严重的副作用，其副作用往往给患者的身心健康带来严重伤害，且部分不良反应可能持续终身，没有有效的处理方法，从而使患者饱受痛苦、备受折磨。

（二）对药物滥用的反思与警惕

实践中，精神疾病的种类众多，但不是每种精神疾病都有对症的药物，临床中可供医生选择的药物并不多。因此，医生很难针对各种疾病开出对症的药物，针对精神分裂症的药物也可能不适当地用于具有类似症状的疾病的治疗。[4]患者所服用的药物可能完全没有疗效，但副作用却非常大，从而给患者身心健康带来更大的风险。

从早期看，精神药物的使用缺乏严格的规范，医生经常开立不适当和不必要的药物，且同时开出多种药物几乎成为医疗惯例，过度用药问题极为突出，而患者拒绝服用药物却经常遭到医生的报复和惩罚。[5]同时，法院在判决中认定，抗精神病药的使用仅仅是出于管理需要和惩罚目的，"药物的开立十分随意，执业医师和非执业医师都可以开立，不管是自己主管的病人，还是根本未曾谋面的病人，都可以为其开立处方。"[6]

（三）对精神病人行为能力的重新认识

传统的观点认为，患有精神疾病即意味着该人不具有行为能力，但这一观点逐渐被摒弃。研究表明，精神疾病的病情轻重与民事行为能力的强弱不一定成对应关系，患者在某方面民事行为能力受损并不必然代表他在其他方面民事行为能力也一定不行。民事行为能力全面受损的精神病人确实有，如智力极度低下者，然而大多数精神病人都有残留能力。[7]不少精神病人在某个或某些方面无行为能力，但在其他方面却有完全的行为能力，这用民法上的类型化标准是无法涵盖的。[8]因此，患有精神疾病并不等同于无行为能力，即便是严重精神病人在多数情形下也具有一定的理性能力。越来越多的研究表明，精神病人对治疗的拒绝是理性和深思熟虑的结果，而非所谓精神疾病症状的表现。[9]

[1] 表现为患者服药后虽想动作但又感困难，因而动作明显减少，往往坐在那里一整天不移动位置。
徐韬园. 现代精神医学 [M]. 上海：上海医科大学出版社，2000：138.
[2] 表现为双手有规则、有节奏地来回抖动，有时也表现为嘴唇或下颚或下肢的抖动。
[3] 表现为肌肉僵直，呈面具脸，拖行步态。严重者可出现吞咽困难、构音困难，全身肌强直。
参见：沈渔邨. 精神病学 [M]. 5版. 北京：人民卫生出版社，2009：837.
[4] MARY C MCCARRON. The right to refuse antipsychotic drugs: safeguarding the mentally incompetent patient's right to procedural due process [J]. Marquette Law Review, 1990, 73: 484.
[5] DENNIS E CICHON. The right to "just say no": a history and analysis of the right to refuse antipsychotic drugs [J]. La L Rev, 1992, 53: 283-314.
[6] Davis v. Hubbard, 506 F. Supp. 915, 926 (N.D. Ohio 1980).
[7] 何恬. 重构司法精神医学——法律能力与精神损伤的鉴定 [M]. 北京：法律出版社，2008：303.
[8] 王丽莎. 成年精神障碍者的行为能力 [M]. 国家检察官学院学报，2018（3）：144.
[9] DENNIS E CICHON. The right to "just say no": a history and analysis of the right to refuse antipsychotic drugs [J]. La L Rev, 1992, 53: 345.

同时，多数国家的非自愿入院标准都不以精神病人无行为能力为要件，这意味着非自愿入院并不表明该精神病人无行为能力。换言之，非自愿入院和无行为能力的认定是独立的，且依据不同的标准，认定一个人有精神疾病和危险性并不意味着该人没有做出治疗决定的能力。

在此背景下，患者开始反思接受药物治疗的必要性，并在法律上挑战精神卫生机构非自愿治疗的权威，其武器则是患者所主张的拒绝治疗权。然而，非自愿入院的精神病人在治疗过程中是否享有拒绝治疗的权利呢？如果享有，其法律依据又是什么？这一权利的界限是什么？这些都是拒绝治疗诉讼中持续争议的问题。

二、拒绝治疗权的宪法地位

（一）拒绝治疗权的宪法依据

理论上，拒绝治疗权可通过知情同意原则获得保护，即以治疗没有取得患者同意为由获得法律救济。然而，传统观点认为，住院精神病人因精神衰弱并无理性做出治疗决定的能力，因而不受知情同意原则的保护。因此，通过侵权责任制度救济很难行得通，患者及其代理律师不得不诉诸联邦宪法和州宪法寻求救济。具体而言，则是通过寻求宪法或州法上的依据，使拒绝治疗权获得宪法或州法的保护。

1. 美国宪法第八修正案：禁止残忍和非常的处罚

在特定情形下，第八修正案禁止残忍和非常的处罚，可成为拒绝治疗的宪法依据。尽管州享有对非自愿入院患者进行治疗的合法利益，但不能因其有精神疾病而实施惩罚。因此，问题的关键是何种"治疗"构成惩罚。从现有案例看，适用第八修正案的前提是需认定所谓的"治疗"是试验性质或疗效未经证实，或者是过度治疗或治疗不适当，从而造成不必要的严重负面后果，或者纯粹是出于惩罚和控制目的。[1] 例如，在克内希特诉吉尔曼案（Knecht v. Gillman）中[2]，阿扑吗啡被认定没有治疗作用，且被认为不符合临床实践，从而构成残忍和非常的惩罚。在麦基诉普罗尼耶（Mackey v. Procunier）[3] 和佩纳诉纽约州青少年部（Pena v. New York State Division for Youth）[4] 等案中，法院认定药物的使用不适当，且以惩罚为目的，不属于精神病治疗计划的组成部分，因而构成残忍和非常的惩罚。如果不符合这些条件，将第八修正案作为拒绝治疗权的依据就很难成立。如伦尼诉克莱恩案，初审法院认为，本案精神药物的使用被证明是有效的，且被告"将之作为全部治疗计划的组成部分"。尽管存在严重的副作用，基于该药物所具有的疗效，本案所采取的药物治疗并不构成不必要的残忍。[5] 因此，从现有判例看，一旦药物治疗是

［1］ DENNIS E CICHON. The right to "just say no": a history and analysis of the right to refuse antipsychotic drugs [J]. La L Rev, 1992, 53: 317.

［2］ Knecht v. Gillman, 488 F.2d 1136, 1138 (8th Cir. 1973).

［3］ Mackey v. Procunier, 477 F.2d 877 (9th Cir. 1973).

［4］ Pena v. New York State Division for Youth, 419 F. Supp. 203, 207 (S. D. N. Y. 1976).

［5］ Rennie v. Klein, 462 F. Supp. 1131 (D. N. J. 1978).

整个治疗计划的组成部分，就不适用第八修正案，事实上这一依据当前已不再适用。[1]

2. 美国宪法第一修正案：言论自由

第一修正案言论自由条款是患者拒绝某些精神病治疗的另一依据。尽管第一修正案仅指"言论自由"，但最高法院将该条款予以扩大解释，包括构成言论自由本质的其他权利，如思想自由和精神自由。由于精神病治疗可能影响患者的思维过程、情感、态度和专注力，从而可能涉及第一修正案所保护的价值。

在凯墨维兹（Kaimowitz）案中，原告质疑一项由州政府资助的实验性精神外科手术计划的合宪性，该计划用于验证针对州政府拘禁的慢性精神病人治疗的有效性，目的是减轻病人的暴力倾向。法院通过引用一系列判例论证第一修正案应保护个人"思想自由"和"传播观点与表达思想"，如不保护思想活动的自由，表达自由的保护就"毫无意义"。然而，"侵袭性和不可逆"的实验性精神外科手术经常导致患者"情感迟钝、记忆衰退，从而抑制个人产生新观念的能力，并损害个人的创造力"，因而侵害个人思维活动免受干涉的自由权。

罗杰斯诉奥金案也将第一修正案作为民事拘禁患者拒绝治疗权的依据。法院认为："第一修正案保护观念的传播。传播权以产生观念的能力为前提。在非特殊情形下，任何宪法权力都未曾授予非自愿的心智控制。心智控制在精神病院中以治疗精神疾病的形式存在，但这并不属于可以未经许可即可侵入人格尊严的特殊情形。"[2]

3. 隐私权

20世纪70年代以来，法院和学界普遍认为拒绝治疗权的宪法依据是隐私权，具体是隐私权所保护的自我决定和身体自主原则。[3]伦尼诉克莱恩和罗杰斯诉奥金案是最早承认拒绝权的案件，这两起案件都将隐私权作为拒绝治疗权的宪法依据。在伦尼诉克莱恩案中，初审法院认为，在非紧急情况下，拒绝治疗权最可能源自隐私权，隐私权的外延足以包括保护个人的思维过程不受政府的干预。[4]在罗杰斯诉奥金案中，初审法院和上诉法院都认为，拒绝治疗权作为宪法所保护的利益，其"最有可能是来自隐私权、身体完整和人身安全权的伴影。"[5]

4. 美国宪法第十四修正案：正当法律程序

美国宪法第十四修正案禁止州未经正当程序剥夺"任何人的生命、自由或财产"。这一条款保护那些"根植于我们人民的传统和道德，能够被归类的基本自由"，它不仅保护宪法列举的自由，还包括那些"隐含于秩序自由概念（ordered liberty）"的所有自由。在判定权利是否被充分保护之前，法院应首先认定该权利是否属于正当程序条款的

[1]　MARY C MCCARRON. The right to refuse antipsychotic drugs: safeguarding the mentally incompetent patient's right to procedural due process [J]. Marquette Law Review , 1990, 73: 496.

[2]　Rogers v. Okin, 478 F. Supp. 1342 (D. Mass. 1979).

[3]　CHRIS R HOGLE. Woodland v. Angus: the right to refuse antipsychotic drugs and safeguards appropriate for its protection [J]. Utah L Rev, 1994, 3: 1176 .

[4]　Rennie v. Klein, 462 F. Supp. 1131 (D. N. J. 1978).

[5]　Rogers v. Okin, 634 F.2d 650 (1st Cir. 1980).

保护范围。要认定某一实体权利是否被侵犯，正当程序要求法院实现个人自由与"有组织社会的需求"之间的平衡。[1]

联邦最高法院在里金斯诉内华达州（Riggins v. Nevada）[2]、赛尔诉美利坚合众国（Sell v. United States）[3]和华盛顿州诉哈珀（Washington v. Harper）[4]等涉及患有精神疾病的刑事被告人和囚犯的拒绝治疗权的案件中，均认为根据正当程序条款，这些精神病人均享有不受非自愿治疗的权力，从而将拒绝治疗权视为宪法权利。同样，在克鲁赞诉密苏里州卫生局案（Cruzan v. Director, Missouri Dep't of Health）中，联邦最高法院表示"尽管很多州法院认定拒绝治疗权隐含于宪法隐私权中，但我们从未如此认定。我们认为这一权利更适合以第十四修正案所保护的自由利益作为分析范式。"[5]

5. 州法

除联邦宪法外，州法为拒绝治疗权诉讼提供了更为有力的保障。除犹他州外，其他州都承认拒绝治疗权，并将精神病人的非自愿治疗与非自愿入院分离。[6]同时，这些州都对拒绝治疗权提供某些司法程序的保护，且很多州所提供的实体和程序保护比联邦宪法和联邦法律更为严格。因此，也有不少案件依据州法认定患者的拒绝治疗权。例如，在米尔斯诉罗杰斯案（Mills v. Rogers）中，联邦最高法院认为"州法所创设的自由利益和程序保护可能比联邦宪法更为广泛"，因而命令联邦第一巡回法院根据州法和马萨诸塞州最高法院的判例重新审理本案。[7]联邦第一巡回法院根据州法确认患者享有拒绝治疗权的同时，也认定州制定的有关对民事拘禁精神病人强制用药的程序符合正当程序的要求。[8]

（二）拒绝治疗权的宪法属性

如上所述，在诉讼中，精神病人对非自愿治疗的诉讼主要诉诸联邦宪法，并试图将拒绝治疗权定性为宪法上的权利。对于这一问题，尽管多数法院都做出了肯定回答，但联邦最高法院对民事拘禁患者的拒绝治疗权是否属于宪法上的权利却没有做出正面回应。

在美国，引发有关拒绝治疗权问题广泛讨论的案件可追溯至伦尼诉克莱恩和罗杰斯

---

[1]　WILLIAM P ZIEGELMUELLER.Sixth amendment-due process on drugs: the implications of forcibly medicating pretrial detainees with antipsychotic drugs [J]. Journal of Criminal Law and Criminology, 1993, 83: 841.

[2]　Riggins v. Nevada, 504 U.S. 127 (1992).

[3]　Sell v. United States, 539 U.S. 166 (2003).

[4]　Washington v. Harper, 494 U.S. 210 (1990).

[5]　Cruzan v. Director, Missouri Dep't of Health, 497 U. S. 261 (1990).

[6]　目前，只有犹他州没有将强制入院和强制治疗相互分离。然而，犹他州法律规定，精神病人的强制入院以法院认定该精神病人欠缺做出治疗决定的行为能力为前提条件，因而在治疗时无须另行对患者的行为能力做出认定。因此，强制入院就意味着患者是无行为能力人，因而患者也就不享有拒绝治疗权。

　　FISCHER JENNIFER. Comparative look at the right to refuse treatment for involuntarily hospitalized persons with a mental illness［J］. Hastings International and Comparative Law Review，2006，29：153-167.

[7]　Mills v. Rogers, 457 U.S. 291 (1982).

[8]　Rogers v. Okin 738 F.2d 1 (1984).

诉奥金案，这两起案件奠定了拒绝治疗权理论的基本框架。[1]作为有关拒绝治疗权的有
影响力的诉讼，这两起案件从初审法院到上诉法院和联邦最高法院，再收回上诉法院或
初审法院，其来回周折如同坐上令人眩晕的过山车，从中折射出精神卫生领域法律的急
剧变化。

　　在伦尼诉克莱恩案中，初审法院和上诉法院认定精神病人的拒绝治疗权是宪法权
利，即根据美国宪法第十四修正案正当程序条款，患者享有不受强制用药的自由利益，
从而享有拒绝抗精神病药物治疗的权利。[2]然而，联邦最高法院签发调卷令后，直接
将本案发回重审，未就实体问题发表意见，也就回避了拒绝治疗权的宪法属性。在罗
杰斯诉奥金案中，初审法院和上诉法院均认为民事拘禁患者享有拒绝治疗的宪法权利，
但是对于拒绝治疗权的宪法依据，初审法院认为是美国宪法第一修正案蕴含的隐私权
和言论自由，[3]上诉法院则认为源于美国宪法第十四修正案规定的正当程序条款，"最
有可能是来自隐私权、身体完整权和人身安全权的伴影。"[4]联邦最高法院审理本案后，
认为"为避免对宪法问题做出不必要的决定"，考虑到"上诉法院更加熟悉案卷和马萨
诸塞州法"，且州法和相关判例为精神病人提供更加有力的保护，遂发回上诉法院重
审，同样没有对拒绝治疗权的宪法属性做出回应。[5]

　　然而，在华盛顿州诉哈珀案中，联邦最高法院明确承认囚犯享有拒绝治疗权这一
宪法所保护的权利，[6]里金斯诉内华达州案和赛尔诉美利坚合众国案也肯定了候审羁押
者享有宪法上的拒绝治疗权，但上述判决并未表明这一权利或利益是否适用于民事拘
禁患者。针对这一问题，不少学者认为应承认拒绝治疗权作为基本权利的属性。正如
联邦最高法院在华盛顿州诉哈珀案中指出的那样，"在很少情况下，州处置具有危险性
精神病人的利益会大于其在监狱环境下享有的利益，毕竟监狱中的犯人很多具有反社
会犯罪和实施暴力行为的倾向。"[7]这表明民事拘禁患者的利益至少也应等同于犯人的
利益，其拒绝治疗权更应获得承认，且对这一权利的限制应受到更为严格地审查。同
时，联邦最高法院对拒绝治疗权宪法地位的回避，符合其不愿扩大正当程序的保护范
围的一贯稳健风格，但这并不影响这一权利的存在，毕竟拒绝治疗权已经在州法和司
法判例中获得普遍认可。

三、拒绝治疗权的实体与程序保护

　　拒绝治疗权作为精神病人的基本权利，它主要受到精神卫生机构所实施的非自愿治

[1]　MICHAEL L PERLIN. Mental disability law: civil and criminal (volume 2) [M]. Virginia: Lexis Law Publishing, 1998: 189.

[2]　Rennie v. Klein, 653 F.2d 836 (3d Cir. 1981).

[3]　Rogers v. Okin, 478 F. Supp. 1342 (D. Mass. 1979).

[4]　Rogers v. Okin, 634 F.2d 650 (1st Cir. 1980).

[5]　Mills v. Rogers, 457 U.S. 291 (1982).

[6]　Washington v. Harper, 494 U.S. 210 (1990).

[7]　Washington v. Harper, 494 U.S. 210 (1990).

疗的侵害。非自愿治疗作为严重限制或干预个人自由的措施，其本身是对患者拒绝治疗权的否定和排斥。因此，保护拒绝治疗权的根本途径是通过法律实现对非自愿治疗的有效规制。

涉及宪法权利限制的合宪性审查主要从实体和程序两个层面展开：实体问题涉及如何界定受保护的宪法利益，以及何种条件下州的利益更值得保护；程序问题则涉及在特定情形下对个人自由进行限制所应遵循的宪法所要求的最低限度程序。[8]具体到非自愿治疗，实体问题是非自愿治疗是否涉及宪法所保护权利或自由利益？如果存在患者可不接受非自愿治疗的宪法权利或自由利益，那么在何种条件下，州可以违背精神病人的意愿采取非自愿治疗；程序问题是违背精神病人意愿的强制医疗应遵循什么样的法律程序？换言之，政府或精神卫生机构提供何种程序保护才符合正当法律程序的要求？

（一）拒绝治疗权限制的实体保护

一般认为政府对精神病人采取非自愿治疗的正当性依据是警察权和国家监护权，前者旨在防止患者实施伤害他人的行为，后者旨在对那些不能照顾自己的精神病人给予照护。然而，在何种条件下政府可以依据警察权或国家监护权限制或排除患者的拒绝治疗权呢？这一问题并无统一规定，且各州的规定各不相同。

1. 依据警察权限制拒绝治疗权的条件

在美国，精神病人的强制医疗普遍采取入院和治疗相分离的制度。具体而言，为防止精神病人对本人或他人造成人身伤害，各州有权依据警察权拘禁该精神病人，但这一授权并不自动延伸到被拘禁后的非自愿治疗。即便是先前的拘禁是在紧急情况下实施的，也不表明患者入院后仍然具有人身危险性。换言之，在患者非自愿入院后，州能否依据警察权对其实施非自愿治疗应通过独立的程序做出决定。因此，州实施非自愿治疗的警察权应依据患者在医院内而非医院外的情况决定。[9]

依据警察权实施非自愿治疗的条件一般界定为"危险性"（dangerous）或"紧急性"（emergency），二者在很多场合下交替使用，但其内涵可能存在一定的区别。危险性一般是指对本人或他人造成的人身危险。根据这一标准，非自愿治疗应建立在对患者将来暴力危险的预测基础之上。例如，在伦尼诉克莱恩案中，初审法院将危险性宽泛地界定为"患者在医院内对其他患者和员工造成人身危险"。然而，上诉法院认为危险性只是决定非自愿治疗的因素之一，还应考虑药物的副作用，以及更小限制治疗措施的可及性等。[10]也有法院对危险性做出更为宽泛的界定，认为危险性是指"患者对本人或他人造成危险，或者在医院内实施危险或潜在破坏性行为"。[11]然而，也有法院采取更为严格的危险性认定标准，即如果没有该治疗，患者将可能对本人或医院内的其他人造成

---

［8］   Mills v. Rogers, 457 U.S. 291, 299 (1982).

［9］   DENNIS E CICHON. The right to "just say no": a history and analysis of the right to refuse antipsychotic drugs [J]. La L Rev, 1992, 53: 337.

［10］   Rennie v. Klein, 462 F. Supp. 1131 (D. N. J. 1978).

［11］   Rivers v. Katz, 495 N. E. 2d 337, 343 (N. Y. 1986).

持续和明显的严重损害危险。仅仅强调过去发生的暴力行为或仅仅是未来的暴力风险并不符合该标准，它必须是患者造成"持续和明显的严重损害危险"。[1]有的法院为了防止精神卫生机构出于惩罚、管理和控制等非治疗目的强制用药，要求危险性必须具有"充分的严重性和紧迫性"，"患者当前有暴力行为或自伤行为，在此情形下对本人或其他患者或医院员工造成现实的危险"，[2]如此方能排除患者的拒绝治疗权。

鉴于危险性标准在解释上过于宽泛，可能过度限制患者的权利，不少法院倾向于采取紧急性（emergency）标准。如，在罗杰斯诉精神卫生局案（Rogers v. Commissioner of Department of Mental Health）中，马萨诸塞州最高法院认定"在非紧急情况下，没有取得患者同意，州没有使用抗精神病药的正当利益"，根据该州法律，强制用药只在出现严重威胁、实施极端暴力、人身伤害或试图自杀等紧急情况下使用。同时，法院强调"对危险的预测并不在紧急情况的范畴内"，即便是在紧急情况下，也应采取比抗精神病药侵害性更小的治疗手段——如果存在的话。同样，在罗杰斯诉奥金案中，法院将"紧急性"界定为"不给予强制用药治疗将导致患者本人、其他患者或医务人员人身损害的重大可能性。"[3]

因此，精神病人非自愿治疗的条件是"精神疾病"加"危险性"或"紧急性"，两个条件缺一不可。仅仅认定精神疾病并不能使非自愿治疗获得正当性。换言之，如果一个人对本人或他人没有造成危险，不得仅仅以其患有精神疾病而实施非自愿治疗。只是各州对"危险性"或"紧急性"的界定宽严不一，法院对其解释亦有所出入，但其基本精神是一致的。

2. 依据国家监护权限制拒绝治疗权的条件

国家监护权是源自英国普通法的概念，是指国王充当所有婴儿、智力障碍者、疯人的监护人的权力。在美国，国家监护权被认为是各州固有的权力，[4]且这一权力已获得极大扩张，成为州对未成年人监护、照护和教育、童工规制和少年犯追诉的依据。[5]

在特定情形下，国家监护权被视为对精神病人进行非自愿治疗的正当性依据。尽管这一权力出于利他和仁慈目的，但以此限制个人权利仍应遵循正当程序。依据国家监护权对精神病人实施非自愿治疗，必须是因精神疾病而导致患者本人不能照顾自己，且无法对其治疗做出理性决定。因此，认定精神病人无行为能力是依据国家监护权实施非自愿治疗的前提，而对于无行为能力的认定，各州法律都规定必须经过法院的司法认定方可做出判断。相反，如果患者具有做出治疗决定的能力，州不可以依据国家监护权采取非自愿治疗，无论患者的行为是如何的愚昧和不可理喻。[6]

---

[1] People v. Medina, 705 P. 2d 961, 972-73 (Colo. 1985).

[2] 506 F. Supp. 915 (N.D. Ohio 1980).

[3] 478 F. Supp. 1342 (D. Mass. 1979).

[4] Note. Developments in the law: civil commitment of the mentally ill [J]. Harv L Rev, 1974, 87: 1190-1209.

[5] MARY C MCCARRON. The right to refuse antipsychotic drugs: safeguarding the mentally incompetent patient's right to procedural due process [J]. Marquette Law Review, 1990, 73: 477-490.

[6] MARY C MCCARRON. The right to refuse antipsychotic drugs: safeguarding the mentally incompetent patient's right to procedural due process [J]. Marquette Law Review, 1990, 73: 491.

值得注意的是，精神病人的非自愿入院并不表明患者本人欠缺行为能力。美国各州法律都没有将无行为能力作为非自愿入院的条件，因而非自愿入院的决定并不涉及行为能力的认定，患者入院后并不能推定其欠缺做出拒绝治疗的能力。以国家监护权的非自愿入院为例，认定精神病人不能照顾自己和需要治疗，并不表明患者在入院后无能力就治疗方案做出决定。换言之，非自愿入院并未解决个人是否具有做出治疗决定能力这一问题。实践中，各州法律和判决都推定非自愿入院患者具有行为能力，除非依据独立的程序得出相反的结论。[1]

（二）拒绝治疗权限制的程序保护

从实践看，尽管法院强调非自愿治疗的决定应遵循正当程序，但并没有就正当程序的具体构成及其基本要求形成统一的标准。在很多州，非自愿治疗的程序由州法具体规定，且各州的规定不一样。有的州规定非自愿治疗决定应由法官做出，有的州则无此要求。至于各州所规定的程序是否符合宪法正当程序的要求，法院往往根据个案做出判断，但并未形成统一的裁判规则。[2]结合州法和判例，大致存在以下三种模式。

1. 专业判断模式

专业判断模式要求根据医生的专业判断做出非自愿治疗的决定。这一判断标准由联邦最高法院在杨伯格诉罗密欧案中确立。该案涉及被民事拘禁于州立精神卫生机构的智力障碍者的治疗权问题，但法院最终回避了智力障碍者的治疗权或康复权问题，只是肯定其享有"与人身安全和人身不受不合理限制相关的训练权"。同时，对于应采取何种标准判断州是否充分保护了民事拘禁智力障碍者的权利，法院认为应以专业人员的判断为标准。"如果决定是专业人员做出，就应推定有效，只有当专业人员的决定严重偏离公认的专业判断、实践或标准以致该人实际上没有根据该标准做出决定时，才应承担责任。"[3]因此，在民事拘禁环境下，智力障碍者权利是否得到充分保障，应以专业人员的专业判断为标准，只有在有证据证明该决定严重偏离公认的专业判断、实践或标准时，方可认定该决定或判断不足以保障相关权利。

尽管杨伯格诉罗密欧案所确立的专业判断标准似乎仅适用于"民事拘禁的智力障碍者"，但对于该标准能否适用于其他精神病人，则不无争议。然而，在伦尼诉克莱恩案中[4]，联邦最高法院对该案签发调卷令后，指示联邦第三巡回法院根据杨伯格诉罗密欧的判决重新考虑。联邦第三巡回法院审理后认为，精神病人享有拒绝治疗的宪法权利，但是当患者对本人或他人具有危险性时，州政府可对其采取非自愿治疗，从而限制其拒绝治疗权。对于非自愿治疗的认定，法院在引用杨伯格诉罗密欧案所确立的专业判断标准后，认为"由于这一认定应以医疗专家的专业判断为准，因而相关用药决定和判断应

[1] ALAN A STONE. The right to refuse treatment: why psychiatrists should and can make it work [J]. Archives Gen Psychiatry, 1981, 38: 359.
[2] JENNIFER COLANGELO. The right to refuse treatment for mental illness [J]. Rutgers J L & Pub Pol'y, 2008, 5: 486-492.
[3] Youngberg v. Romeo, 457 U. S. 307. (1982).
[4] Rennie v. Klein, 458 U. S. 1119 (1982), 720 F.2d 266 (3d Cir. 1983) (en banc) [Rennie V].

推定有效，除非有证据表明其'严重偏离现有的专业判断、实践或标准'。"换言之，当医师基于其专业判断，认为患者对本人或他人造成危险时，可不顾患者拒绝而强制用药。因此，医生可根据"公认的专业标准"做出治疗决定。

专业判断标准的优势是高效便捷，允许一名医生根据其专业能力做出最终的医疗决定而无须费时费力的听证会，[1] 但将这一标准运用到拒绝治疗权案件也引发较大的争议，很多学者认为这一标准不能适用于非自愿住院的精神病人，其适用对象为智力障碍者。[2] 在实践中，部分法院遵从了专业判定标准，如在约翰逊诉希尔弗斯案（Johnson v. Silvers）中，联邦第四巡回法院认为，尽管"强制使用抗精神病药将严重侵害人身安全这一受保护的利益"，但法院仍然依据杨伯格诉罗密欧案的专业判断标准允许医生自由决定患者的强制用药。[3] 在美利坚合众国诉查特斯案（U.S v. Charters）中，法院认为由医院的医生（而非法官）做出候审羁押者的非自愿治疗决定符合正当程序的要求。[4] 但也有不少法院拒绝适用专业判断标准。

2. 行政听证模式

对拒绝治疗权的限制无疑应符合正当法律程序的要求。然而，什么样的程序才是正当的呢？这是理论和司法实践中争议不断的问题。在1976年马修诉艾尔德里奇（Mathews v. Eldridge）案中，美国联邦最高法院确立了认定正当法律程序应考虑的3个因素：①受行政行为影响的私人利益；②由于行政机关所适用的程序，这些利益可能存在被错误剥夺的危险，以及采取增加或者替代的程序保障可能获得的价值；③政府的利益，包括增加或者替代的程序可能带来的财政和行政负担。[5] 在司法实践中，法院一般以上述三个因素作为判断相关法律规定的程序或行政机关所采取的程序是否符合正当法律程序的标准，且所采取的认定标准十分灵活。根据马修案所确立的认定标准，正当法律程序并不要求采取采取传统的对抗式司法程序，根据个案，可以是专业判断，也可以是行政听证，等等。

在拒绝治疗权诉讼中，法院也经常运用马修案所确立的标准判断州所采取的程序是否符合正当程序的要求。例如，在伦尼诉克莱恩案中，[6] 关于新泽西州78-3号行政公告是否符合正当程序的要求，[7] 联邦第三巡回法院依据马修案所确立的标准专门进行了分

---

[1] CHRIS R HOGLE. Woodland v. Angus: the right to refuse antipsychotic drugs and safeguards appropriate for its protection [J]. Utah L Rev, 1994, 3: 1198.

[2] MARY C MCCARRON. The right to refuse antipsychotic drugs: safeguarding the mentally incompetent patient's right to procedural due process [J]. Marquette Law Review, 1990, 73: 509.

[3] Johnson v. Silvers, 742 F. 2d 823 (4th Cir. 1984).

[4] US v. Charters, 863 F. 2d 302 (4th Cir. 1988).

[5] Mathews v. Eldridge, 424 US 319 (1976).

[6] Rennie v. Klein, 653 F.2d 836 (3d Cir. 1981) [Rennie III].

[7] 新泽西州所制定的《关于自愿和非自愿患者精神药物治疗管理规定》（The administration of psychotropic medication to voluntary and involuntary patients）的78-3号行政公告规定了有关患者拒绝治疗的三步骤内部审查程序：首先，医生应向患者告知相关信息，包括患者的状况、药物治疗的原因、治疗的受益与风险、替代治疗措施的利弊等；其次，如果患者仍然拒绝，治疗团队应开会讨论治疗方案；最后，如果仍未解决，医院的医疗主管或其指定的人在亲自检查患者和阅读相关病历后，如果认为有必要采取该治疗，有权决定采取强制治疗。参见：Rennie v. Klein, 462 F. Supp.1131（D. N. J. 1978）。

析。首先，关于私人利益，法院认为私人利益肯定包含患者的拒绝治疗权；其次，关于政府做出错误决定的风险，法院认为如果州程序得到认真遵守，只会造成极小的错误风险。同时，即便采取地区法院所要求的程序，也不会显著减少错误决定的风险；最后，关于政府利益，法院认为地区法院的命令无疑将给州政府带来严重的额外财政负担，甚至比医院的人员支出还更大。同时，对抗式听证对患者并无帮助，反而可能产生负面效果，如增加患者的压力和紧张感，对患者的治疗并无促进作用。因此，新泽西州制定的行政程序符合宪法标准，并充分保护了民事拘禁患者的拒绝治疗权。

在华盛顿州诉哈珀案中，[1]争议焦点之一就是州制定的有关强制用药治疗的行政程序是否符合正当程序的要求。本案涉及患有精神疾病囚犯的拒绝治疗权问题，根据该州的相关政策，对囚犯的强制用药采取内部听证程序。对此，联邦最高法院认为，正当程序条款并不要求对精神病罪犯的强制药物治疗采取司法听证。考虑到哈珀享有的权利、政府所涉及的利益，以及特定程序的效率，由医疗专业人员而非法官做出用药的决定更加合理。同时，抗精神病药所伴随的风险最好由医疗专业人员进行评估，特别是，决定做出者具有充分的独立性，他们作为听证成员并未参与犯人的治疗或诊断。总之，州所规定的行政听证程序充分保护了犯人的合法权利，因而符合正当程序的要求。

因此，如果政府当局所提供的行政听证程序符合正当程序要求，该程序也会被法院认定具有合宪性。换言之，非自愿治疗的程序并不必然要求采取司法听证模式。

3. 司法听证模式

鉴于抗精神病药物存在严重副作用风险，为充分保护精神病人免受不必要治疗的自由利益，不少学者认为应通过对抗性程序保护患者的拒绝治疗权，由法院作为拒绝治疗权的最终决定者。[2]这一理念在各州立法中得到普遍体现，例如，根据马萨诸塞州的法律规定，精神病人被民事拘禁于州立精神卫生机构，并不能推定其欠缺做出治疗决定的行为能力。相反，无行为能力的认定必须由法院通过司法程序做出。患者在被宣告无行为能力后，应由法官而非医生或监护人通过司法程序就患者的治疗决定做出替代判断。有关治疗决定的"替代判断"的做出，并非有关患者最佳利益的客观判断，而是尽可能符合患者的主观需求，即探究患者本人真实的意思表示。[3]可见，非自愿治疗的决定必须由法院通过司法程序做出，且采取对抗式听证程序，从而充分保障了患者的合法权利。在罗杰斯诉奥金案中，尽管联邦最高法院并没有就非自愿治疗决定所应遵循的程序做出明确界定，但是法院认为，马萨诸塞州法律对相关自由利益的保护比联邦宪法正当程序条款的最低要求更为严格，很明显，州法给予的程序保护高于正当程序标准的最低要求。[4]因此，罗杰斯诉奥金案实际上肯定了对抗式的司法听证模式。

[1] Washington v. Harper, 494 U.S. 210 (1990).
[2] DOUGLAS S, STRANSKY. Civil commitment and the right to refuse treatment: resolving disputes from a due process perspective [J]. U Miami L Rev, 1996, 50: 413-439.
[3] 根据州法的规定，替代判断至少应考虑以下六个方面的因素：①患者之前表示的治疗意愿；②患者的宗教信仰；③该决定对患者家庭的影响；④治疗的潜在副作用；⑤不治疗的后果；⑥采取治疗的后果。
[4] Rogers v. Okin, 738 F. 2d 1 (1984).

从实践看，司法听证模式不仅在州法中获得普遍肯定，很多判例也摈弃了专业审查模式而认可司法审查模式。这类判决一般依据州法或州宪法作出，且州法通常为患者提供了充分的程序性权利保护，包括通知、代理、对证人的交叉询问、提交证据、上诉等。[1]因此，司法听证模式实际上在入院和治疗方面给予精神病人相同的程序保护，即无论是非自愿入院，还是非自愿治疗都应由法院审查决定，并给予相同的程序保护。这种模式固然充分保障了患者的实体和程序权利，但弊病也不容忽视，其突出问题是程序重叠，成本高昂，效率低下，冗余繁杂的程序可能延误患者的治疗，从而牺牲其健康利益。

（三）小结

非自愿入院即意味着非自愿治疗的传统观点已不再为人们所接受，因而有必要对非自愿住院期间的治疗采取专门保障措施。[2]在美国，这一专门保障措施主要体现在两方面：一是承认非自愿住院患者仍然享有拒绝治疗权，且这一权利为宪法的基本权利；二是精神病人的非自愿治疗应受独立程序的审查，即非自愿治疗应符合法定的条件并依正当法律程序实施。对拒绝治疗权的承认与保护体现了法律对精神病人的个人自由和人格尊严的优先保护，在个人自由、健康利益和公共利益之间，法律更倾向于优先保护个人自由。然而，对很多严重精神病人而言，他们最需要的是健康和治疗，过度的权利保护可能使他们"伴随着权利而死亡"。[3]因此，拒绝治疗权自提出以来也面临诸多批评，尤其是医学界的批评，医务人员认为这一权利将不利于患者的治疗和康复。因而对拒绝治疗权的保护应合理界定其界限和范围，以实现患者的个人自由与健康利益、公共安全之间的合理平衡。

四、我国法律语境下的拒绝治疗权及其保护

拒绝治疗权是知情同意权和医疗自主权的应有之义，在知情同意权能够得到充分尊重和保护的情境下，无须过度强调这一权利。然而，在强制医疗的场合下，患者的医疗自主权被排斥，知情同意的伦理和法律规则不再适用——治疗无须取得患者本人的同意，患者的意志自由、选择权利显得无足轻重。正是在这一背景下，拒绝治疗权被重新拾起，其依据不是知情同意原则，而是宪法上的基本权利，如隐私权、正当法律程序等，因而这一权利的重点不在于治疗是否需要取得本人的同意，而是对强制治疗的抵抗、拒绝，是作为一种对抗性的权利形态存在。

（一）拒绝治疗权在我国立法和医疗实践中的存在空间

作为精神病人的一项基本权利，拒绝治疗权在多数国家和地区立法中获得承认。联

[1] MICHAEL L PERLIN. Mental disability law : civil and criminal (volume 2) [M]. Virginia: Lexis Law Publishing, 1998: 261.

[2] 奈杰尔·S. 罗德雷. 非自由人的人身权利——国际法中的囚犯待遇［M］. 毕小青、赵宝庆，等译. 北京：生活·读书·新知三联书店，2006：325.

[3] TREFFERT D A. Dying with their rights on [J]. Am J Psychiary, 1973, 130: 1-5.

合国《保护精神病患者和改善精神保健的原则》明确规定"患者有权拒绝或停止接受治疗"，尽管《保护精神病患者和改善精神保健的原则》不具有公约的法律效力，但作为"国际上保护精神残疾者权利最完全的标准"，[1]其对各国立法和精神医疗实践有较强的指导作用。然而，拒绝治疗权在我国理论和实践中仍是十分陌生的概念，相关法律是否肯定了精神病人的这一权利仍不无疑问，在实践中，对住院精神病人的拒绝治疗权实际上也持否定态度。

《精神卫生法》第30条第1款规定："精神障碍的住院治疗实行自愿原则。"自愿原则表明是否住院以及是否接受某项诊疗措施，患者享有自主决定权，当然也包括拒绝治疗权。但这一原则仅适用于自愿治疗患者，并不适用于非自愿治疗患者。根据《精神卫生法》第30条第2款规定，严重精神障碍患者有伤害自身或危害他人安全的危险的，医疗机构或监护人可决定对其采取非自愿住院治疗。那么，非自愿住院患者是否享有拒绝治疗权呢？从现行立法和精神医疗实践看，似乎并无拒绝治疗权的存在空间：

（1）我国《精神卫生法》对非自愿住院采取入院与治疗合一的模式，非自愿入院即意味着非自愿治疗，患者并无就治疗措施做出决定和同意的权利，自然也就否定了患者的拒绝治疗权。

（2）我国《精神卫生法》将非自愿治疗的对象仅限于"严重精神障碍患者"，而"严重精神障碍"是指疾病症状严重，导致患者社会适应等功能严重损害、对自身健康状况或者客观现实不能产生完整认知，或者不能处理自身事务的精神障碍。这似乎表明非自愿入院的精神障碍患者是无行为能力人，从而欠缺行使拒绝治疗权的行为能力。

（3）实践中患有精神疾病就被推定无行为能力，这一推定方法完全否认了精神障碍患者的自主权和知情同意权，认为精神障碍患者无拒绝治疗的行为能力，而它是自然权利存在的基础。相反，患者拒绝治疗往往会被认为是患者缺乏疾病认知、理性和行为能力的表现。因此，不论患者是否具有相应的行为能力或意思决定能力，都必须无条件地接受治疗而不得抗拒。

（4）精神医疗行业对拒绝治疗权也持否定态度，一方面拒绝治疗权是对医疗权威的挑战，从而削弱医师对疾病治疗的主导和控制，且不利于治疗秩序的维护；另一方面，就医学角度而言，拒绝治疗将不利于巩固治疗效果，不利于确保治疗的连续性和稳定性，可能造成治疗的短期化和疾病的反复，从而难以达成强制医疗维护公共安全和患者健康的双重目的。

（二）作为患者基本权利的拒绝治疗权

1. 拒绝治疗权的宪法属性及其依据

拒绝治疗权是源自宪法上的人格尊严和自我决定权的一项权利。德国学者杜里希（Dürig）根据基本权抽象程度的不同将其分为三级：第一层是最高或最抽象的基本权，

[1]　世界卫生组织精神卫生和物质依赖司. 国际人权在国家精神卫生立法方面的作用［R］. 日内瓦：世界卫生组织，2004：16.

即人性尊严；第二层是由人性尊严衍生出来的一般自由权（包括人格权）和平等权；第三层是具体的基本权利。人性尊严首先强调每个人在道德上都具有同等重要的价值，应受到同等的尊重，人本身即目的，人不能作为达成其他目的的手段或被贬斥为客体。其次，人性尊严表现在个人基于自己的意志享有高度的自治自决和行动自由，从而在内在意志和外在行动上保持独立和自主。即人性尊严强调每个人有"人格自我塑形"的自治自决权，从而每个人有其独立性，个人之间存在差异性。[1]因此，基于人性尊严，个人具有自我决定和自由意志不受干预的权利。人格权作为一般自由权的一个侧面，[2]其功能为：一是保障个人对自己事务的衡酌之权，即在一个人生活领域内，其个人领域可由其自我决定、自我拥有及自我表述；二是保障一般行为自由，其核心在于人格自由发展。[3]因此，一般人格权包括一个人的人格或行为的自我形成权和自我决定权，这意味着个人可自由决定其意志和行为，并对抗国家的不法干预。一般人格权是人性尊严的首要价值，二者联系最为紧密的部分是自我决定权。[4]

无论是基于历史与目的解释，[5]还是基于该条款的语义结构及其在基本权利条款中所处的序列，我国《宪法》第38条中的"人格尊严"应解释为一项具体的宪法权利，即宪法上的人格权。"将人格与尊严放在一起只是为了提高一般人格权的保护力度，也就是说涉及'人的尊严'的人格领域要受到更强的保护。"[6]事实上，国内学者多认为人格尊严"是指公民作为社会的一员所应该具有的品德和资格的权利"，[7]包括姓名权、肖像权、名誉权、荣誉权等人格权利，[8]实际上将人格尊严视为宪法上的一般人格权。承认宪法上的一般人格权不仅在于公民人格权保护的极端重要性，更在于一般人格权具有克服具体人格权无法穷尽所有人格权的缺陷，从而达到保护未列举的人格权，以及实现人格权保护的开放性的目的。宪法上一般人格权的内涵通常包括自我决定权、自我保护权和自我表现的权利，[9]其中自我决定权在宪法实践中获得广泛认可。

自我决定权作为宪法上的概念，即一个人在自己生活范围内具有自我决定的自由，这种自由体现的是人的自主性。[10]自我决定权首先源于个人尊严和个人所享有的意志自

［1］ 李震山. 多元、宽容与人权保障——以宪法未列举权之保障为中心［M］. 台北：元照出版有限公司，2005：133.

［2］ 林来梵，骆正言. 宪法上的人格权［M］. 法学家，2008（5）：63.

［3］ 李震山. 多元、宽容与人权保障——以宪法未列举权之保障为中心［M］. 台北：元照出版有限公司，2005：147.

［4］ 李震山. 从生命权与自决权之关系论生前预嘱与安宁照护之法律问题［M］. 中正大学法学集刊，1999（2）：338.

［5］ 我国《宪法》第38条有关人格尊严的规定，被认为是对"文化大革命"中侵犯和蹂躏人格尊严的惨痛教训的总结，目的在于保障人格尊严不被侮辱和侵犯。参见许崇德. 中国宪法［M］. 北京：中国人民大学出版社，1996：418. 许崇德. 中华人民共和国宪法史［M］. 福州：福建人民出版社，2003：794-796. 蔡定剑. 宪法精解［M］. 2版. 北京：法律出版社，2004：230.

［6］ 王锴. 论宪法上的一般人格权及其对民法的影响［J］. 中国法学，2017（3）：121.

［7］ 肖蔚云，宝音胡日雅克琪，魏定仁. 宪法学概论［M］. 2版. 北京：北京大学出版社，2005：204-205.

［8］ 许崇德. 中国宪法［M］. 北京：中国人民大学出版社，1996：418. 董和平，韩大元，李树忠. 宪法学［M］. 北京：法律出版社，2000：393. 肖蔚云，宝音胡日雅克琪，魏定仁. 宪法学概论［M］. 2版. 北京：北京大学出版社，2005：204-205. 张千帆. 宪法学［M］. 2版. 北京：法律出版社，2008：182.

［9］ 王锴. 论宪法上的一般人格权及其对民法的影响［J］. 中国法学，2017（3）：109-110.

［10］ 杨立新，刘召成. 论作为抽象人格权的自我决定权［J］. 学海，2010（5）：183.

由，是指个人对自身范围内的事务有不受他人干涉、自行决定的权利。自我决定必然衍生出生活方式形成的主动权，以及消极对抗国家不法干预之权。最后的结果，即个人的意见及行为，皆允许由自己决定，并由自己负责。[1] 因此，自我决定权必然包括排除公权力对个人自主的不当干预，包括非自愿治疗。

2. 精神病人拒绝治疗权的确立

如上所述，拒绝治疗权是源自宪法上人格尊严和人格自主的一项权利，是个人自主权和知情同意权的基本表现。患者享有的拒绝治疗权不能仅仅因其患有精神障碍而予以否认，即便是非自愿住院患者，也应在一定条件下承认其拒绝治疗权。

（1）精神疾病和非自愿入院并不表明患者欠缺拒绝治疗的行为能力

我国强制医疗并不以患者无行为能力为条件，且非自愿入院治疗也不涉及行为能力的认定。因此，非自愿入院并不表明患者不具有行为能力，包括拒绝治疗的行为能力。根据《民法典》第24条规定，无民事行为能力或限制行为能力人应由法院做出认定。在法院未宣告某个人是无行为能力或限制行为能力人之前，不宜推定其欠缺行为能力。根据精神医学理论，几乎不存在完全丧失判断力的患者。精神疾病的病情轻重与民事行为能力的强弱不一定成对应关系。患者某方面民事行为能力受损并不必然代表他在其他方面民事行为能力也一定不行。[2] 因此，将精神疾病与欠缺行为能力画等号的做法并不具有合理性，也不可取。

不同种类的精神疾病及其严重程度对患者行为能力的影响并不相同，特别是患者作为精神科治疗的承受者，其对治疗的体验和感受最为真切，是否继续接受治疗，患者应有最终的决定权。因此，患者的拒绝治疗不能一概认为是其欠缺疾病认知、理性和行为能力的表现，应有独立的程序对其行为能力做出认定，否则应推定其具有相应的行为能力。

（2）鉴于精神药物治疗的风险性和副作用，应将治疗的选择权交给患者本人

与生理疾病的治疗不同，精神疾病的治疗，无论是药物治疗，还是物理治疗，都具有较高的风险性和副作用，致使患者在治疗过程中遭受严重的身体和精神上的痛苦，有的伤害甚至持续终身而无有效的治疗和缓解方法。有的患者表示服用某些精神药物后，思维迟缓，表情呆滞，无形中被贴上精神病人的标签。有的患者服用药物后，由于药物副作用，"出现了身体发胖、头昏、浑身无力、坐立不安等严重症状，因此饱受折磨，痛不欲生。"[3] 患者作为治疗的承受者，其对治疗的感受和体验不会因精神疾病而异于常人，应最大限度地尊重其选择权。

拒绝治疗权的本质是对患者本人意志和选择权的尊重。因此，自愿住院患者应享有充分的知情同意权和自主权，患者有权决定接受或拒绝特定的治疗措施。对于非自愿住

---

［1］ 李震山. 多元、宽容与人权保障——以宪法未列举权之保障为中心［M］. 台北：元照出版有限公司，2005：147-148.

［2］ 何恬. 重构司法精神医学——法律能力与精神损伤的鉴定［M］. 北京：法律出版社，2008：303.

［3］ 湖南省长沙市芙蓉区人民法院判决书，（2014）芙民初字第2938号.

院患者，其拒绝治疗权也不应一概否定，应在一定限度条件下承认这一权利。

（三）拒绝治疗权的保护

对拒绝治疗权保护的关键不仅在于明确该权利的内容，更重要的是明确限制该权利时应遵循的条件和程序，从而防止对权利构成过度的限制。从美国经验看，拒绝治疗权的保护主要是从实体和程序两方面着手，前者是明确限制拒绝治疗权的条件和情形，后者则是规定限制该权利应遵循的最低限度的正当程序。

具体而言，拒绝治疗权的限制应限于患者因精神疾病而对本人或他人具有人身危险时，在此情形下，为保护本人或他人人身安全，可对其采取非自愿治疗，从而排除患者本人的拒绝治疗权。

对此，《保护精神病患者和改善精神保健的原则》规定：非自愿入院患者符合以下条件，可不经患者知情同意即可对其实行所建议的治疗方案：

（1）独立主管机构掌握所有有关情况，并确信患者当时缺乏对所建议治疗方案给予或不给予知情同意的能力，或如国内法律规定，为了患者本人的安全或他人的安全，患者不予同意是不合理的；

（2）独立主管机构确信其所建议的治疗方案最适合病人的病情需要。

很明显，《保护精神病患者和改善精神保健的原则》并不认为患者非自愿入院即可对其采取非自愿治疗，相反，还应符合一定的条件方可排除患者的知情同意权或拒绝治疗权。我国《精神卫生法》也是以人身危险性作为非自愿治疗的条件，但是如果患者经过治疗，病情得以缓解或有效控制，不再具有危险性时，继续采取非自愿治疗，进而否定患者的拒绝治疗权也就缺乏正当性依据。因此，即便是对于非自愿入院患者，如果不符合继续非自愿治疗条件，就不应否定患者的拒绝治疗权。

同时，法律应为患者拒绝治疗权提供最低限度的程序保护。从美国经验看，尽管各州往往为拒绝治疗权的限制提供了严格的司法程序保护，但不少判例还是承认根据内部行政听证或医生的专业判断限制患者拒绝治疗权符合正当程序的要求。就我国而言，精神病人的非自愿住院并不需要经过法院或其他中立机构的审查决定，监护人或医疗机构即享有非自愿住院的决定权，患者入院后，是否采取治疗以及采取何种治疗措施，医疗机构和医生享有完全的决定权。换言之，患者入院后的非自愿治疗实际上采取专业判断模式，对于治疗过程中患者的拒绝治疗行为，医生可基于其专业判断予以肯定或否定。

考虑到非自愿治疗可能给患者带来严重的副作用，为了保护患者权利，应对患者的拒绝治疗权提供更为充分的程序保障。就我国立法而言，精神障碍患者的非自愿入院和治疗并不需要中立机构（如法院、独立的行政机构）的审查，监护人或医疗机构即享有非自愿治疗的决定权。因此，拒绝治疗权的保护事实上无法引入司法审查模式，可行办法是采取内部审查模式，从而为患者提供最低限度的程序保护。具体而言，医疗机构应成立相对独立的机构，如精神医疗审查委员会，其成员可以是来自医疗、法律、伦理、社会工作等各领域的专家，对患者拒绝治疗的申请或主张进行审查，以决定是否继续对其采取非自愿治疗。

精神医疗审查委员会审查采取会议方式，在审查过程中应重点考虑以下问题：

（1）患者病情是否缓解；

（2）患者是否具有危险性；

（3）继续治疗的必要性和效果；

（4）治疗的副作用及其严重程度；

（5）患者是否具有拒绝治疗的行为能力等。

除书面审查外，该委员会还可听取主治医师和患者或其近亲属的意见，在充分考虑案件具体情况的基础上，以过半数表决方式做出是否同意患者拒绝治疗的决定。同时，对于医疗机构否定患者拒绝治疗权的行为，患者有权向法院提起诉讼，从而为拒绝治疗权提供司法救济。

五、小结

精神病人的非自愿治疗具有特殊性：一是治疗具有强制性，无须取得患者本人的同意，从而侵害了患者的自主选择权和知情同意权，且治疗过程中患者人身自由受到不同程度的限制，欠缺自由选择的空间和条件；二是无论是药物治疗、物理治疗（如电抽搐治疗），还是内、外科治疗，精神疾病的治疗方法都有较为严重的副作用和风险，在非自愿治疗的背景下，患者无法对治疗做出选择，只能承受治疗所带来的痛苦和风险。正是如此，法律才需要对非自愿治疗行为予以特殊的规制，而不应由医疗机构任意为之。

从域外经验看，对非自愿治疗行为进行法律规制的路径有三条：

（1）非自愿入院和非自愿治疗采取分离模式，入院患者的非自愿治疗须经过独立的审查，英美国家多采取这种模式。

（2）承认非自愿入院患者享有拒绝治疗权，否定患者的拒绝治疗权而采取非自愿治疗应符合法定的实体和程序标准。例如，除美国外，加拿大的多数省，[1] 不少欧洲国家都在实践中不同程度地承认拒绝治疗权，尤其是那些将非自愿入院和非自愿治疗分离的国家。[2]

（3）对精神科药物治疗及其他特殊治疗进行特别规制。如，英国《精神卫生法》第57条对精神外科手术治疗，第58条对药物治疗，第58A条对电抽搐治疗的特别规定。从实践看，正是因为抗精神病药物的滥用及其副作用致使患者遭受严重的健康、心理和人格尊严伤害，很多患者开始寻求法律上的救济以终止或拒绝其不想接受的药物治疗，

---

[1] 目前，加拿大只有萨斯喀彻温、不列颠哥伦比亚和纽芬兰3个省否定精神病人非自愿入院后享有拒绝治疗权。然而，萨斯喀彻温省与美国的犹他州类似，非自愿入院必须先认定一个人没有做出拒绝治疗决定的能力，而不列颠哥伦比亚省和纽芬兰省则承认拒绝治疗权，只是医生出于治疗目的可否定患者的拒绝治疗权，进而采取强制治疗。JENNIFER FISCHER. A comparative look at the right to refuse treatment for involuntarily hospitalized persons with a mental illness [J]. Hastings Int'l & Comp L Rev, 2006, 29: 169.

[2] JENNIFER FISCHER. A comparative look at the right to refuse treatment for involuntarily hospitalized persons with a mental illness [J]. Hastings Int'l & Comp L Rev, 2006, 29: 154-179.

拒绝治疗权作为对抗非自愿治疗的武器开始获得重视，并逐渐在立法和司法实践中获得普遍确认。

就我国而言，采取精神病人非自愿入院与非自愿治疗组合模式，非自愿入院即意味着非自愿治疗，患者的非自愿治疗不受独立程序的评估或审查决定。这一模式具有程序简便、成本低廉、便于治疗的优势，其弊端亦不容忽视，如忽视了入院和治疗的相对独立性，尤其是忽视非自愿入院患者仍可能有做出治疗决定的能力。但不可否认的是，组合模式更加契合我国当前精神卫生服务的现状，亦能避免分离模式所存在的叠床架屋、成本高昂、程序繁冗的弊病。同时，我国《精神卫生法》对药物治疗、电抽搐治疗没有做出任何规制，在治疗方面，实际上授予医疗机构及精神科医生广泛而不受约束的裁量权力。可见，在我国，对精神病人的非自愿治疗几乎不受法律的规制。在此背景下，承认和加强患者拒绝治疗权的保护显得尤为重要，一方面通过拒绝治疗权实现对非自愿治疗的对抗与反向制约；另一方面通过对拒绝治疗权的承认及其程序保护，间接实现对非自愿治疗的程序性约束。

作为一项宪法权利，拒绝治疗权的宪法依据是《宪法》第38条规定的"人格尊严"条款。基于人格尊严和自我决定权，即便是非自愿住院患者也应享有拒绝治疗的权利。作为对抗强制治疗的一项权利，法律应为拒绝治疗权的行使提供相应的程序保障。鉴于我国当前非自愿入院与治疗均未建立中立的审查决定机制，在如今入院与治疗合一的模式下，对拒绝治疗权的保护事实上亦无法引入司法审查模式，更为可行的方式是建立内部审查机制，即在医疗机构内部建立相对独立的精神医疗审查委员会，负责有关患者拒绝治疗的申请或主张的审查，并以此为中心建立相应的审查决定程序。

第四节　通信自由与免于强迫劳动

一、通信自由

通信自由是指公民通过书信、电话、电信以及其他通信手段，根据自己的意愿进行通信，不受他人干涉的自由。[1]通信是公民参与社会生活、进行社会交往和思想交流的必要手段，是公民不可缺少的基本自由。通信自由具有隐私权和表达自由的属性，一方面表现为通信秘密不受侵犯，即公民的通信不被扣押、隐匿、毁弃，通信内容不被翻阅或窃听；另一方面表现为通信行为不受干涉和限制，体现对公民表达自由和思想自由的保护。同时，传统宪法学研究也将通信自由视为人身自由的一项重要内容。[2]正是基于通信自由在现代生活和宪法基本权利体系中的重要地位，各国宪法对通信自由的限制都采取严格的法律保留，乃至宪法保留。如我国《宪法》第40条规定："除因国家安全或

[1]　胡锦光，韩大元. 中国宪法［M］. 2版. 北京：法律出版社，2007（2）：283.
[2]　刘素华. 论通信自由的宪法保护［J］. 法学家，2005（3）：73.

者追查刑事犯罪的需要，由公安机关或者检察机关依照法律规定的程序对通信进行检查外，任何组织或者个人不得以任何理由侵犯公民的通信自由和通信秘密。"很明显，我国宪法对通信自由的限制仅限于公安机关或检察机关因国家安全或者追查刑事犯罪的需要对通信进行检查，这一严格的宪法保留似乎完全排除了以法律形式限制通信自由的合宪性，那么《监狱法》《海关法》等法律有关限制通信自由的规定的合宪性不免令人生疑。[1]

为了保护精神病人本人或他人的利益，法律授权精神卫生机构对非自愿住院精神病人的通信自由给予必要的干预无疑具有一定的合理性和必要性，这在多数国家的立法中都有体现。例如，根据英国《精神卫生法》的规定，医院管理者在以下情形可将患者寄出的邮政包裹（postal parcel）予以扣押：

（1）收件人事先以书面形式通知医院拒收患者邮件的；

（2）如果医院是提供高安全级别服务的，且管理者认为该邮件对收件人或他人造成伤害，或给他人造成危险的。同时，为保护患者安全或他人安全，高安全级别医院的管理者也可扣留患者的邮件。为此，法律授权医院管理者可检查和打开任何邮件，以决定是否扣留。然而，在实践中，高安全级别以外的医院一般都不会扣留患者邮件，除非属于上述第1种情形。[2]就程序而言，法律要求管理者对扣押予以记录，并在7天内将扣押事实告知患者。在美国，住院精神病人的通信自由受到普遍承认，对该权利的干预仅限于有限的情形。例如，《精神卫生权利及其保护法》规定，住院患者有权使用电话和通信，并在规定的时间会见他人，只有当医务人员出于治疗需要才可在特定的时间或合理的时间内限制其会见或通信。[3]马萨诸塞州法律规定，住院患者"有权使用电话，并进行秘密通话，为实现这些权利，有权从州立医院获得相应的保障，前提是患者的通话行为不构成犯罪行为或侵犯他人权利。"对于患者的信件，只有为了防止患者邮寄违禁品时方可当面打开或检查。[4]

由于精神病人不能自由离开医院，医院应尽可能保证患者以电话形式与家人和朋友联系。但随着通讯方式的变革，如移动电话、互联网、电子邮件等新兴通讯方式的普及，给医院管理带来新的挑战和法律问题。例如，移动电话方便了住院患者与他人的通信和交流，尤其是具有上网功能的智能手机使患者能更便捷地获取信息和进行交流，但其使用也可能影响他人安宁，尤其是带有摄像头的手机可能侵害其他患者的隐私和尊严，并可能对治疗产生不利影响或影响安全。因此，有必要限制移动电话的使用区域和使用时间，或规定允许拍照或摄像的情形，如规定经医务人员许可方可拍照、摄像等。

与通信自由密切相关的是住院精神病人会见探访者的权利，在人身自由受限制的情况下，尊重和保障精神病人这一权利意义尤为重大。对此，各国法律普遍规定住院精神

［1］ 相关探讨参见：唐忠民. 公民通信自由和通信秘密保护的两个问题［J］. 法学，2007（12）：16-17.
［2］ BRENDA HALE. Mental health law [M]. London: Sweet & Maxwell, 2010: .212.
［3］ 42 U.S.C. § 9501.
［4］ G. L. C. 123. § 23 (a), (b).

病人有权单独会见家人、朋友、律师或其他人，精神卫生机构应提供相应的便利，无正当理由不得限制患者这一自由。

从实践看，我国精神卫生机构普遍出于管理目的而不合理地限制和剥夺住院精神病人的通信和会见权，尤其是多数精神卫生机构遵循"谁送治对谁负责"的原则，禁止患者与送治人之外的其他人通信和会见。这使得不少患者在入院后几乎与外界断绝联系，甚至不能与亲友见面。对此，我国《精神卫生法》第46条规定："医疗机构及其医务人员应当尊重住院精神障碍患者的通讯和会见探访者等权利。除在急性发病期或者为了避免妨碍治疗可以暂时性限制外，不得限制患者的通讯和会见探访者等权利。"这一规定一方面明确了住院患者的通讯和会见权利，另一方面将该权利的限制仅限于急性发病期和避免妨碍治疗这两种情形，且该限制只能是暂时性。换言之，如果上述两种情形消失，就不得继续限制患者的通讯和会见权。因此，除上述两种例外情形，医疗机构限制住院患者与他人通讯，则可认定其侵害了患者的通信自由。例如，在杜某水诉济南中医精神专科医院等人身自由权纠纷案中，[1] 原告在家属的安排下在被告医院办理"非自愿入院"手续，在住院期间，原告多次要求与亲属通话，但均被被告医院拒绝。法院认为，"根据2015年4月16日、2015年4月18日的病程记录，可以证实原告杜某水在'神志清醒、精神状态尚可'的情况下要求与亲属通话，但被告精神专科医院均予以拒绝，其行为限制了原告杜某水的通讯自由。"在本案中，法院实际上是强调被告医院在原告"神志清醒、精神状态尚可"且并非处于急性发病期的情况下拒绝原告的通讯要求，该行为属于侵害患者通信自由的行为。

二、免于强迫劳动

劳动权是我国宪法学研究中广泛探讨而远未达成共识的概念。就学说而言，学界对劳动权的概念有狭义说和广义说之争。狭义说将劳动权等同于工作权或就业权，即每个人都"有权工作、自由选择职业、享受公正和合适的工作条件并享受失业保障"，其核心是个人有权不受政府当局干涉地自由选择职业、选择工作地点和拒绝一切形式的强迫工作，当个人失去工作时，在国家帮助下重新获得工作。[2] 广义的劳动权包括所有与就业有关的权利，包括自由择业权、就业权、就业保障权、获得劳动报酬权、罢工权、劳动保护权、休息权、职业培训权、享受社会保险权等。[3] 也有学者认为，劳动权除了包括上述可以由权利主体独立行使的自益权之外，还包括共益权，如团结权、团体交涉权、团体行动权、组织参加工会权等集体权利。[4] 尽管宪法学界普遍将《宪法》第42条第1款"中华人民共和国公民有劳动的权利和义务"的规定作为宪法劳动权的规范依

[1]　山东省济南市历下区人民法院判决书，（2015）历民初字第1219号。

[2]　张千帆. 宪法学［M］. 2版. 北京：法律出版社，2008（2）：214.

[3]　张千帆. 宪法学［M］. 2版. 北京：法律出版社，2008（2）：215.

[4]　韩大元，林来梵，郑贤君. 宪法学专题研究［M］. 北京：中国人民大学出版社，2004：408-409.

据，并强调劳动权的宪法属性，但通常以《劳动法》中的劳动权解释界定《宪法》的劳动权，从而忽视二者在主体、客体和内容上的本质区别。[1]笔者认为宪法劳动权的界定首先应明晰我国《宪法》规范和语境下劳动权的客体（"劳动"）、权利主体（"公民"）、义务主体及权利内容与《劳动法》上的劳动权的差异，从宪法视角对劳动权概念与内涵做出重构。就宪法劳动权而言，它首先是公权利而非私权，是对公权力主体，即国家所主张的权利，国家对此有尊重、保护和促进的义务，因而对私人主体（用人单位）所主张的权利不应纳入宪法劳动权的内涵。劳动权的主体是"公民"，而非劳动法上的"劳动者"，并不以受雇于用人单位从事职业劳动、具有劳动能力为前提，[2]非受雇于用人单位或从事职业劳动以外的以其他形式劳动的"公民"也享有宪法上的劳动权。正是基于宪法劳动权的公权利属性和权利主体的普遍性，应将其限定为工作权，这里所言的"工作"是以生活为目的为获取一定的报酬或收益在一定期限内反复从事的活动。"工作包含两个核心概念，主观上，行为人将它作为与生活关联的活动；客观上，工作是指在一定期限内反复为之的行为，纯属嗜好或偶尔为之的行为（例如都市农民）非宪法工作权所保障的范围。"[3]宪法劳动权具体包括工作获得权和自由择业权，前者要求国家提供适当工作机会，但并非要求国家提供某一工作的权利，宪法应督促政府改善经济环境，尽量使人民有工作机会；[4]后者表明公民享有自由选择工作或职业的自由，要求国家不得强制人民工作或从事某一职业，从而免于任何形式的强迫劳动。

住院精神病人同样享有劳动权，但它应是宪法上而非劳动法上的权利，毕竟住院精神病人与精神卫生机构并未形成劳动法上的劳动关系，但这并不影响宪法劳动权的成立。宪法上的劳动权同样具有防御和受益的双重功能，防御功能意味着国家机关及其所设立的医疗机构不得强迫住院精神病人从事劳动，精神病人有权根据自己的意愿决定是否从事劳动以及从事何种劳动；受益功能表明精神病人有权要求国家机关及其所设立的医疗机构应为其提供适当的劳动机会，从而促进其疾病的康复和治疗，并提高其生存和劳动能力，使其出院后能更好地回归和融入社会。为住院精神病人安排适当的劳动和社会工作，是精神卫生机构普遍采取的康复方式，其目的不在于获得利润，而在于使精神病人能够在接近正常人的工作和生活环境中获得更好的治疗和康复机会，并以此提高住院精神病人的适应社会和从事一定工作的能力。然而从以往经验看，由于精神病院普遍存在资金和人员紧缺问题，不少精神病院通过安排乃至强迫精神病人从事医院的各种劳动以弥补其资金和人员的短缺，甚至以此赚取高额利润，这在美国的怀亚特诉斯蒂克尼

[1] 相关评析参见：王德志. 论我国宪法劳动权的理论建构［J］. 中国法学，2014（3）：72-90. 周长军，赵飞. 未决羁押者的劳动权保护：一个宪政维度的分析［J］. 法律科学，2013（1）：64-74. 王旭. 劳动、政治承认与国家伦理——对我国《宪法》劳动权规范的一种阐释［J］. 中国法学，2010（3）：76-89.

[2] 我国劳动法上的"劳动者"是一个非常狭窄的概念，仅指受雇于用人单位从事职业劳动的人，不包括个体劳动者，如农民、个体工商户等，也不包括公务员、事业单位具有人事编制的人员、军人等，甚至不包括未达到或超过法定劳动年龄而从事劳动的人员，如未满16周岁的未成年人、已达法定退休年龄的人员等。

[3] 李惠宗. 宪法要义［M］. 2版. 台北：元照出版有限公司，2009：233-244.

[4] 法治斌，董保城. 宪法新论［M］. 台北：元照出版有限公司，2004（2）：252-253.

案等判例中都有典型体现。因此，法院强调医院只有在患者自愿情况下才能安排其从事治疗性的劳动，且应支付相应的工资。这一权利随后在《精神病人权利及其保护法》等联邦法律中得以确认，并获得相关国际文件的承认。如《保护精神病患者和改善精神保健的原则》规定："患者应绝对免于强迫劳动。在合乎患者需要和医院管理方要求的范围内，患者应能选择希望从事的工作。不应剥削精神病院患者的劳动。每个患者均有权从所做的任何工作中得到报酬，其数额应与正常人所做的同类工作依照国内法或惯例得到的报酬相同。"我国《精神卫生法》第41条第2款也规定："医疗机构不得强迫精神障碍患者从事生产劳动。"很明显，我国法律也确认了精神障碍患者的劳动权，其核心就是免于强迫劳动。因此，医疗机构安排精神障碍患者从事生产劳动应以治疗、康复为目的，且必须充分尊重患者的意愿，不得采取强迫、威胁等强制手段迫使患者从事劳动。

参 考 文 献

一、中文著作

[1] 本书编写组. 中华人民共和国精神卫生法医务人员培训教材［M］. 北京：中国法制出版社，2013：28.

[2] 蔡定剑. 宪法精解［M］. 北京：法律出版社，2003：230.

[3] 陈绍辉. 精神障碍患者人身自由权的限制——以强制医疗为视角［M］. 北京：中国政法大学出版社，2016：98.

[4] 陈绍辉. 医疗损害的法律问题研究［M］. 北京：中国政法大学出版社，2019：108.

[5] 程啸. 侵权责任法教程［M］. 2版. 北京：中国人民大学出版社，2014：188.

[6] 董和平，韩大元，李树忠. 宪法学［M］. 北京：法律出版社，2000：393.

[7] 法治斌，董保城. 宪法新论［M］. 2版. 台北：元照出版有限公司，2004：252.

[8] 韩大元，林来梵，郑贤君. 宪法学专题研究［M］. 北京：中国人民大学出版社，2004：408.

[9] 何恬. 重构司法精神医学——法律能力与精神损伤的鉴定［M］. 北京：法律出版社，2008：303.

[10] 胡锦光，韩大元. 中国宪法［M］. 2版. 北京：法律出版社，2007：283.

[11] 黄丁全. 医疗、法律与生命伦理［M］. 北京：法律出版社，2015：749.

[12] 贾西津. 心灵与秩序：从社会控制到个人关怀［M］. 贵阳：贵州人民出版社，2004.

[13] 李国光. 关于民事诉讼证据的若干规定的理解与适用［M］. 北京：中国法制出版社，2002：462.

[14] 李惠宗. 宪法要义［M］. 台北：元照出版有限公司，2009：233.

[15] 李建良. 宪法理论与实践（一）［M］. 台北：学林文化事业有限公司，1999：74.

[16] 李清福，刘渡舟. 中医精神病学［M］. 天津：大津科学技术出版社，1989：4.

[17] 李震山. 多元、宽容与人权保障——以宪法未列举权之保障为中心［M］. 台北：元照出版有限公司，2005：132.

[18] 李震山. 人性尊严与人权保障［M］. 台北：元照出版有限公司，2009：16.

[19] 刘白驹. 非自愿住院的规制：精神卫生法与刑法［M］. 北京：社会科学文献出版社，2015：660.

[20] 满洪杰. 人体试验法律问题研究［M］. 北京：中国法制出版社，2013：3.

[21] 沈渔邨. 精神病学［M］. 5版. 北京：人民卫生出版社，2009：837.

[22] 王利明，周友军，高圣平. 侵权责任法疑难问题研究［M］. 北京：中国法制出版社，2012：346.

[23] 王利明. 侵权责任法研究［M］. 北京：中国人民大学出版社，2011：534.

[24] 卫生部疾病预防控制局. 精神卫生政策研究报告汇编［M］. 北京：人民卫生出版社，2008：235.

[25] 王胜明. 中华人民共和国侵权责任法解读［M］. 北京：中国法制出版社，2010：268.

[26] 王岳. 疯癫与法律［M］. 北京：法律出版社，2014：160.

[27] 肖蔚云，宝音胡日雅克琪，魏定仁. 宪法学概论［M］. 2版. 北京：北京大学出版社，2005：204.

[28] 熊宁宁，刘海涛，李昱，等. 涉及人的生物医学研究伦理审查指南［M］. 北京：科学出版社，2017：52.

[29] 徐韬园. 现代精神医学［M］. 上海：上海医科大学出版社，2000：140.

[30] 许崇德. 中国宪法［M］. 北京：中国人民大学出版社，1996：418.

[31] 许崇德. 中华人民共和国宪法史［M］. 福州：福建人民出版社，2003：794.

[32] 杨立新. 侵权法论［M］. 4版. 北京：人民法院出版社，2011：434.

[33] 杨立新. 侵权法论［M］. 5版. 北京：人民法院出版社，2013：560.

[34] 杨立新. 中国侵权责任法研究［M］. 北京：中国人民大学出版社，2018：313.

[35] 杨念群. 再造"病人"——中西医冲突下的空间政治（1832—1985）［M］. 北京：中国人民大学出版社，2010：76.

[36] 梁其姿. 面对疾病——传统中国社会的医疗观念与组织［M］. 北京：中国人民大学出版社，2012：3.

[37] 杨树源，只达石. 神经外科学［M］. 北京：人民卫生出版社，2008：1575.

[38] 张千帆. 宪法学［M］. 2版. 北京：法律出版社，2008：182.

[39] 最高人民法院民事审判第一庭. 人身损害赔偿司法解释的理解与适用［M］. 北京：人民法院出版社，2004：105.

二、中文论文

[1] 陈丹，王明涛，金喆. 辽宁省精神卫生机构现状调查［J］. 现代预防医学，2011（10）：1857-1859.

[2] 陈绍辉. 精神病人强制医疗法律制度研究［J］. 南京中医药大学学报（社会科学版），2010（2）：91-95.

[3] 陈绍辉. 精神疾病患者强制医疗的证明标准研究［J］. 证据科学，2014（2）：208-219.

[4] 陈绍辉. 精神障碍患者约束和隔离措施的法律规制［J］. 证据科学，2016（3）：319-333.

[5] 陈绍辉. 论强制医疗程序中危险性要件的判定［J］. 河北法学，2016（7）：105-119.

[6] 陈绍辉. 美国精神卫生法庭的制度构造及其借鉴［J］. 证据科学，2019（3）：289-301.

[7] 陈卫东，程雷. 司法精神病鉴定基本问题研究［J］. 法学研究，2012（1）：163-178.

[8] 陈卫东. 构建中国特色刑事特别程序［J］. 中国法学，2011（6）：32-42.

[9] 陈永生. 排除合理怀疑及其在西方面临的挑战［J］. 中国法学，2003（2）：150-160.

[10] 陈祖辉，王声湧. 精神病医院与综合医院工作场所暴力比较研究［J］. 中国公共卫生，2004（11）：1316-1317.

[11] 崔海华，李占敏，臧志坤，等. 精神病患者保护性约束致意外事件分析及对策［J］. 护理学报，2010（9）：63-64.

[12] 戴庆康，葛菊莲. 精神障碍患者保安性非自愿住院的主体与标准问题研究［J］. 南京医科大学学报（社会科学版），2013（3）：191-197.

[13] 杜睿，江光荣. 自杀行为：影响因素、理论模型及研究展望［J］. 心理科学进展，2015（8）：1437-1452.

[14] 杜生一. 成年监护决定范式的现代转型：从替代到协助［J］. 北方法学，2018（6）：136-147.

[15] 房国宾. 精神病强制医疗与人权保障的冲突与平衡 [J]. 中国刑事法杂志, 2011 (7): 63-70.

[16] 丰丽萍. 我院精神科门诊不合理用药分析 [J]. 当代临床医刊, 2017 (3): 3181.

[17] 傅先明, 魏祥品. 精神外科的历史、现状与发展 [J]. 科技导报, 2017 (4): 27-30.

[18] 郝振江. 论精神障碍患者强制住院的民事司法程序 [J]. 中外法学, 2015 (5): 1291-1305.

[19] 侯国跃, 刘玖林. 安全保障义务: 属性识别与责任分配——兼评《民法典侵权责任编 (草案第三次审议稿)》第973条 [J]. 北方法学, 2020 (1): 62-75.

[20] 侯明如, 蔡燕, 徐慧鸣, 等. 精神科保护性约束标准化操作规程的建立及临床应用 [J]. 护理研究, 2013 (10): 3165-3167.

[21] 胡景荣, 宗艳红, 孙秀丽, 等. 精神卫生法实施前后精神科男性住院患者保护性约束使用情况对照分析 [J]. 精神医学杂志, 2014 (3): 222-224.

[22] 纪橡梓, 王伟梁, 宇虹, 等. 精神疾病自杀病人认知损害特点及认知治疗干预现状 [J]. 护理研究, 2019, 33 (10): 1707-1711.

[23] 季晓霞. 精神科实施保护性约束的常见问题和对策 [J]. 中国民康医学, 2010 (5): 639-640.

[24] 赖早兴. 美国刑事诉讼中的"排除合理怀疑" [J]. 法律科学, 2008 (5): 161-167.

[25] 冷根源. 论英美证据法上的民事证明标准 [J]. 政治与法律, 2000 (5): 34-37.

[26] 李至, 童伟华. 教义学视域中刑事强制医疗程序的再诠释 [J]. 河南财经政法大学学报, 2016 (3): 81-90.

[27] 李昊. 大陆法系国家地区成年人监护制度改革简论 [J]. 环球法律评论, 2013 (1): 72-91.

[28] 李浩. 证明标准新探 [J]. 中国法学, 2002 (4) 129-140.

[29] 李洁, 苏敬华, 郭扬波, 等. 广州市精神病医院50年住院病人自杀危险因素的病例对照研究 [J]. 中国心理卫生杂志, 2008 (1): 8-10.

[30] 李霞. 协助决定取代成年监护替代决定——兼论民法典婚姻家庭编监护与协助的增设 [J]. 法学研究, 2019 (1): 100-118.

[31] 李筱永. 强制医疗制度中精神病人人身自由的限制与保护——基于宪法的理论视角 [J]. 卫生软科学, 2011, 25 (7): 458-461.

[32] 李郁强, 赵俊详. 论精神疾病特殊治疗及电痉挛治疗之法规范 [J]. 法学新论, 2013 (42): 98-116.

[33] 李震山. 从生命权与自决权之关系论生前预嘱与安宁照护之法律问题 [J]. 中正大学法学集刊, 1999 (2) 330-338.

[34] 梁其姿. 麻风隔离与近代中国 [J]. 历史研究, 2003 (5): 3-14.

[35] 林来梵, 骆正言. 宪法上的人格权 [J]. 法学家, 2008 (5): 60-66.

[36] 林来梵. 人的尊严与人格尊严——兼论中国宪法第38条的解释方案 [J]. 浙江社会科学, 2008 (3): 47-55.

[37] 刘东亮. "被精神病"事件的预防程序与精神卫生立法 [J]. 法商研究, 2011 (5): 51-56.

[38] 刘东亮. 什么是正当法律程序 [J]. 中国法学, 2010 (4): 76-88.

[39] 刘素华. 论通信自由的宪法保护 [J]. 法学家, 2005 (3): 69-76.

[40] 刘协和. 中国的精神卫生法曙光初现 [J]. 上海精神医学, 2011 (4): 241-242.

[41] 刘言浩. 宾馆对住客的保护义务——王利毅、张丽霞诉上海银河宾馆损害赔偿上诉案评析 [J]. 法学研究, 2001 (3): 146-156.

[42] 刘召成. 安全保障义务的扩展适用与违法性判断标准的发展 [J]. 法学, 2014 (5): 69-79.

[43] 罗丽新, 廖湘交, 谢志妹, 等.《精神卫生法》实施后精神病人长期住院原因调查 [J]. 中国健康心理学杂志, 2014 (12): 1769-1772.

［44］ 吕新建. 行政法视域下的正当程序原则探析［J］. 河北法学, 2011（11）: 165-171.

［45］ 马效芝, 胡建民. 精神科患者约束保护使用特征及临床护理分析［J］. 中国实用医药, 2010（27）: 205-206.

［46］ 施忠英, 陆惠, 李萍, 等. 住院精神病人保护性约束现状及其相关因素调查［J］. 护理研究, 2009（13B）: 3212-3214.

［47］ 施忠英, 曹新妹, 朱学勤, 等. 精神科保护性约束临床路径的建立与实施［J］. 上海护理, 2010（1）: 41-43.

［48］ 孙大明. 精神卫生立法中鉴定条款的改进及相关问题研究——以精神卫生法草案为基础［J］. 中国司法鉴定, 2011（4）: 38-40.

［49］ 唐忠民, 陈绍辉. 论精神病人强制医疗程序之完善——以人身自由保障为视角［J］. 河北法学, 2014（10）: 22-29.

［50］ 唐忠民. 公民通信自由和通信秘密保护的两个问题［J］. 法学, 2007（12）: 13-17.

［51］ 陶庆兰, 黄霞君, 寇小敏. 精神专科保护性约束对患者的心理影响及护理干预［J］. 华西医学, 2008（3）: 617-618.

［52］ 汪业汉, 陈海宁. 精神外科过去、现在与未来［J］. 立体定向和功能性神经外科杂志, 2008（1）: 52-58.

［53］ 王锴. 论宪法上的一般人格权及其对民法的影响［J］. 中国法学, 2017（3）: 102-121.

［54］ 王德志. 论我国宪法劳动权的理论建构［J］. 中国法学, 2014（3）: 72-90.

［55］ 王立伟. 精神疾病患者的自杀问题［J］. 上海精神医学, 2002（4）: 242-246.

［56］ 王丽莎. 成年精神障碍患者的行为能力［J］. 国家检察官学院学报, 2018（3）: 138-146.

［57］ 王伟. 精神病人强制医疗制度研究［J］. 法律与医学杂志, 2003（3）: 172-175.

［58］ 王旭. 劳动、政治承认与国家伦理——对我国《宪法》劳动权规范的一种阐释［J］. 中国法学, 2010（3）: 76-89.

［59］ 王阳, 李欣慧. 关于医疗机构安全保障义务的几点思考［J］. 中国医院, 2016（5）: 49-51.

［60］ 王子荣. 在宪法脉络下强制就医制度的重新检视——兼论实务上可行的操作对策［J］. 月旦医事法报告, 2018（20）: 10-21.

［61］ 吴泽勇. 中国法上的民事诉讼证明标准［J］. 清华法学, 2013（1）: 73-88.

［62］ 谢斌, 袁训初, 曹新妹. 关于约束与隔离问题［J］. 上海精神医学, 2002（4）: 240-241.

［63］ 谢鸿飞. 违反安保义务侵权补充责任的理论冲突与立法选择［J］. 法学, 2019（2）: 42-58.

［64］ 邢善勇, 孙素珍, 李栓荣. 精神科保护性约束护理风险管理效果评价［J］. 中国实用护理杂志, 2008（19）: 52-54.

［65］ 徐江. 精神卫生医疗机构对患者人身安全的保障义务［J］. 中国卫生人才, 2013（5）: 44-46.

［66］ 杨立新, 刘召成. 论作为抽象人格权的自我决定权［J］. 学海, 2010（5）: 181-190.

［67］ 杨宇冠, 孙军. "排除合理怀疑"与我国刑事诉讼证明标准的完善［J］. 证据科学, 2011（6）: 645-656.

［68］ 姚丽霞. 以法律层面的立法完善精神病人强制治疗程序［J］. 法学评论, 2012（2）: 127-135.

［69］ 殷大奎. 齐心协力, 脚踏实地, 全面推进新世纪精神卫生工作——全国第三次精神卫生工作会议报告［J］. 中国心理卫生杂志, 2002（1）: 1-3.

［70］ 殷濛濛, 侯国权, 张宴萍, 等. 精神卫生中心长期住院患者现状调查分析［J］. 上海医药, 2018（12）: 14-15.

［71］ 于海旭. 论医疗机构的安全保障义务［J］. 北京化工大学学报（社会科学版）, 2013（4）: 26-31.

［72］余剑. "排除合理怀疑"证明标准在我国刑事审判中的运用［J］. 东方法学，2008（5）：154-160.

［73］元轶. 法官心证与精神病鉴定及强制医疗关系论［J］. 政法论坛，2016（6）：100-112.

［74］张朝琴. 精神病患"强制住院治疗"之医疗人权保障［J］. 大叶大学通识教育学报，2016（13）：160-178.

［75］张家骥. 对证明责任和证明标准的理论反思［J］. 法制与社会发展，2012（2）：96-102.

［76］张文婷. 论患者临终阶段的自决权——无同意能力患者消解安乐死之检讨［J］. 中德法学论坛，2009（7）：212-247。

［77］张宇飞. 人性尊严的宪法解释方法及其问题——以克隆人宪法争议为例［J］. 法学论坛，2009（4）：98-103.

［78］张云淑，王健，徐娜，等. 某省级精神卫生中心2002—2011年抗精神病药物用药频度分析［J］. 中国全科医学，2016（11）：1342-1346.

［79］赵宏. 作为客观价值的基本权利及其问题［J］. 政法论坛，2011（2）：57-70.

［80］赵楠. 重创心灵的"电击疗法"［J］. 科技潮，2009（11）：56-57.

［81］周敏，张婕文，卞茜，等. 精神科使用约束与隔离措施的现状与改进策略［J］. 临床精神医学杂志，2010（2）：131-133.

［82］周伟. 保护人身自由条款比较研究［J］. 法学评论，2004（4）：18-25.

［83］周长军，赵飞. 未决羁押者的劳动权保护：一个宪政维度的分析［J］. 法律科学，2013（1）：64-74.

［84］朱晓平. 抽象人格权的理论解构与立法抉择［J］. 法律适用，2019（3）：95-103.

［85］朱紫青，何燕玲，张明园. 中国精神卫生服务人员的现状［J］. 上海精神医学，2002（14）：10-11.

［86］纵博，陈盛. 强制医疗程序中的若干证据法问题解析［J］. 中国刑事法杂志，2013（3）：89-95.

三、译著

［1］曼弗雷德·诺瓦克. 民权公约译注：联合国《公民权利和政治权利国际公约》［M］. 毕小青，孙世彦，等译. 北京：生活·读书·新知三联书店，2003：160.

［2］米歇尔·福柯. 疯癫与文明：理性时代的疯癫史［M］. 刘北城，杨远婴，译. 3版. 北京：生活·读书·新知三联书店，2007：37.

［3］若兹·库贝洛. 流浪的历史［M］. 曹丹红，译. 桂林：广西师范大学出版社，2005：3.

［4］约翰·W. 斯特龙. 麦考密克论证据［M］. 汤维建，等译. 5版. 北京：中国政法大学出版社，2004：656.

［5］阿奇博尔德·考克斯. 法院与宪法［M］. 田雷，译. 北京：北京大学出版社，2006：370.

［6］爱德华·肖特. 精神病学史——从收容院到百忧解［M］. 韩健平，胡颖翀，李亚平，译. 上海：上海科技教育出版社，2008：2.

［7］H. T. 恩格尔哈特. 生命伦理学基础［M］. 范瑞平，译. 2版. 北京：北京大学出版社，2006：144.

［8］罗纳德·M. 德沃金. 生命的自主权——堕胎、安乐死与个人自由的论辩［M］. 郭贞伶，陈雅汝，译. 3版. 北京：中国政法大学出版社，2013：256.

［9］罗伯特·麦克洛斯基. 美国最高法院［M］. 任东来，孙雯，胡晓进，译. 3版. 北京：中国政法大学出版社，2005：224-229.

［10］ 苏珊·桑塔格. 疾病的隐喻［M］. 程巍，译. 上海：上海译文出版社，2003：55.

［11］ 美浓部达吉. 公法与私法［M］. 黄冯明，译. 北京：中国政法大学出版社，2003：165.

［12］ 安德鲁·斯卡尔. 文明中的疯癫——一部关于精神错乱的文化史［M］. 经雷，译. 北京：社
会科学文献出版社，2020：436.

［13］ 奈杰尔·S. 罗德雷. 非自由人的人身权利——国家法中的囚犯待遇［M］. 毕小青、赵宝庆，等
译. 北京：生活·读书·新知三联书店，2006：325.

四、外文著作

［1］ PAUL S APPELBAUM, CHARLES W LIDZ, ALAN MEISEL. Informed consent: theory and clinical practice [M]. New York: Oxford University Press, 1987: 28.

［2］ BRENDA HALE. Mental health law [M]. London: Sweet & Maxwell, 2010: 212.

［3］ CHRISTOPHER SLOBOGIN, ARTI RAI, RALPH REISNER. Law and the mental health: civil and criminal aspects [M]. St Paul: Thomson/West, 2009: 701.

［4］ ELYN R SAKS. Refusing care: forced treatment and the rights of the mentally ill [M]. Chicago: The University of Chicago Press, 2002: 321.

［5］ GARY B MELTON, Psychological evaluations for the courts: a handbook for mental health professionals and lawyers [M]. New York: The Guiford Press, 2007: 336.

［6］ KATE DIESFELD, IAN FRECKELTON. Involuntary detention and therapeutic jurisprudence [M]. Aldershot: Ashgate Publishing Limited, 2003: 58.

［7］ KRIS GLEDHILL. Defending mentally disordered persons [M]. London: LAG Education and Service Trust Limited, 2012: 82.

［8］ MICHAEL L PERLIN. Mental disability law: civil and criminal (volume 1) [M]. Virginia: Lexis Law Publishing, 1998: 37.

［9］ MICHAEL L PERLIN. Mental disability law: civil and criminal (volume 2) [M]. Virginia: Lexis Law Publishing, 1998: 6.

［10］ PETER BARTLETT, RALPH SANDLAND. Mental health law: policy and practice [M]. New York: Oxford University Press, 2014: 235.

［11］ RICHARD M, JONES M A. Mental health act manual [M]. London: Sweet & Maxwell, 2012: 20.

［12］ ROY POTER. Madness: a brief history [M]. New York: Oxford University Press, 2002.

［13］ SUSAN STEFAN. Emergency department treatment of the psychiatric patient [M]. New York: Oxford University Press, 2006: 110.

［14］ THE DEPARTMENT OF HEALTH. Codes of practice for mental health act 1983 [M]. London: TSO, 2008: 126.

［15］ WHO. WHO resource book on mental health, human rights and legislation [M]. Geneva: WHO Press, 2005: 51.

五、外文论文

［1］ ALAN A STONE. The right to refuse treatment: why psychiatrists should and can make it work [J]. Archives Gen Psychiatry, 1981, 38: 359.

［2］ ALEXANDER D BROOKS. The constitutional right to refuse antipsychotic medications [J]. Bull Am

Acad Psychiatry & L, 1981, 8: 182.

[3] ALEXANDER SCHERR. Daubert and danger: the 'fit' of expert predictions in civil commitments [J]. Hastings L J, 2003, 55: 54-55.

[4] ALEXANDER TSESIS. Due process in civil commitments [J]. Washington & Lee L Rev, 2011, 68: 272.

[5] AMY CARTER. Fixing Florida's mental health courts: addressing the needs of the mentally ill by moving away from criminalization to investing in community mental health [J]. J L Soc'y1, 2009, 10: 9.

[6] ANDREA M ODEGAARD. Therapeutic jurisprudence: the impact of mental health courts on the criminal justice system [J]. N D L Rev, 2007, 83: 1060.

[7] BIRNBAUM M. The right to treatment [J]. A B A J, 1960, 46: 503.

[8] BRUCE J WINICK. Therapeutic jurisprudence and problem solving courts [J]. Fordham Urb L J, 2003, 121: 1055.

[9] BRUCE J WINICK. The jurisprudence of therapeutic jurisprudence [J]. Psychol Pub Pol'y & L, 1997, 3: 184.

[10] BRUCE J WINICK. The right to refuse mental health treatment: first amendment perspective [J]. U Miami L Rev, 1989, 44: 64.

[11] BRUCE WAY, STEVEN BANKS. Use of seclusion and restraint in public psychiatric hospitals: patient characteristics and facility effects [J]. Hosp & Cmty Psychiatry, 1990, 41: 75.

[12] CAIT CLARKE, JAMES NEUHARD. "From day one": who's in control as problem solving and client-centered sentencing take center stage? [J]. N Y U Rev L & Soc Change, 2004, 29: 11.

[13] CHRIS R HOGLE. Woodland v. Angus: the right to refuse antipsychotic drugs and safeguards appropriate for its protection [J]. Utah L Rev, 1994, 6: 1176.

[14] CHRISTOPHER FREUCH. Patients' reports of traumatic or harmful experiences within the psychiatric setting [J]. Psychiatric Services, 2005, 56: 1127.

[15] COCOZZA STEADMAN. The failure of psychiatric predictions of dangerousness: clear and convincing evidence [J]. Rutgers L Rev, 1976, 29; 1084.

[16] COLLIN MICKLE. Safety or freedom: permissiveness vs. paternalism in involuntary commitment law [J]. Law & Psychol Rev, 2012, 36: 303.

[17] TIMOTHY COOK. The substantive due process rights of mentally disabled clients [J]. Mental Disability Law Reporter, 1983, 7: 346-357.

[18] COSDEN M, ELLENS J K, SCHNELL J L, et al. Evaluation of a mental health treatment court with assertive community treatment [J]. Behavioral Sciences and the Law, 2003, 21: 415.

[19] DAVID T SIMPSON. Involuntary civil commitment: the dangerousness standard and its problems [J]. North Carolina L Rev, 1984, 63: 246.

[20] DENNIS E CICHON. The right to "just say no": a history and analysis of the right to refuse antipsychotic drugs [J]. LA L REV, 1992, 53: 286.

[21] DONALD J FAROLE. Applying problem-solving principles in mainstream courts: lessons for state courts [J]. Just Sys J, 2005, 26: 57.

[22] DONALD J KEMNA. Current status of institutionalized mental health patients' right to refuse psychotropic drugs [J]. J LEGAL MED, 1985, 6: 110.

[23] DOUGLAS S STRANSKY. Civil commitment and the right to refuse treatment: resolving disputes from a due process perspective [J]. U Miami L Rev, 1996, 50: 413.

［24］ JOHNSTON E L . Theorizing mental health courts [J]. Wash U L Rev, 2012, 89: 519.

［25］ ELYN R SAKS. The use of mechanical restraints in psychiatric hospitals [J]. Yale L J, 1986, 95: 1863.

［26］ FISCHER JENNIFER. Comparative look at the right to refuse treatment for involuntarily hospitalized persons with a mental illness [J]. Hastings International and Comparative Law Review, 2006, 29: 153.

［27］ GRANT H MORRIS. Defining dangerousness: risking a dangerous definition [J]. Contemporary Legal Issues, 1999, 10: 64.

［28］ GREGORY L ACQUAVIVA. Mental health courts: no longer experimental [J]. Seton Hall L Rev, 2006, 36: 977.

［29］ VIRGINIA A HIDAY. Court discretion: application of the dangerousness standard in civil commitment [J]. L & Hum Behav, 1981, 5: 275.

［30］ HONORABLE GINGER LERNER WRE. Mental health courts: serving justice and promoting recovery [J]. Ann Health L, 2010, 19: 577.

［31］ JACQUELINE KLEIN. A theory of punishment: the use of mechanical restraints in psychiatric care [J]. S Cal Rev L & Soc Just, 2012, 21: 47.

［32］ JENNIFER COLANGELO. The right to refuse treatment for mental illness [J]. Rutgers J L & Pub Pol'y, 2008, 5: 492.

［33］ JENNIFER FISCHER. A comparative look at the right to refuse treatment for involuntarily hospitalized persons with a mental illness [J]. Hastings Int'l & Comp L Rev, 2006, 29: 169.

［34］ JOHN ADAMS RIZZO. Beyond Youngberg: protecting the fundamental rights of the mentally retarded [J]. Fordham Law Review, 1983, 51: 1076.

［35］ JOHN PETRILA, NORMAN POYTHRESS, ANNETTE C MCGAHA, et al. Preliminary observations from an evaluation of the broward county mental health court [J]. Ct Rev, 2002, 37: 14.

［36］ KATIE EYER. Litigating for treatment: the use of state laws and constitutions in obtaining treatment rights for individuals with mental illness [J]. Review of Law and Social Change, 2003, 57: 14.

［37］ KRISTI D AALBERG. An act concerning physical restraints of persons with disabilities: a legislative note on Connecticut's recent ban of the use of life-threatening restraints on the mentally ill [J]. Quinnipiac Health L J, 2001, 4: 223.

［38］ LAURA E HORTAS. Asylum protection for the mentally disabled: how the evolution of rights for the mentally ill in the united states createda "social group" [J]. Conn J Int'l L, 2004, 20: 160.

［39］ LAWRENCE O GOSTIN, LANCE GABLE. The human rights of persons with mental disabilities: a global perspective on the application of human rights principles to mental health [J]. Md L Rev, 2004, 63: 79.

［40］ PHILIP LEAF. Wyatt v. Stickney: assessing the impact in Alabama [J]. Hosp & Commun Psychiatry. 1977, 28: 351.

［41］ LEIGH L PURYEAR. Youngberg v. Romeo: moving toward a constitutional right to habilitation for the mentally retarted [J]. North Carolina Law Review. 1983, 62: 171.

［42］ MARY C MCCARRON. The right to refuse antipsychotic drugs: safeguarding the mentally incompetent patient's right to procedural due process [J]. Marquette Law Review, 1990, 73: 484.

［43］ MCCOY MARJORIE SHERWOOD. Due process and judicial deference to professional decision making in human services agencies [J]. SYRACUSE L REV, 1984, 35: 1283.

［44］ MCDANIEL M KELLY. Rehabilitation through empowerment: adopting the consumer-participation model for treatment planning in mental health courts [J]. Case W Res, 2015, 66: 581.

［45］ MICHAEL L PERLIN. Reading the supreme court's tea leaves: predicting the judicial behavior in civil and criminal right to refuse treatment cases [J]. AM J FORENSIC PSYCHIATRY, 1991, 12: 40.

[46] MICHELE RAJA, ANTONELLA AZZONI. Hostility and violence of acute psychiatric inpatients [J]. Clinical Prac & Epidemiology in Mental Health, 2005, 1: 1.

[47] MOORE M E H, VIRGINIA A. Mental health court outcomes: a comparison of re-arrest and re-arrest severity between mentalhealth court and traditional court participants [J]. Law and Human Behavior, 2006, 30: 659.

[48] NANCY K. Patient perspectives on restraint and seclusion experience: a survey of former patients of New York state psychiatric facilities [J]. Psychiatric Rehabilitation J, 1996, 20: 15.

[49] NICHOLAS SCURICH, RICHARD S JOHN. Constraints on restraints: a signal detection analysis of the use of mechanical restraints on adult psychiatric inpatients [J]. S Cal Rev L & Social Justice, 2011, 21: 79.

[50] HENDERSON L N. "We're only trying to help": the burden and standard of proof in short-term civil commitment [J]. Stanford L Rev, 1979, 3 (3): 425-455.

[51] Note. developments in the law: the law of mental illnesss [J]. Harvard Law Review, 2008, 121: 1114.

[52] Note. Developments in the law: civil commitment of the mentally ill [J]. Harv L Rev, 1974, 87: 1190.

[53] Note. The constitutional right of treatment in light of Youngberg v. Romeo [J]. GEO L J, 1984, 72: 1785.

[54] STUART A ANFANG, PAUL S APPELBAUM. Civil commitment—the American experience [J]. Isr J Psychiatry Relat Sci, 2006, 3: 211.

[55] PETER D KEANE. The use of the clear and convincing evidence standard in civil commitment proceedings pursuant to the Adam Walsh act does not violate due process [J]. J Health & Biomedical L, 2012, 3: 673.

[56] PHYLLIS PODOLSKY DIETZ. The constitutional right to treatment in light of Youngberg v. Romeo [J]. Georgetown Law Journal, 1984, 72: 1815.

[57] REDLICH A D, STEADMAN H J, MONAHAN J, et al. The second generation of mental health courts [J]. Psych Pub Pol and L, 2005, 11: 527.

[58] SCOTT M BRENNAN. Due process comes due: an argument for the clear and convincing evidentiary standard in sentencing hearings [J]. Iowa L Rev, 1992, 77: 1804.

[59] SHAUHIN TALESH. Mental health court judges as dynamic risk managers: a new conceptualization of the role of judges [J]. DePaul L Rev, 2007, 57: 92.

[60] STACEY A TOVINO. Psychiatric restraint and seclusion: resisting legislative solution [J]. Santa Clara L Rev, 2007, 47: 528.

[61] STACEY M FARACI. Slip slidin' away? will our nation's mental health court experiment diminish the rights of the mentally ill? [J]. Quinnipiac L Rev, 2004, 22: 811.

[62] STEADMAN H J, DAVIDSON S, BROWN C. Mental health courts: their promise and unanswered questions [J]. Psychiatric Services, 2001, 52: 457.

[63] STEVEN K ERICKSON. Variations in mental health courts: challenges, opportunities, and a call for caution [J]. Community Mental Health J, 2006, 42: 335.

[64] TREFFERT D A. Dying with their rights on [J]. Am J Psychiary, 1973, 130: 1.

[65] WILLIAM M BROOKS. Reevaluating substantive due process as a source of protection for psychiatric patients to refuse drugs [J] Ind L Rev, 1998, 31: 938.

[66] WILLIAM P ZIEGELMUELLER. Sixth amendment-due process on drugs: the implications of forcibly

medicating pretrial detainees with antipsychotic drugs [J]. Journal of Criminal Law and Criminology, 1993, 83: 841.

[67]　DAVID ZLOTNICK. First do no harm: least restrictive alternative analysis and the right of mental patients to refuse treatment [J]. W L REV, 1981, 83: 381.

[68]　ZOE SUSSMAN. Mechanical restraints: is this your idea of therapy [J]. S Cal Rev L. & Social Justice, 2011, 21: 113.

后　记

2011年9月，我非常幸运地考取西南政法大学宪法学与行政法学专业的博士研究生，而立之年重拾书本，还好并不存在身份转换的困惑，不外乎是从一个校园来到另一个校园，收获的是人生中最为宝贵的经历。然而，读博期间博士论文选题却令我万分苦恼，经过深思熟虑，我最终决定以精神病人人身自由权的限制问题作为选题，主要是从强制医疗视角探讨精神病人人身自由的限制与保护问题。确定选题仅仅是开始，漫长的写作才是真正的挑战和煎熬。2014年初夏，为了避开外界的干扰，我在江西中医药大学的老校区临时借了一间办公室，将电脑和文献资料全部搬到办公室内，除了上课和去食堂吃饭，从早到晚都在办公室内翻资料、写论文。从初夏到酷暑，从寒冬到初春，经过半年多的艰苦努力，终于完成了论文的初稿。然而，对这篇二十余万字的论文，我似乎并没有太大的信心，甚至一度怀疑这是一篇合格的宪法学博士论文吗？十分幸运的是，最终定稿的论文获得外审专家较高的评价，并被评为西南政法大学优秀毕业论文，我顺利通过答辩。

博士论文的写作促使我开始关注精神卫生领域的法律问题，其中的焦点当然是强制医疗（非自愿住院），但随着《精神卫生法》的颁布实施和博士论文对这一问题的全面探讨，我似乎"厌倦"了这一领域的研究，并开始着手研究方向的转型。然而，我2016年申报的国家社会科学基金项目"强制医疗的程序规制研究"意外地获得立项，出于课题研究需要，我不得不继续将精神卫生法作为自己的主要研究领域，此后所发表的研究成果几乎都没有脱离这一研究主题。本书就是近年来我对精神医疗法律问题研究成果的总结，也是我主持的国家社会科学基金项目研究的"副产品"之一。

本书的部分内容曾发表于《人权研究》《证据科学》《河北法学》《西南政法大学学报》《医学与法学》等期刊。随着研究的深入，本书修正了个别学术观点。例如，关于非自愿住院的审查模式，我曾主张采取委员会审查模式，但鉴于这一模式存在的争议及其内在的弊端，本书改变了这一观点，我认为应采取司法审查模式，即由法院行使非自愿住院的审查决定权。当然这一观点能否成立有待于学界的深入探讨和实践的检验。精神卫生法无疑是法学研究的小众领域，即便是卫生法学界也很少有学者专注于此，从事这一领域的研究无疑是"另类"和"孤独"的，也很难产生直接或间接的经济效益，但我依然坚信这一研究是有价值的——上千万处于极度弱势地位的精神障碍患者的合法权益应该得到更多关注。

感谢江西师范大学政法学院提供的科研条件及领导、同事给予的帮助与支持。我的硕士研究生肖沁、孙亚茹、张颖雅认真校对了书稿，并整理了本书的参考文献，在此表示感谢。也特别感谢清华大学出版社罗健编辑为本书出版所付出的艰苦劳动。一如既往，我也将本书送给芷馨和芷诺宝贝，希望她们也能爱上学习和写作。

陈绍辉

2022年1月